Heinz Welz

Entdecke den Horseman in dir

Elf Schritte
zu Gelassenheit
und Sicherheit
mit dem Pferd

Kosmos

Umschlaggestaltung von eStudio Calamar unter Verwendung von vier Farbfotos von Christiane Slawik, Würzburg/Kosmos.
Mit 275 Farbfotos und 1 Farbillustration.

Bildnachweis
Farbfotos: Jean Christen/Kosmos (1: S. 124), Felix von Döring/Kosmos (1: S. 14), Klaus-Jürgen Guni/Kosmos (5: S. 7, 13, 16, 20), Marianne Lins/Kosmos (1: S. 122), Julia Rau/Kosmos (1: S. 17), Christof Salata/Kosmos (7: S. 7, 17, 22, 26, 63, 98, 124), Mona Schubert (10: S. 33, 39), Horst Streitferdt/Kosmos (25: S. 6, 7, 15, 18, 19, 28, 29, 94, 95, 123, 127, 136, 167, 168 169, 171), Sabine Stuewer (1: S. 16), Sabine Welz (35: S. 8, 9, 19, 24, 31, 32, 37, 41, 54, 68, 69, 138, 155, 157, 159, 162, 174, 175, 177).
Alle weiteren 188 Fotos sind von Christiane Slawik/Kosmos.
Illustration: Cornelia Koller (S. 38)

Der Verlag dankt dem Landgestüt Marbach, Familie Ernst (Windeck), Barbara und Dr. Edwin Dittus (Lanzarote) sowie Andrea und Markus Eschbach (Finca Verde, Teneriffa) herzlich für die großzügige Unterstützung der Fotoproduktion mit ihren Pferden und Reitern.

Bibliografische Informationen Der Deutschen Bibliothek
Die Deutsche Bibliothek verzeichnet diese Publikation in der Deutschen Nationalbibliografie; detaillierte bibliografische Daten sind im Internet über http://dnb.ddb.de abrufbar.

Gedruckt auf chlorfrei gebleichtem Papier

ISBN 3-440-09489-8
Redaktion: Alexandra Haungs
Gestaltungskonzept: eStudio Calamar
Produktion: Kirsten Raue, Claudia Kupferer
Printed in Germany / Imprimé en Allemagne

Vom Pferdeliebhaber zum Horseman

Gefühl entwickeln – Kommunikation mit Seil und Halfter

Gefühl anwenden – Der Weg zur wahren Hosemanship

Service

Vom Pferdeliebhaber zum Horseman

Niemals seit Abschaffung der Kavallerie saßen so viele Menschen auf Pferden wie heute. Niemals gaben sich noch mehr Menschen mit Pferden ab. Anders jedoch als zu Kavalleristen-Zeiten oder in den Kulturen alter Reitervölker fehlt uns heutzutage das umfangreiche *Wissen* und die *Erfahrung*, die die Alten entweder von Kindesbeinen mitbekommen hatten oder aber sich im ständigen Umgang mit Pferden Tag und Nacht – und unter oftmals abenteuerlichen Bedingungen – *notgedrungen* aneigneten. Um der *Pferde* willen, aber auch zu unserer eigenen *Sicherheit* und *Freude*, ist es deshalb notwendig, gerade heutzutage Wege im Umgang mit Pferden zu finden, die uns zwar kein lebenslang erworbenes Wissen ersetzen können, die aber geeignet sind, das *Wesentliche* herauszufiltern.

Was jeden heutigen *Pferdeliebhaber* von *Pferdemenschen* wie Kavalleristen, Indianern, Tataren, Magyaren oder Mongolen unterscheidet, ist vor allem die Veränderung seiner *Beziehung* zum Pferd. Der Faktor *Zeit*, die *Art* und die *Intensität* des Zusammenseins unterliegen heute anderen Bedingungen. Doch darin liegt zugleich unsere Chance. *Dauer*

Zu keiner Zeit beschäftigten sich mehr Menschen mit Pferden als heutzutage. Die Qualität des Umgangs entscheidet dabei über die Beziehung.

von Zeit kann in gewissem Maß durch Zeit-*Qualität* ausgeglichen werden; ebenso verhält es sich mit der Intensität des Zusammenseins, auch hier geht Qualität über Quantität. Nicht, *wie lange* man zusammen ist, entscheidet, sondern die Art und Weise, *wie* man die Zeit zusammen verbringt. Ebenso steht es um die Art und das Ziel des Zusammenseins. Auch sie hat sich entscheidend verändert, dies allerdings nicht unbedingt zu beider Nachteil. Dass Mensch und Pferd nicht mehr heroisch im Kampf auf *Gedeih und Verderb* aufeinander angewiesen sind, dass sie nicht miteinander ein Leben in äußerster *Kargheit* verbringen müssen, wollen wir mal auf der aktuellen Habenseite verbuchen, statt in Traurigkeit zu verfallen über die Vergangenheit alter (und oft genug besch...) Zeiten.

Die Qualität von Beziehungen

Die *Qualität von Beziehung* hat nichts, aber auch gar nichts mit Zeitdauer zu tun, sondern: Sie ist wesentlich bestimmt von der Fähigkeit und Bereitschaft, *sich aufeinander einzulassen*. Voraussetzung dafür wiederum ist es, sich *einfühlen* zu können und einander *zuzuhören*. Wer sich in den anderen einfühlt, hat die große Chance, ihn zu verstehen. Sich *gut* zu verstehen, der Wunschtraum aller Menschen und Paarungen, hängt aber erst mal davon ab, ob man sich *überhaupt* versteht. Das ist der tiefere Sinn von Kommunikation: der gegenseitige Austausch von *Informationen* und *Gefühlen* in vollem gegenseitigen *Respekt*. Kommunikation und Einfühlungsvermögen sind also der Schlüssel zu jeglicher funktionierenden Beziehung. Und dafür muss man sich nicht bereits jahrzehntelang kennen – im Gegenteil! Das gilt für Menschen untereinander gleichermaßen wie für *alle* Lebewesen, die miteinander in Kontakt treten können. Wir Pferdeliebhaber sind somit zwar nicht in der Lage, zum Pferdemenschen alten Schlags zu mutieren, aber wir können *Pferdemenschen ganz neuer Qualität* werden. Und der Schlüssel dazu heißt: Kommunikation.

Horsemanship, was ist das?

Während ‚Pferdemensch' im Deutschen bislang eher ein Verlegenheitswort ist – und all die meint, die *irgendwie* mit Pferden zu tun haben – könnte das englische Wort *Horsemanship* dem Gedanken schon näher kommen: die Art und Weise, *wie* ein Pferdemensch mit Pferden umgeht. Könnte, denn merkwürdigerweise versteht auch unter Horsemanship jeder irgendwie etwas anderes. Horsemanship wird hierzulande komischerweise meist eher suggestiv gebraucht: „Du weißt doch schon, was ich meine!" Worauf der andere sich hüten wird zu wider-

sprechen. Das ist immer dann der Fall, wenn Menschen sich selbst clevererweise nicht genau festlegen, den anderen aber vielleicht „einlullen" oder aus dessen Bekenntnisreserve locken wollen. So ist es für manche schon ‚Horsemanship', in Stallnähe immer eine Möhre in der Tasche zu haben, andere meinen, ‚Horsemanship' erweist sich vor allem in der Eleganz der jeweils angesagten Reitbekleidung.

Selbst in seinen Sprach-Mutterländern England und Amerika kommt das Wort Horsemanship heutzutage (sprachlich) selten allein daher. So haben sich schon alle möglichen Formen von Horsemanship-Begrifflichkeiten breit gemacht: Da gibt es *Ganzheitliche* Horsemanship, *Natural* Horsemanship, *Himmlische* Horsemanship, *True* Horsemanship, *Good* Horsemanship, *Intelligent* Horsemanship, *Ranch* Horsemanship, *New Age* Horsemanship. Mal von der Kuriosität mancher Wortverknüpfung abgesehen verbirgt sich dahinter immer der Ausdruck von Unsicherheit, wenn das Wort ‚Horsemanship' allein nicht mehr ausreicht, das Gemeinte wiederzugeben.

Den Begriff „Pferdeflüsterer" ereilte dasselbe Schicksal: Statt darüber nachzudenken, was das Wort denn *wirklich* ausdrücken will, bemüht sich alle Welt flugs, den Begriff ins Lächerliche zu ziehen, auf dass man sich nur ja nicht davon berühren lassen möge oder gar seine Forderung umsetzen müsse! Dabei ist ein Pferdeflüsterer – so wie ich ihn verstehe – nichts anderes als eine *spezielle* Art von Horseman: jemand, der helfen möchte, kaputte Beziehungen zwischen Mensch und Pferd zu *heilen* und einer, der aus diesem Grund im Umgang mit Pferden – oft körperlich oder psychisch geschädigten Tieren – versucht, so *‚leise'* und das heißt: so *fein* wie möglich zu werden.

„Pferdeflüsterer" und Horsemen haben dasselbe Ziel: im Umgang mit Pferden so fein wie möglich zu werden.

„Pferdeflüsterer" sind eine spezielle Form von Horsemen. Sie sind Menschen, die helfen, kaputte Beziehungen zwischen Pferd und Mensch zu heilen. Die Qualität von Beziehung ist bestimmt von der Fähigkeit, sich aufeinander einzulassen.

Ich bekenne mich dennoch frank und frei zu beiden Begriffen: Pferdeflüsterer und Horsemanship (jedenfalls, solange nicht jemandem ein besseres Wort auf Deutsch einfällt als ‚Pferdemenschen-Eigenschaft'). Allerdings glaube ich, dass es wahrscheinlich nie einen *wahren* Horseman geben wird. Warum? Horsemanship ist so umfassend, dass ein ganzes Menschenleben dafür nicht ausreichte, es zu lernen. Ein wahrer Horseman wäre Mensch und Pferd zugleich, Pferd-Mensch eben. Er wüsste alles über Physis und Psyche *beider* Wesen, er wäre Hufschmied und Schuster, Sattler und Schneider, Arzt und Psychologe gleichzeitig, und ich weiß nicht, was sonst noch alles. Und er könnte tatsächlich wie Pferde denken und fühlen. Das wäre dann, wie der amerikanische Cowboy Jack Young sagt, der „Master Horseman", und Young meint damit niemand anderen als den lieben Gott. (Dass in so manchem Werbeprospekt so mancher ‚Horseman' dennoch damit wirbt, steht auf einem anderen Blatt ...).

Horsemanship heißt: Entwicklung

Bleiben wir also besser auf der Erde und denken einmal kurz darüber nach, *was* und *wie* ein Horseman denn sein könnte und müsste, auch wenn er nicht so perfekt ist wie der liebe Gott. Machen wir es uns leicht und behaupten einfach, dass mit Horsemanship – egal ob ‚true', ‚natural', ‚himmlisch' oder ‚ganzheitlich' – *alle Eigenschaften und Handlungen eines Menschen* gemeint sind, *die die Beziehung von Mensch und Pferd zueinander bestimmen, und zwar zu beider Vorteil.* Einverstanden? Dann stimmen Sie wahrscheinlich mit mir auch darin überein, dass ein

Ein Horseman ist in seiner Entwicklung niemals fertig. Horsemanship bedeutet Entwicklung, und die endet nie.

Horseman, – Frau oder Mann – in ihrer/seiner Entwicklung *niemals fertig* ist. Denn Beziehungen und Beziehungspartner ändern sich ständig und auch die Umweltbedingungen, die auf die Beziehung Einfluss nehmen.

Horsemanship ist somit also weniger eine Zustandsbeschreibung als eine *Entwicklungsform*. Horseman *wird* man, immer wieder, laufend, dauernd und ohne Ende. Zwar beginnt man irgendwann damit, aber man hört nie damit auf, jedenfalls nicht, solange man sich dazu bekennt. Das ist vielleicht auch der Grund dafür, dass dieser Begriff so schwammig gebraucht wird: Horsemanship ist nicht zu fassen, weil sie sich ständig *weiterentwickelt* und *in Bewegung* ist. Insofern ist Horsemanship nichts anderes als Ausdruck von *Leben*. Horsemanship zu lernen ist also *Leben lernen* möglicherweise ziemlich ähnlich ...!

Eine alte Geschichte

Nun fragen Sie sich zu Recht: „Und wie werde ich Horseman?“ Den Anfang der Entwicklung beschreibt sehr schön die folgende Geschichte:

Ein junger Mann arbeitete einst einige Pferde in einem Round Pen. Da kam ein alter Mann vorbei und sah ihm eine Weile zu. Schließlich fragte der alte Mann: „He, Junge, möchtest Du das Geheimnis von Horsemanship erfahren?” „Gern“, antwortete der Junge. „Eine Bedingung musst Du allerdings erfüllen“, sagte der alte Mann und machte eine Faust: „Wenn Du es schaffst, meine Faust zu öffnen, dann wirst Du das Geheimnis von Horsemanship kennen lernen.”

Der Junge versuchte die Faust des Mannes mit seinen kräftigen Händen zu öffnen. Er drückte, er zog, er schlug und stieß die Faust – ohne Erfolg. Er strengte sich mit aller Kraft an. Schließlich versuchte er, einen Finger in die Faust zu schieben, er bohrte und stocherte – vergebens. Der Junge versuchte alles, aber er fand keinen Weg, auch nur einen Finger in die Faust des Alten hineinzudrücken, um sie zu öffnen. Die Faust blieb geschlossen. Schließlich gab er auf: „Ich schaffe es nicht“, sagte er enttäuscht, „ich krieg‘ sie nicht auf. Was muss ich tun, um sie zu öffnen, damit ich das Geheimnis erfahre?“ „Genau *das* hättest Du tun müssen“, sagte der alte Mann und öffnete seine Faust, „fragen“.

Horsemanship beginnt immer mit *Fragen*, und das Fragen hört niemals auf. Die Geschichte zeigt aber auch sehr schön, was es bedeutet, *ohne* Horsemanship mit Pferden umzugehen: Da werden Pferde gestoßen und geschoben, man zerrt an den Zügeln, bohrt Sporen in ihre

Rippen oder man schlägt sie gar, wenn sie nicht so funktionieren, wie wir das wollen. Das einzige, worauf wir meist nicht kommen, ist, sie zu *fragen*. Zu fragen, welchen Weg *sie* denn anzubieten hätten. Fragen ist das *einzig probate* Mittel, um im Pferd die Bereitschaft zu fördern, sich uns gegenüber zu öffnen.

Eine abenteuerliche Reise

„Wer nicht fragt, bleibt dumm", heißt es schon im Sprichwort. Was glauben Sie wohl, würde Ihnen Ihr Pferd erzählen, wenn es Ihnen einen Vortrag über Horsemanship halten könnte? Alles, was Sie wissen müssen! Denn ein Pferd weiß eine Menge über Horsemanship und es erzählt Ihnen dauernd davon! Die meisten Menschen hören ihm aber nicht zu. Weil sie einfach nicht darauf hören *wollen*, was ihr Pferd ihnen mitteilen möchte. Oder weil sie sich gar nicht vorstellen *können*, dass ihr Pferd ihnen etwas zu sagen hat. Wie teilt ein Pferd sich mit? Mittels seiner Körpersprache, und die ist nichts anderes als Ausdruck seiner *Gefühle*.

„Wer die Natur *beherrschen* will", heißt ein weiser Satz, „der muss ihr *gehorchen*." Gehorchen? Ja, auf sie hören! Pferd und Mensch – beide sind wir Natur. Wen auch immer von beiden wir beherrschen wollen, auf den müssen wir hören. Wir tragen nicht nur außen am Kopf Ohren, wir besitzen auch ein inneres ‚Ohr'. Die innere ‚Sprache' sind die Gefühle. Für ‚Ohr' könnte auch ‚Auge' stehen oder ‚Empfindung', innen und außen. *Jeder* unserer *Wahrnehmungs*kanäle ist dafür geeignet.

Das folgende Training mit seinen elf Lernschritten – wie auch schon das ‚Joining', das ich in meinem ersten Buch „Pferdeflüstern kann jeder lernen" beschrieben habe – sind *Wegweiser* auf Ihrer Reise hin zur Horsemanship. Sie sind *Entwicklungshelfer* für diesen speziellen *Charakter*, der Horseman genannt werden kann. Ich lade Sie ein, mit mir auf die zweite Etappe dieser abenteuerlichen und beglückenden Reise zu gehen, deren Ende nicht abzusehen ist.

Viele der hier verwendeten Begriffe und Gedanken sind für Sie vielleicht neu. Es wird einiges an *Aufmerksamkeit* und *Durchhaltevermögen* erfordern, um durch die folgenden Seiten hindurch zu kommen. Es kann aber auch sehr viel *Spaß* machen. Das Ergebnis wird jedenfalls eine *Erweiterung Ihres Lebens* sein, und Sie werden mit sich *selbst*, mit *Pferden* und mit den *Menschen* in Ihrem Umfeld anders umgehen.

Pferde wissen alles über Horsemanship. Menschen tun gut daran, Pferden genau zuzuhören.

Gefühl entwickeln – Kommunikation mit Seil und Halfter

Gefühl kennen lernen: Gefühl ist das A & O im Umgang mit Pferden

Was bedeutet Gefühl für die Kommunikation?

In diesem Kapitel erfahren Sie, was Gefühl für den Umgang nicht nur mit Pferden bedeutet. Sie lernen aber auch die wichtigsten Unterschiede zwischen Joining und Halftertraining kennen und worauf das Ganze hinausläuft.

Gefühl ist *das Wichtigste* in Umgang und Kommunikation von Lebewesen miteinander, also auch zwischen Mensch und Pferd. „Es gibt nichts", sagt Bill Dorrance, der zusammen mit seinem Bruder Tom als Vater aller heutigen so genannten „Pferdeflüsterer" gilt, „auf das ein Pferd besser reagierte als auf ein Gefühl, das ihm derjenige gibt, der mit ihm umgeht."

Und Dorrance kennt auch den Grund dafür: „Weil dies dem Pferd von Natur aus so mitgegeben ist." „Schon ein Fohlen", erläuterte der alte Horseman, „lernt innerhalb seiner ersten Lebensstunden, auf Gefühle zu *reagieren*." Und es lernt innerhalb der gleichen Bewegung und der gleichen Berührung seiner Mutter *unterschiedliche* Botschaften zu erkennen. Es lernt nicht nur, einer *Bewegung* auszuweichen oder Bewegung zu folgen, es lernt auch, die *Absicht* zu erkennen, die hinter einer Bewegung seiner Mutter steht, und es lernt, sich entsprechend zu verhalten. Das ist die Basis aller Kommunikation, die Grundlage fürs Überleben.

Menschen, die mit Pferden umgehen, auf welche Art auch immer – ob sie führen, reiten oder fahren – sollten sich deshalb darüber im Klaren sein, dass sich ein Pferd *immer* an den Gefühlen orientiert, die ihm der Mensch in seiner Umgebung vermittelt. Und daher sollte jeder Pferdemensch sehr gut wissen, wie er mit seinen und den Gefühlen des Pferdes umgeht. „Denn", sagt Dorrance, „wenn das Gefühl, das ein Mensch einem Pferd vermittelt, dem Menschen in seiner Bedeutung selbst nicht klar ist (was nicht nur dann der Fall ist, wenn mechanische Hilfsmittel oder gar Zwangsmittel eingesetzt werden), dann muss auch das Pferd verwirrt sein."

Die gesamte Reitliteratur ist bekanntermaßen durchzogen von der Forderung, der Reiter müsse sein Pferd fühlen. „Das Gefühl des Reiters sorgt entscheidend für eine harmonische, vertrauensvolle und wirkungsvolle Verständigung zwischen Reiter und Pferd", heißt es beispielsweise in den „Richtlinien Reiten und Fahren" der Deutschen Reiterlichen Vereinigung. Und auch der viel gelesene Wilhelm Müseler macht in seiner „Reitlehre" das Gefühl zur Richtschnur allen Umgangs mit Pferden: Der Reiter, so seine Forderung, müsse von Anfang an fühlen lernen. Denn erst das Gefühl könne dem Reiter sagen, wie sein Pferd geht, welche Einwirkungen und Hilfen notwendig sind, und mit welchem Nachdruck sie zu geben sind.

Allerdings ist weder bei Müseler noch anderswo erläutert, *wie* der Reiter dieses Gefühl erlangen könnte. Diese Lücke ist mittlerweile geschlossen. Wir verdanken alten amerikanischen Horsemen wie den Dorrance-Brüdern, deren Schülern und Erkenntnissen von Neurobiologen und Psychologen vielfältige Erkenntnisse und Praxisanweisungen, mit deren Hilfe wir ‚fühlen' tatsächlich lernen können.

Gefühl, wie der Begriff hier gebraucht wird, beinhaltet:

1. die sinnliche Wahrnehmung – also etwas, das man auf der *Haut* spüren kann;
2. Eindrücke, die über die fünf Sinne das *Innere* berühren.

Gefühl, so die psychologische Definition, ist eine Form des *Bewusstseins* angesichts inneren und äußeren *Erlebens*. *Gefühle* machen uns also unsere eigene Befindlichkeit (und die unserer Gesprächspartner) *bewusst*. Gefühle *erklären* uns unsere Befindlichkeit aufgrund von inneren oder äußeren Erlebnissen (und die Befindlichkeit anderer). Gefühle können und wollen uns also in jeder Hinsicht *aufklären*. Wir müssen sie allerdings *wahrnehmen* – bei uns selbst und bei den anderen, ob Mensch oder Pferd. Der *bewusste* Umgang mit Gefühlen ist deshalb in jeder Hinsicht wichtig, erst recht bei der Ausbildung von Pferden.

Daraus folgt: Fühlen *kann* man lernen, allerdings nur dann, wenn man sich öffnet: seiner *Selbstwahrnehmung* und der *Wahrnehmung seines Gegenübers*, und wenn man bereit ist, *ausprobieren* und *experimentieren* zu wollen – ohne sich gegenseitig zu *überfordern* oder gar zu *gefährden*. Das ist die Voraussetzung für Horsemanship, für ‚Pferdeflüstern' und für alle anderen Arten und Weisen mit Pferden (und jeglichen anderen Lebewesen) *respektvoll, einfühlsam* und am Ende *erfolgreich* (!) umzugehen.

Erfolg, der aus gegenseitigem Respekt und Gefühl füreinander resultiert, währt länger und ist mehr wert.

Direktes und indirektes Gefühl

Pferde können auf zwei Arten von Gefühl reagieren und zwei Arten von Gefühl vermitteln: ein *direktes* Gefühl und ein *indirektes* Gefühl. (Wenn Sie mehr darüber erfahren wollen, dann lesen Sie dazu auch „Pferdeflüstern kann jeder lernen", S. 36ff).

▸ Das *direkte Gefühl*
kommt durch *Berührung* zustande, entweder durch den Körper – Hände, Arme, Beine etwa – oder durch Hilfsmittel wie Sporen, Gerte, Zügel, Gebisse, Seile. Um direktes Gefühl geht es also beim *Reiten* und bei der *Bodenarbeit* mit Halfter und Seil gleichermaßen. Direktes Gefühl hat eine große Spannweite: Es reicht von der zarten Berührung bis zum harten Schlag.

▸ *Indirektes* Gefühl
hingegen bedeutet: keinen direkten körperlichen Kontakt zu haben, sondern über Blicke, Bewegungen, Geräusche und Geruch zu kommunizieren, also Bewegung auszulösen – innere und äußere.

Mit derlei Gefühl richtig umzugehen und diese Gefühle zu verstehen bedeutet, in der Lage zu sein, *das gesamte Spektrum der Kommunikation* von Pferden zu kennen und anwenden zu können. Denn Pferde kommunizieren untereinander ebenfalls sowohl durch direktes wie durch indirektes Gefühl, hauptsächlich aber über das indirekte Gefühl: Blicke, Kopfschlagen, Anlegen der Ohren beispielsweise.

Durch Gefühl ist ein Pferd somit in der Lage, den Willen eines anderen Pferdes so zu beeinflussen, dass es nicht nur die Bewegung

Kommunikation durch indirektes Gefühl: Der ausgestreckte Zeigefinger des Menschen gibt dem Pferd das Gefühl einer Begrenzung. Inwieweit es diese Grenzen akzeptiert, das hängt von seiner Durchlässigkeit ab – Gewohnheit und Bereitschaft, mit dem Menschen vertrauensvoll zu kommunizieren.

Kommunikation mit Hilfe von indirektem Gefühl: Das helle Islandpony (oberes Bild) signalisiert seinem Herdengenossen unmissverständlich sein Vorrecht auf Futter. Auch gemeinsame Bewegungen – ob bei Flucht, Spiel oder Rangordnungsauseinandersetzungen – erfolgen aufgrund indirekter Gefühle, die die Tiere untereinander austauschen.

als solche bestimmt, sondern darüber hinaus auch ihre Richtung und die Geschwindigkeit. Allein durch Gefühl dirigiert der Herdenchef das Denken und Handeln seiner Herdenmitglieder. Das Ziel von Bewegung durch Gefühl ist: das gemeinsame Überleben der Herde zu sichern.

Das Joining-Verfahren, wie es in meinem ersten Buch beschrieben ist, lehrt, wie Sie Gefühl *entwickeln*, wie Sie Gefühl *wahrnehmen, austauschen* und *verbreiten* und wie Sie das Gefühl eines anderen *beeinflussen* können – und zwar weitgehend auf *indirektem* Weg. Wenn Sie Hilfsmittel hingegen *unmittelbar* benutzen, um Ihr Pferd zu bewegen, dann tun Sie zwar nichts anderes, doch kommunizieren Sie dann mittels *direkten Gefühls* mit dem Pferd. Und das ist wortwörtlich zu verstehen: Es ist direkter, dadurch wirkungsvoller, aber auch *problematischer*. Direktes Gefühl erzielt zwar schneller Wirkung, aber Sie können auch schneller Schaden damit anrichten.

Dieses Verfahren, direktes Gefühl richtig und im Sinne des Pferdes anzuwenden, wird in dem vorliegenden Buch vornehmlich erläutert. Natürlich versteht es sich von selbst, dass in der Kommunikation und im alltäglichen Umgang mit Pferden direktes und indirektes Gefühl dauernd miteinander kombiniert werden. Das direkte Gefühl führt unmittelbar zu allen Techniken, die zum Reiten oder Fahren von Pferden

notwendig sind. Direktes Gefühl vermittelt der *Mensch* dem Pferd durch alles, womit er das Pferd physisch berührt und beeinflusst.

Doch auch das *Pferd* übermittelt dem Menschen seinerseits direkte Gefühle: wenn es sich etwa dem Schenkel widersetzt, sich ‚aufs Gebiss legt', wenn es buckelt oder steigt. Auch beim Biss oder beim gezielten Tritt des Pferdes mit dem Huf, ebenso wenn Menschen Pferde schlagen, handelt es sich im Grunde um nichts anderes als um den wechselseitigen Austausch direkter Gefühle.

Beim direkten Gefühl geht's also geradewegs zur Sache. Und wie die Sache ausgeht – das hängt wesentlich davon ab, wie (un-) kultiviert sich das Verhältnis Mensch/Pferd in der Phase des Austauschs *indirekter* Gefühle gestaltete. Auf den Punkt gebracht: Wenn es zu schmerzlichen Auseinandersetzungen zwischen Zweibeiner und Vierbeiner kommt, dann hat der Mensch in der Phase der indirekten Gefühle entscheidende *Fehler* gemacht – es mangelt ihm an Wahrnehmung (und Wissen).

Wer sich beispielsweise von seinem Pferd immer wieder ein paar Schritte rückwärts oder seitwärts bewegen lässt (indirektes Gefühl), wer seinem Pferd also allzu gerne ausweicht, der darf sich nicht wundern, wenn ihm sein Vierbeiner irgendwann einmal auf die Füße tritt (direktes Gefühl). Oder: Wer die *Folgsamkeit* seines Pferdes im Round Pen nicht glasklar sichergestellt hat, wird seine Folgsamkeit unterm

Wechselseitiger Austausch direkter Gefühle zwischen Mensch und Pferd: Das Ausmaß sagt sehr viel darüber aus, wie (un-)kultiviert das Verhältnis vom Menschen zum Pferd ist.

Sattel oder vor der Kutsche immer wieder aufs Neue mit viel Druck bis hin zu Gewalt herstellen müssen. Wobei es sich bei Druck oder gar Gewalt um nichts anderes handelt als um höchst verdichtete bis extreme Formen direkten Gefühls.

Freilich sind auch Streicheln oder Putzen oder die zärtliche Berührung mit Maul oder Nüstern Formen direkten Gefühls. Diese weichen und zarten Berührungen bilden die Grundlage einer *harmonischen* Beziehung zwischen Mensch und Pferd, wie es ebenfalls schon im ersten Buch ausführlich dargelegt wurde.

Hier in diesem Buch sind sie das entscheidende vermittelnde Verbindungsglied zwischen *Freundlichkeit und Forderung*. Denn nur, wenn das Pferd die menschliche Hand als *angenehm, weich, gütig und gebend* erlebt hat, kann es sie (wie auch den Schenkel) als *streng fordernd* akzeptieren, wenn die Hand beispielsweise die Zügel hält – als Hilfsmittel zur Kommunikation. Ebenso verhält es sich auch mit allen anderen Materialien, mit denen Menschen sich ausstatten, um Pferden ihren Willen zu vermitteln: Gerten, Peitschen, Zügel oder Seile – all dies muss das Pferd zunächst als zugehörig zu einem angenehmen, *vertrauenswürdigen* Menschen kennen gelernt haben, um ihre Legitimation im Ausbildungsprozess akzeptieren zu können, ohne davon in Angst und Schrecken versetzt zu werden.

Auch das ist direktes Gefühl: das freundliche Streicheln, das Anlegen des Halfters oder die Desensibilisierung mit einer Plastiktüte.

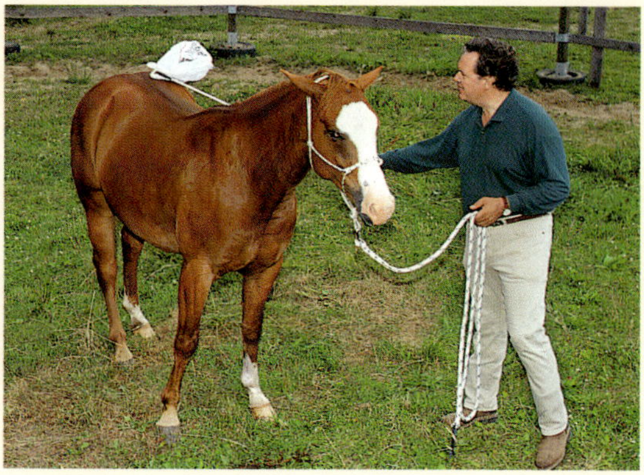

Der Unterschied: Leichtigkeit trotz enger Grenzen

Der erste Schritt der Bodenarbeit war das *‚Joining'*, frei im Round Pen, wie es im ersten Buch beschrieben wurde. Für die Übungen in diesem Buch nehmen Sie das Pferd hingegen an *Halfter und Seil*. Ziel bei beiden Trainingsformen – Joining und Halftertraining – ist es, mit dem Pferd gemeinsam die gewünschte *Leichtigkeit* am Boden aufzubauen, um die Ergebnisse dann auf die Arbeit unterm Sattel zu übertragen.

Während sich das Pferd beim Joining noch in relativer Freiheit, mit recht weiten *Grenzen*, bewegen konnte, wird der Bewegungsraum des Pferdes im Halftertraining deutlich kleiner. Bestand die räumliche Begrenzung für das Pferd beim Joining noch aus dem Round Pen mit seinen 15 bis 18 Metern Durchmesser und langen Fluchtwegen, so ist die Begrenzung beim Halftertraining nun reduziert auf den Raum zwischen dem Halfter und dem Ende des Führseils. Sie liegt also zwischen ein paar Zentimetern und (zunächst) maximal vier Metern.

Gleichwohl, auch wenn in der Ausbildung des Pferdes mit der Arbeit im Round Pen begonnen wird, kommt irgendwann einmal der Zeitpunkt, wo Sie zur direkten Kommunikation übergehen *müssen*. Ganz einfach, weil alles Reiten und Fahren nun mal auch über das direkte Gefühl vermittelt wird: Der Kontakt des Sattels mit dem Pferd, des Gurtes, der Zügel, Ihrer Hände und Schenkel *ist* eben direktes Gefühl.

Wenn Sie den Weg über das Joining gegangen sind, werden Sie aber merken, dass Sie viel besser im Halftertraining vorankommen. Denn Sie und Ihr Pferd haben schon intensiv über das *indirekte* Gefühl kommuniziert, Sie haben schon *Folgsamkeit* geprobt, Ihre und die *Körpersprache* des Pferdes sind Ihnen nicht mehr fremd. Deswegen macht es Sinn, wann immer es sich einrichten lässt, das Halftertraining (zumindest zu Anfang) mit einem Joining zu verbinden. Die Durchlässigkeit des Pferdes wird dadurch erheblich gesteigert.

Im Round Pen findet Kommunikation vor allem durch indirektes Gefühl statt. Mit Halfter und Seil findet Kontakt und Kommunikation zwischen Mensch und Pferd direkt statt.

Fluchttier Pferd: Grenzenlosigkeit sichert sein Überleben. Im Umgang mit Menschen muss es vom Gegenteil überzeugt werden.

Überlegen Sie bitte Folgendes: Jede Form, dem Fluchttier Pferd Raum zu *nehmen*, muss zunächst unweigerlich zu *Widerstand* führen. Denn das Fluchttier Pferd ist von Natur aus dazu geschaffen, sich innerhalb möglichst weiter Grenzen zu bewegen. Nur *Weite* sichert sein Überleben. Je begrenzter sein Lebensraum, desto eher läuft es Gefahr, in die Fänge von Raubtieren zu geraten.

Und das ist auch im übertragenen Sinne zu verstehen: Jede Ausbildung und jedes Ausbildungsmittel stellt eine *Begrenzung* dar. Je nachdem, wie eng die Begrenzung für das Pferd ist, desto eher wird sein natürlicher Widerstand aktiviert. Eine gute Ausbildung lehrt das Pferd also feinfühlig, *nach und nach* immer engere Begrenzungen zu akzeptieren. Und genau das ist der Vorteil, wenn man mit dem Joining beginnt: Das Pferd lernt zunächst innerhalb relativ weiter Grenzen zu gehorchen. Wenn dann das Halftertraining und das Training unter dem Sattel dazukommen, ist bereits eine wesentliche Ausbildungsgrundlage zu *Freiwilligkeit statt Zwang* geschaffen.

Freilich beinhaltet auch das Halftertraining, wie es in diesem Buch dargestellt wird, ab einer gewissen Stufe das indirekte Gefühl: Denn alle Bewegungen, die wir dem Pferd durch die Anwendung eines direkten Gefühls abverlangen, kommen im nächsten Lernschritt – wiederum mit Halfter und Seil – auch durch indirektes Gefühl zustande.

So schließt sich mit diesem Buch der Kreis der Basis-Ausbildung am Boden, die mit dem Joining begonnen wurde: Vom direkten Gefühl, der Hilfengebung mittels *körperlicher* Berührung, gelangen wir am Ende wieder zum indirekten Gefühl, um das Pferd zur Bewegung zu *animieren*. Im Idealfall geraten wir dann tatsächlich in die Position der Leitstute, die ihre Herdenmitglieder kraft Autorität führt – fast ohne jegliche körperliche Einwirkung.

Genau das ist das Ziel des gesamten Trainings, vom Joining bis zum Halftertraining: das Maß der *Energie*, mit der Bewegung gefordert wird, so weit wie möglich zu reduzieren. Und am Ende so viel Vertrauen aufgebaut zu haben, dass uns das Pferd nicht nur *freiwillig* folgt, sondern sogar *gerne*. Am besten ist es, wenn *Ihre* Vorstellungen zu den Vorstellungen *Ihres Pferdes* werden. Denn dann hätten Sie in diesen Augenblicken die totale Kontrolle über Ihr Pferd (vorausgesetzt, Sie haben sich selbst unter Kontrolle).

Wenn Sie lernen wollen, wie Sie Gefühl auf die beste Art und Weise nutzen können, sollten Sie nie vergessen: Je weniger *Kraft* und *Druck* Sie anwenden, desto eher helfen Sie dem Pferd *leichter* und *williger* zu werden. Ob am Boden oder im Sattel – ihr Tun wird sich müheloser anfühlen und müheloser aussehen, wenn Sie erst einmal verstanden haben, wie Sie an ein weiches Gefühl kommen und wie Sie ein solch weiches Gefühl anwenden können. Dann wird Ihr Pferd nichts mehr in Ihren Händen ‚wiegen', Sie werden nur noch das Gewicht des Führstricks oder der Zügel spüren.

Ein Gefühl für den Versuch entwickeln

Das Wichtigste am Anfang *jeder* Übung ist, dass *Sie* ein Gefühl für den *Versuch* des Pferdes entwickeln, Sie verstehen und Ihnen antworten zu *wollen*. Dieser Versuch des Pferdes ist die *erste Antwort*, die Ihnen Ihr Pferd gibt: Das mag ein kleines Zucken oder nur eine leichte Gewichtsverlagerung sein. Dass es unter Umständen noch nicht die komplette, gewünschte Antwort ist, mag an vielen Faktoren liegen, z.B.:

- Sie haben falsch gefragt, und das Pferd hat Sie nicht richtig verstanden.
- Das Pferd ist sich nicht sicher, welche Antwort Sie erwarten.
- Das Pferd wurde in vielen Situationen der Vergangenheit für Antworten, die es gab, bestraft.

Wenn Sie den *Versuch* des Pferdes, Ihnen eine richtige Antwort zu geben, respektieren, fühlt sich auch das Pferd respektiert und ermutigt, beim nächsten Mal eine bessere Antwort zu geben. Denken Sie doch selbst einmal zurück an Ihre Kindheit und an die Schule. Waren es nicht gerade die (zugegeben: eher seltenen) Lehrer, die Sie ermutigten und motivierten, die Ihren Versuch, die richtige Antwort zu geben, respektierten? Und wie fühlten Sie sich damals?

Umgekehrt: Wie war Ihnen zu Mute, wenn Ihr Lehrer Sie mit Ihrer Antwort – mutwillig oder aus Unfähigkeit – ins Leere laufen ließ? Wenn er Sie gar dafür tadelte oder bestrafte! Sie waren nicht nur für den Moment fertig, sondern Sie verloren gleich die Lust, überhaupt noch weitermachen zu wollen.

Reiter neigen viel zu schnell dazu, ihr Pferd zu ‚korrigieren'. *Korrektur* ist doch nur angebracht, wenn es *wirklich* etwas *falsch* gemacht hat. Aber: Wie oft *scheinen* Pferde falsch zu reagieren – und dabei versuchen sie nur ihr Bestes. Mehr ist aber nicht drin, weil sie den Menschen, der sie zu einer Aktion aufforderte, einfach *nicht richtig verstanden.*

Statt uns selbst zu überprüfen: „Habe ich überhaupt den richtigen Reiz gesetzt?", oder: „Habe ich das Pferd eigentlich zuvor überhaupt gefragt, ob es meine Forderung versteht und wie es am liebsten und am leichtesten antworten könnte", oder zu überprüfen, ob wir selbst das notwendige Maß an *Konzentration* aufgebracht haben, stellen wir Menschen lieber die *Bereitschaft* des Pferdes in Frage. Und dann beginnt die Spirale der Gewalt sich zu drehen.

Widersetzlichkeit ist immer das Ergebnis falscher Kommunikation – von Anfang an. Jeder Widerstand birgt immer dieselbe Frage: „Was genau willst Du von mir?"

Komfortabel, unkomfortabel oder ...?

Selbst die Lehrformel aus dem pferdefreundlichen *Natural Horsemanship:* „Mach es dem Pferd komfortabel, wenn es tut, was Du willst; und unkomfortabel, wenn es etwas tut, was Du nicht willst", kann – wenn man nicht aufpasst – fehlschlagen. Die Formel hört sich zunächst pädagogisch durchaus logisch an. Sie birgt aber einen erheblichen *Mangel*: Denn sie stellt den menschlichen *Willen* in den Vordergrund. Das mag ja noch angehen, es ist aber äußerst *verführerisch*. Denn die Formel lässt *unüberprüft*, ob das, was der Mensch ‚*will*', ihm auch wirklich völlig *klar* ist, und ob er es dem Pferd auch so klargemacht hat, dass es ihn tatsächlich *verstehen* konnte.

Wenn dies nämlich nicht sichergestellt ist, strafen wir das Pferd mit Unangenehmem, nur weil es uns nicht verstanden hat! Und das ist dann auch nichts anderes als *Gewalt* und *Willkür*. Gewalt, das bedeutet im Endeffekt immer: *Schmerz*. Und Schmerz ist der schlechteste Lehrer. Schmerz verursacht nichts anderes als Ärger und *Angst* und führt zur totalen *Blockade* – dem Feind allen Lernens.

Die Alternative lautet: Machen Sie es Ihrem Pferd *so leicht wie möglich*! Woher sollte die Leichtigkeit sonst kommen, wenn nicht von Ihnen? Also, denken Sie bei allem, was Sie von Ihrem Pferd Neues fordern, daran: Respektieren Sie zunächst seinen *Versuch*, Sie zu verstehen! Und lernen Sie *gemeinsam*.

Tun Sie sich selbst den Gefallen, jedes Mal, wenn Ihnen mal wieder „die Hand ausgerutscht" ist, an folgende Weisheit zu denken: „Nur die wahrhaft Großen achten das Kleine. Die aber nur groß zu sein scheinen, *zerbrechen* es." Außer einer gehörigen Portion *Selbstdisziplin* und *innerer* Stärke brauchen Sie vor allem *Zeit*, um auf den richtigen Weg zu kommen. Und Zeit, wusste schon Michael Endes Romanfigur „Momo", kann man niemals sparen. Zeit hat nur derjenige, der sie ausgibt!

Kleine Ziele

Zu Beginn *jeden* Trainingsschritts sollten Sie Ihr jeweiliges Teilziel für die anstehende Aufgabe wissen. Das ist nicht weiter schwer. Sie beginnen *immer* mit dem ersten Ziel, den Versuch Ihres Pferdes *erfühlen* (und ihn respektieren) zu wollen. Das kann eine minimale Bewegung sein. Ist Ihnen das gelungen, kommt das *nächste* Teilziel: Sie fordern das Pferd beispielsweise zu etwas mehr Bewegung auf. Und so geht es weiter. Sie tun gut daran, sich und dem Pferd *so kleine Ziele wie möglich* zu stecken. Denn kleine Ziele haben die Eigenart, dass man sie relativ *leicht* erreicht. Die Folge: Man ist *entspannt*, zufrieden und *motiviert* für die nächste Aufgabe. Das ist der Auftakt zu jeglichem *Erfolg* und zu aller *Leichtigkeit*.

Das System der elf Lernschritte

In den *Lernschritten 1 bis 5* geht es darum, *Basisbewegungen* beim Pferd auszulösen, also: Kopf und Hals des Pferdes zu bewegen, seine Hinterhand, seine Vorhand, und das Pferd rückwärts zu richten. Die *Lernschritte 6 bis 8* fügen diese Basisbewegungen zu *Kombinationsbewegungen* zusammen. Jetzt wird das Pferd lernen, auf Ihr Geheiß hin seine Bewegungsrichtung zu ändern, eine kleine Strecke von Ihnen weg rückwärts zu treten, seitwärts zu gehen und um Sie herum auf dem Zirkel zu laufen. In den *Lernschritten 9 bis 11* geht es darum, das Fluchttier Pferd zu *sensibilisieren* und zu *desensibilisieren*, es an die tatsächlichen und vermeintlichen *Gefahren* des Lebens heranzuführen und zu gewöhnen und *Folgsamkeit* zu etablieren.

Die elf Lernschritte sind soweit wie möglich systematisch aufeinander aufgebaut, so dass sich *eine Bewegung aus der anderen ergibt*. Dennoch ist das System (wie das Leben selbst) nicht starr und unverrückbar. Lernschritt 9, die *(De-)Sensibilisierung*, hätte ich genau so gut auch an den Anfang setzen können. Da manche Pferde jedoch instinktiv Abwehr zeigen, wenn sie etwas fürchten, müssen Sie mögli-

cherweise zuerst lernen, sich die *Aufmerksamkeit* des Pferdes zu holen (Lernschritt 2). Vielleicht müssen Sie zuerst auch lernen, das Pferd nötigenfalls zu *begrenzen,* damit Sie ihm das notwendige Gefühl, für das es (de-)sensibilisiert werden und an das es sich gewöhnen soll, überhaupt erst geben können. Deshalb ist es besser, vor dem (De-)Sensibilisieren die anderen Lernschritte zumindest zu üben.

Ich möchte Sie aber dennoch ausdrücklich auffordern, bei Ihren Übungen auf jeden Fall *immer* mit Streicheln zu beginnen. Die streichelnde menschliche Hand ist das angenehmste Gefühl, das ein Pferd von uns bekommen kann. Haben Sie jedoch ein in jeder Hinsicht gelassenes Pferd, dann sollten Sie das (De-)Sensibilisieren auf jeden Fall schon gleich nach Schritt 2 einbauen – jedenfalls das, was Sie davon dann überhaupt noch brauchen. Das Gleiche gilt für Teile von „Führen und Folgsamkeit" (Lernschritt 10): Scheuen Sie sich nicht, schon zu Anfang die Übungen „Promptes Folgen" (S. 162) sowie den Führtest (S. 166) zu probieren.

Bisweilen sind in den einzelnen Lernschritten Problemfälle genannt, die auftreten können – und deren Lösung. Dabei sollten Sie Folgendes wissen: Eine der schönsten Erfahrungen, die Sie und Ihr Pferd machen können, ist die, dass gar keine Probleme auftreten. Voraussetzung dafür ist, dass Sie so üben wie empfohlen: langsam, Schritt für Schritt und mit Gefühl. Zumindest werden Sie das Maß der Probleme auf ein jederzeit lösbares Minimum reduzieren. Denken Sie immer an die bekannten Weisheiten: „Weniger ist mehr" oder: „Langsamer ist schneller".

Das System der elf Lernschritte baut aufeinaner auf. Je nach Ausbildungsstand des Pferdes kann es jedoch notwendig sein, die Abfolge zu variieren. Dem Sinn eines Lehrbuchs entsprechend setze ich den geringsten Ausbildungsstand voraus.

Das Ziel des gesamten Trainings

Wenn Sie das Programm beherrschen, haben Sie (inklusive Joining) die *Basis* für *alles* gelegt, was Sie für den *sicheren, schonenden, effizienten, energiesparenden und erfolgreichen Umgang* mit Pferden brauchen. Ob Sie es nur über den Hof zur Wiese führen, vom Hufschmied beschlagen oder vom Veterinär verarzten lassen, ob Sie Ihr Pferd verladen oder es die Kutsche ziehen lassen oder reiten wollen.

Vergessen Sie bitte nie: Der *Sinn und Zweck* aller folgenden Übungen besteht darin, *all das,* was Sie mit Ihrem Pferd *alltäglich* machen, von Grund auf zu lernen oder zu *verbessern* – und zwar so zu verbessern, dass Sie und Ihr Pferd weniger *Energie* aufwenden müssen, *weniger Zwang,* weniger Gewalt, und dass alles *viel leichter* funktioniert. *Jeder* einzelne Trainingsschritt dient also nicht nur Ihrem sichereren Reiten und Fahren, sondern jeder Schritt ist sogar *direkt* aufs Reiten und (mit kleinen, unerheblichen Einschränkungen) aufs Fahren anzuwenden.

Reiten ohne Gebiss und Halfter, nur mit Halsring: Dies setzt viel Vertrauen zwischen Pferd und Reiter voraus – und Kommunikation durch Gefühl.

Dieses Training ist (wie auch schon das Joining) geeignet für junge und für alte Pferde, für junge und für alte Menschen, für Erfahrene und Unerfahrene, für problematische Menschen und problematische Pferde, und auch für solche, die keinerlei Probleme haben. Es ist das ideale Basistraining für Neulinge und für Routinierte, es ist für Stuten, Hengste, Wallache, Kinder, Frauen und Männer gleichermaßen geeignet. Denn es handelt sich um *Kommunikation durch Gefühl.* Und deren Regeln sind bei Mensch und Tier gleichermaßen zu beachten – gleich welcher Abstammung jemand ist oder welches Bildungsniveau er besitzt.

Aspekte des Trainings im Überblick

- Kommunikation mittels direktem Gefühl beginnt schon beim *Streicheln.* Warum? Die menschliche Hand ist das angenehmste Gefühl, das ein Pferd von uns bekommen kann. Und Gefühle geben wir dem Pferd ständig: mit der Hand, mit Zügel und Gebiss, mit Sattel und Schenkeln und Sporen.
- *Ob* und *wie* Sie in der Lage sind, *Kopf und Hals eines Pferdes zu bewegen,* ist entscheidend für die Steuerung seiner *Emotionen,* für spätere *Versammlung* und seine *Lenkbarkeit* in alle Richtungen.
- Mit der *Hinterhand* gewinnen Sie *Kontrolle* praktisch über das ganze Pferd, vor allem aber über seine Vorwärtsbewegungen (und über seine ‚Bremsen'!).
- Die *Vorhand* ist das für Bewegung verantwortliche *Bindeglied* zwischen Kopf, Hals, Schulter und Hinterhand. Überdies spielt die Vorhand eine eminente Rolle in Rangordnungsauseinandersetzungen. (Frage: Was verschwindet als Erstes, wenn Ihnen beim Führen das Pferd davon laufen will? Richtig: die Vorhand. Kopf und Hals können sich zwar wegdrehen, solange die beiden Vorderhufe aber in der Spur bleiben, ist das Pferd noch bei Ihnen. Dasselbe gilt fürs Reiten, wenn Sie irgendwohin abwenden wollen.)
- Eine alte Weisheit vieler Horsemen lautet: Je besser ein Pferd *rückwärts* und *seitwärts* geht, desto besser macht es alles andere. Können Sie sich vorstellen, dass Ihr Pferd das auch glaubt, wenn Sie es mit ihm gemeinsam vom Boden aus bereits zu der notwendigen *Leichtigkeit* gebracht haben?
- Stellen Sie sich vor, Sie brauchen später nur die Hand ein paar Zentimeter zu heben, und Ihr Pferd startet nach hinten. Oder Ihr Blick geht nur leicht mit einer Hand in eine Richtung, und Ihr Pferd beginnt, sich seitwärts zu verschieben.
- Gar nicht davon zu reden, was alles möglich ist, wenn Ihr Pferd beständig die *Aufmerksamkeit* aufbringt, die Sie erwarten und mit Ihnen *gelassen* durch Dick und Dünn geht, weil es gelernt hat, dass es mit Ihnen gemeinsam nichts zu fürchten braucht.
- Die *Seilführung* (die für jeden Lernschritt eigens erklärt wird) und die Weise, *wie* Sie dem Pferd *Energie* zur Bewegung zukommen lassen, sind ebenfalls eng verknüpft mit unseren Aktivitäten beim Reiten. Das Seil entspricht dabei immer dem (späteren) *Zügel.* Es übernimmt alle Funktionen des Zügels, die Sie als Reiter vom Sattel ausführen. Das Ende des Seils hat – in Kombination mit unseren Händen oder unserem Blick – die gleiche Funktion wie die *Schenkel* des Reiters: Es sorgt für vorwärts-, rückwärts- oder seitwärtstreibende Energie.

„Reiten auf sieben Meter Entfernung", Kontrolle über sich selbst und das Pferd – das ist das Ergebnis des „Joining"-Verfahrens im Round Pen.

Fazit: Das *Joining-Verfahren*, wie es im ersten Buch beschrieben ist, entsprach „Reiten auf sieben Meter Entfernung". Hier *lernten* und *lehrten* Sie alles, was Sie und Ihr Pferd wissen und können mussten, ohne sich beidseits dem *Risiko* von Angst, Gefahr und schmerzlichen Missverständnissen auszusetzen.

Sie gewannen im (relativ) freien Raum des Round Pen *Kontrolle* über *Ihre Bewegungen* und *die des Pferdes* – über die *inneren* und die *äußeren* Bewegungen. Am Ende hatten Sie ein *folgsames* Pferd, das Ihre Nähe suchte, weil es Sie zu *respektieren* gelernt hatte. Gelernt hatte es den Respekt, weil *Sie* es waren, der – wie ein guter Herdenchef –, wenn es darauf ankommt, die *Art und Dauer* seiner Bewegungen, Gangart und Richtung, kontrollieren kann.

Reiten auf sieben Meter Entfernung (und später durchaus auf noch größerem Abstand) ist auf Dauer natürlich nur innerhalb begrenzter Räume möglich und ist auch nur *Mittel zum* (oben skizzierten) *Zweck*. Im Normalfall setzen wir uns irgendwann aufs Pferd (oder auf den Kutschbock). Das in *diesem* Buch geschilderte Verfahren ist das notwendige *Bindeglied* zwischen Joining und Reiten. Von der Kommunikation durch *indirektes Gefühl*, wie es beim Joining vorherrscht, gehen wir jetzt in diesem Trainingsprogramm über zur Kommunikation durch (hauptsächlich) *direktes Gefühl*, wie es fürs Reiten notwendig ist.

Das Ergebnis des Trainings

Sie erreichen mithilfe dieses Trainingsprogramms *sehr* vieles.

- Zunächst einmal, dass sich Ihr Pferd leicht und ohne Widerstand von Ihnen überall dahin dirigieren lässt, wohin Sie wollen.
- Wenn Sie nicht übertreiben (und Ihr Pferd dabei überfordern, weil jetzt „alles so schön leicht geht" und Sie manch bewundernden Blick ernten), dann wird Ihr Pferd dies sogar *gerne* machen.
- Vergessen Sie über allem aber eines nicht: Es ist der *Weg*, den *Sie* zu gehen haben. Denn auf Sie kommt es an!

Am Ende sollen Sie zwar Ergebnisse erzielt haben, *zwischendurch* jedoch sollen Sie gelernt haben, sich und Ihr Pferd so zu *fühlen*, dass Sie immer mal wieder für Momente *eins werden*.

Das ist der Weg jeglicher guter *Kommunikation*. Wenn Sie ihn gehen, das garantiere ich Ihnen, dann fallen Ihnen die Früchte Ihres Tuns wie von selbst in den Schoß.

Und bedenken Sie: Dieser Weg endet nie! Wenn Sie den Weg gehen, werden Sie – so wie ich – noch oft *erstaunt* sein über die Veränderungen und über die *Leichtigkeit* von allem. Viel Spaß dabei, und: Lassen Sie sich überraschen!

Am Ende jeden „Joinings" steht das Folgen des Pferdes – körperlich sichtbarer Ausdruck von Folgsamkeit, die nun Schritt für Schritt ausgebaut wird.

Die Vorbereitung: Wie Sie am leichtesten lernen und vielleicht auch noch einen neuen Freund finden

In diesem Kapitel erhalten Sie – bevor die Arbeit losgeht – wesentliche Informationen darüber, was alles dazu gehört, wie Sie Ihr Handwerkszeug benutzen und vor allem: wie Sie sich die Arbeit wesentlich erleichtern können.

Ein Wort zuvor. Ehrlich gesagt: Die nun folgenden Beschreibungen und Erklärungen besitzen den Charme einer Bauanleitung. Wie das nun mal so ist, wenn komplizierte technische Vorgänge erklärt werden sollen. Glauben Sie mir, ich säße auch lieber auf der Terrasse, schlürfte eine Limonade und schaute meinen Pferden beim Grasen zu. Aber jetzt habe ich mich nun mal entschlossen, dieses Buch für Sie zu schreiben (unter anderem, weil mich viele Seminarteilnehmer darum gebeten hatten), Sie haben es gekauft, geschenkt bekommen oder geklaut – also auch schon gewisse Vorleistungen erbracht.
Lassen Sie uns also nun gemeinsam versuchen, das Beste daraus zu machen. Ich verspreche Ihnen, es Ihnen so leicht wie möglich zu machen, und Sie versprechen mir, kein Buch mehr zu klauen. Einverstanden? Andererseits: Ohne gute Bauanleitung kann kein Handwerker die Konstruktion kapieren. Die Folge: Wenn er sich dennoch ans Werk machte, wäre er irgendwann frustriert (oder seine Auftraggeber) und irgendwann bräche das Bauwerk zusammen. Außerdem: Die Beschreibungen sehen beim Lesen komplizierter aus, als die Praxis ist. Das gilt für die Beschreibungen der Seilhaltung und ebenso für die Erklärung aller elf Schritte (wie übrigens auch für alle seriösen Beschreibungen guten Reitens).

Setzen Sie Ihre Sinne ein

Noch ein Tipp zuvor: Im Folgenden wird immer *ganz genau* beschrieben, wie Sie etwa das Seil halten, welche Körperpartien des Pferdes Sie mit welcher Hand berühren sollen und welche Körperpartien des Pferdes sich bewegen. Seien Sie gut zu sich selbst und verschleudern Sie nicht Ihre wertvolle Zeit. Das heißt: Lesen Sie nicht einfach darüber hinweg, sondern schließen Sie *während* und *nach* dem Lesen jeweils immer mal kurz die Augen und stellen Sie sich das beschriebene Verfahren und die jeweilige Aktion vor Ihrem *geistigen Auge* genau vor.

Gehen Sie in Gedanken alle Handlungen durch. *Tun Sie so*, als seien Sie bereits beim Training mit Ihrem Pferd. Am besten, Sie lesen das Buch (mindestens) zweimal. Denken Sie daran: Es geht um *Sie*, um Ihre *Zeit*, Ihre *Sicherheit* und es geht um Ihr *Pferd*. Auf diese Weise können

Sie sich ein präzises und klares *Bild* von den Bewegungsabläufen machen, das Sie später dann in der praktischen Anwendung abrufen können. Sie *fühlen* dann vielleicht schon das weiche Seil in Ihren Händen, Ihre eigene Muskelspannung oder den warmen Pferdekörper. Möglicherweise *sprechen* Sie auch innerlich leise nach, was Sie lesen und *hören* den Text auf diese Weise zusätzlich.

Wie auch immer Sie es machen – Sie *programmieren* auf diese Weise bereits Ihr Gehirn und versorgen es mit allen notwendigen Informationen. Wer *nur* liest (oder nur einem Vortrag lauscht), das weiß die Lernpsychologie, behält nur etwa 20 Prozent des Inhalts. Wenn er dazu noch etwas visualisiert – das heißt das Gehörte sich innerlich sichtbar, bildhaft macht – steigt seine Lernquote auf *über 50 Prozent*. Was es dann noch braucht, ist lediglich die *praktische* Erfahrung. Hier kann die Summe dessen, was Sie behalten, auf nahezu 100 Prozent steigen.

Ein Stück Visualisierung haben wir Ihnen in diesem Buch bereits mit Bildern und der grafischen Aufbereitung des Textes geboten. Das stärkste Stück Visualisierung liegt jedoch *in Ihnen*. Es sind Ihre eigenen Bilder, die Bilder, die *Sie* sich machen! Nutzen Sie Ihre Fähigkeit. Für Weltklasse-Golfer und Tennisspieler ist diese Form der mentalen Vorbereitung selbstverständlich. Nur Reiter tun sich schwer damit. Kein Wunder: Sie haben ja immer einen, der im Ernstfall schuld ist ... das Pferd.

Noch besser ist es *zusätzlich*, die Übungen zunächst *ohne* Pferd und stattdessen mit einem menschlichen Partner auszuprobieren (und später dann mit Hilfe des Partners auch am Pferd). Auf diese Weise

Es ist gut, alle Übungen zunächst mit einem menschlichen Partner auszuprobieren. So bekommen Sie eine mündliche Rückmeldung über die Gefühle, die Sie ausgelöst haben.

bekommen Sie eine verbale Rückmeldung dessen, was Ihr Partner *gesehen* und *gefühlt* hat. Sie arbeiten auf diese Weise quasi gleichzeitig mit einem *Souffleur* und einem *Regisseur*. Und nicht zuletzt: Vielleicht finden Sie auf diesem Wege sogar noch einen neuen Freund.

System statt Tipps und Tricks

Was Sie in den folgenden Kapiteln *nicht* finden werden, sind *flotte Tipps und Tricks*. Pferde sind keine Lebewesen, denen wir mit Tricks kommen sollten. Tricks bergen den üblen Beigeschmack von *Täuschung*. Sie und Ihr Pferd sollten sich mehr wert sein als sich gegenseitig zu täuschen. Stattdessen biete ich Ihnen eine *wohl durchdachte* und *erprobte Systematik* an, eine planmäßige Darstellung also und die einheitliche Gestaltung eines Trainingsaufbaus. Dazu Techniken, die es Ihnen erlauben, das System in die *Praxis* umzusetzen.

Das System erhebt den Anspruch, Ihnen dabei helfen zu können, ein *neues Denken und Handeln* im Umgang *mit Pferden* und *mit sich selbst* zu etablieren. Dabei ist es höchst *effizient*. Diese Art Bodentraining ist keine Spielerei für langweilige Frust-Nachmittage, keine Beschäftigungstherapie für diejenigen, die grundsätzlich keine Lust zum Reiten haben, weil ihnen schon das Satteln zu mühsam ist und sich eh niemand zum Quatschen findet, der mitreiten würde, sondern eine *Trainingsanleitung*, die Mensch und Pferd gleichermaßen doppelt schult: hinsichtlich *Bewegung* und *Gefühl*.

Praktisch für die weiterführende Arbeit: Unsere Knotenhalfter verfügen – außer dem abnehmbaren Haken – über seitliche Ringe. So kann das Halfter später auch als Hackamore, gebisslose Zäumung fürs Reiten, benutzt werden.

Dabei hat dieses System eigentlich nichts *neu erfunden*, sondern sich nur dessen bedient, was schon sowieso in Fülle vorhanden ist: *Gefühl* nämlich. Es ist die Frucht der über *achtzigjährigen* Erfahrung von alten Horsemen wie Bill und Tom Dorrance im Umgang und in der Ausbildung von Mensch und Pferd, ergänzt um die Erfahrung anderer Horsemen, die sich zum Teil als Schüler der Dorrance-Brüder verstehen und ihre eigene Entwicklung und Erfahrung mit eingebracht haben. Ergänzt werden sie durch meine eigenen Erfahrungen mit über tausend Pferden, die mit ihren Menschen meine Kurse besucht haben, sowie mit meinen eigenen Pferden und mit einigen besonders traumatisierten (seelisch und/oder körperlich verletzten) Trainingspferden.

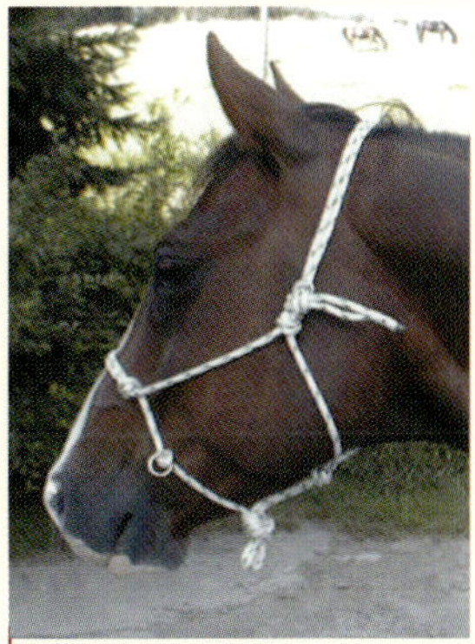

Das Knotenhalfter

Jetzt kann's losgehen

Die Ausrüstung

Für diese Übungen brauchen Sie ein *Halfter* – am besten ein so genanntes Seil- oder Knotenhalfter –, einen etwa vier Meter langen *Strick* und für die eine oder andere Übung einen kurzen *Stock* mit einer daran befestigten Schnur. Wenn Sie nichts davon besitzen, dann lassen Sie sich dennoch nicht davon abhalten, mit den Übungen zu beginnen.

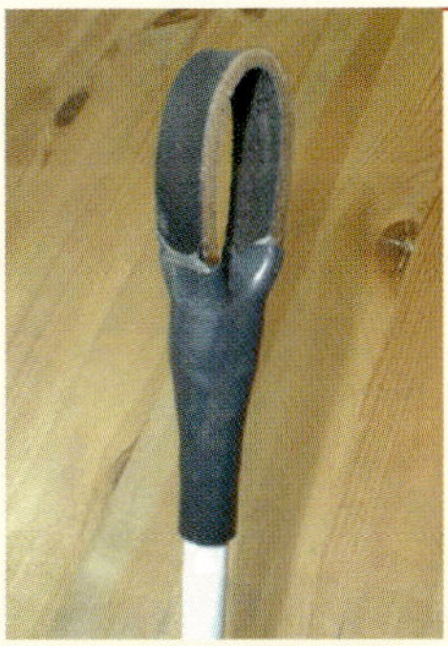

Fotos außen: Der Kommunikationsstock ist 1,20 Meter lang, mit Vollgummigriff und Lederlasche für ein etwa 1,80 Meter langes Seilchen. Der Stock ist aus Fiberglas und damit unzerbrechlich.

Fotos Mitte: Das vier Meter lange Seil hat an seinem vorderen Ende einen abnehmbaren Haken. Am hinteren Ende befindet sich ein verspleißter Lederpopper zur besseren Balance des Seils und zum feinen Energieeinsatz.

Manches wird dann möglicherweise nicht so gut laufen – aber immer noch besser, als wenn Sie gar nicht begonnen hätten.

Das Wichtigste jedoch ist, dass Sie bereit sind, die *Zeit* dafür aufzubringen, es richtig zu lernen, und dass Sie sich auf Neues freuen. Die meisten Probleme resultieren nämlich aus einem Mangel an Geduld und sauberer Vorbereitung und der Vorausverurteilung: „Ach, was kann *mir* das denn schon bringen!"

Der Trainingsplatz

Der beste Ort fürs Training ist ein *eingefriedeter* Raum. Optimal sind ein Round Pen, Reitplatz oder Halle. Wenn es sich einrichten lässt, begrenzen Sie nur den Raum, in dem Sie arbeiten, indem Sie die Halle eventuell halbieren. Das erleichtert Ihnen die Arbeit, ist aber keineswegs ein ‚Muss'. Für die ersten fünf Lernschritte reicht auch ein kleiner Auslauf, ein Paddock oder vielleicht sogar die Box.

Begrüßen und Aufhalftern

Für die Begrüßung und das Aufhalftern setze ich hier zunächst voraus, dass sich das Pferd fangen lässt und dass es sich dem Menschen vertrauensvoll nähert – dass es zumindest nicht davonläuft, wenn Sie sich

Annäherung auf der Weide per „Joining". Zunächst löse ich die Hinterhand vom Pferd (1), dann ziehe ich per Körpersprache seine Nase zu mir hin (2), so folgt es mir (3) und schließt sich mir an (4).

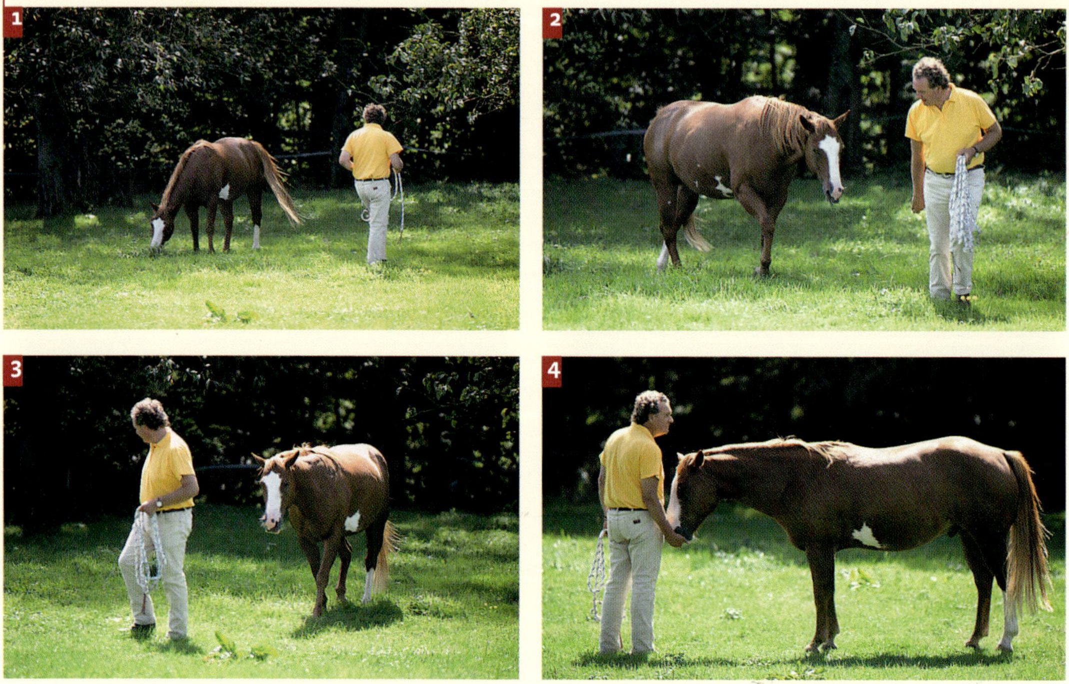

ihm nähern. Ist das nicht der Fall, dann wird es Zeit, dass Sie mit Ihrem Pferd zunächst das Joining (siehe „Pferdeflüstern kann jeder lernen") üben. Das Ergebnis sehen Sie in der Bildfolge auf S. 34 unten. Wie beim Joining beginnen Sie zunächst auch jetzt wieder mit der Begrüßung, dem *Streicheln* (auch das ist in meinem ersten Buch auf den S. 94 bis 106 ausführlich beschrieben). Streicheln Sie das Pferd (der Reihe nach) mit Ihren Händen, dem Halfter und dem Seil und auch schon mit dem Stöckchen – noch bevor Sie ihm das Halfter anlegen.

Probleme

Hier sollten Sie auf jeden Fall schon mal vorab einen Blick ganz nach hinten zu Lernschritt 9 („Gelassenheit erreichen") werfen und die Seiten 135 bis 143 lesen. Die Übungen, die am Anfang dieses Lernschritts dort beschrieben sind, können Sie nämlich auch jetzt schon in *dieser* Lernphase anwenden. Wenn das Streicheln allerdings überhaupt nicht funktioniert, sollten Sie Ihrem Pferd das Halfter wie immer überstreifen und das Training mit Lernschritt 2 beginnen („Aufmerksamkeit fordern") und dann bei Schritt 9 weiter lesen.

Die Begrüßung ist auch in dieser Phase von Bedeutung. Unter Umständen kann sie – ähnlich wie bei uns Menschen – den Verlauf der gesamten folgenden Arbeit bestimmen. (Auch diese Übung können Sie natürlich zunächst mit einem menschlichen Partner beginnen – das Streicheln aber bitte nicht übertreiben, sonst kommen Sie zu nichts anderem mehr ...!)

Sollten Sie merken, dass Ihr Pferd unruhig wird, überprüfen Sie Ihre vorangegangene Aktion, aber auch Ihre eigene Haltung und Ihre Energie: Atmen Sie ruhig und tief? Achten Sie vor allem auf das Ausatmen! Lächeln Sie oder sind Ihre Gesichtsmuskeln (und wahrscheinlich eine Vielzahl anderer Muskeln in Ihrem Körper) gespannt? Sind Ihre Bewegungen klar oder sind Sie hektisch oder gar zu vorsichtig? Wie ist Ihre innere Haltung?

- *Konzentrieren* Sie sich darauf, dem Pferd etwas zu *geben*, oder betrachten Sie Streicheln nur als lästiges Vorspiel für kommende Leistungen?

- *Kontrollieren* Sie sich: Welches direkte Gefühl (Hand, Seil etc.) oder welches indirekte Gefühl (Ihre Bewegungen, Ihr Auftreten, Ihr Blick etc.) könnte die Unruhe im Pferd ausgelöst haben?

Wenn Sie wirklich sicher sind, alles richtig gemacht zu haben, und das Pferd zeigt sich dennoch unruhig, so gehen Sie zum ersten Trainingsschritt über – („Die Kopfhaltung beeinflussen mit direktem Gefühl").

1

2

Die richtige Begrüßung ist von Bedeutung. Sie kann den Verlauf der folgenden Arbeit bestimmen. Zan zeigt mir hier, dass er von der Aufgabe, die ihn erwartet, nicht so angetan ist wie vom taugetränkten Gras.

Viele Menschen tun sich am Anfang schwer, ein Pferd aufzuhalftern. Das gilt keineswegs nur für Einssechzig-Frauen mit (Stockmaß) Einssiebzig-Pferden (aber es kommt dort etwas gehäufter vor), sondern auch gestandene Mannsbilder hängen ihrem Wotan bisweilen am Kopf, als gelte es, sich von einer Gebirgswand abzuseilen. Das Wichtigste beim Aufhalftern ist – wen wundert's? – die Bereitschaft des Pferdes, seinen *Hals zu senken* und seinen Kopf zu Ihnen hin zu drehen. Tut es das nicht, dann wissen Sie: Sie stehen bei ihm in der Kreide, oder etwas seriöser ausgedrückt: Das ist ein deutliches Zeichen des Pferdes, dass ihm Ihr Gefühl fehlt. (Lesen Sie dann zunächst in diesem Kapitel Lernschritt 1: „Die Kopfhaltung beeinflussen").

Gehen wir jetzt einmal davon aus (muss ich, sonst kommen wir nicht weiter), dass sich Ihr Pferd in der Box zu Ihnen umgedreht (und Ihnen nicht demonstrativ sein Hinterteil zugewendet hat), dass es im Paddock oder auf der Weide zu Ihnen hingekommen ist, zumindest nicht vor Ihnen Reißaus genommen hat, dann können wir anfangen.

▸ Ihr Standort:

Um das Halfter richtig anzulegen, stellen Sie sich zunächst an die linke Halsseite Ihres Pferdes (siehe S. 37, oben links).

▸ Ihre Seilhaltung:

Das Führseil liegt dabei locker in der Beuge Ihres linken Arms. Keine 'Wurst' drehen und darauf achten, dass sich keine Schlingen bilden, die sich um Ihren Arm zuziehen können (siehe Abb. 5 u. 6., S. 37). Das Halfter befindet sich bereits am Seil. Ihre linke Hand hält das Halfter zunächst komplett.

Wenn es Ihnen bereits gelingt, mit Ihrer rechten Hand Ihr Pferd zum Kopfsenken zu veranlassen – umso besser (siehe Abb. 1, S. 37). Dann kann Ihre rechte Hand jetzt von oben rechts kommen und das lange Genickband des Halfters in der Mitte greifen. Ihre linke Hand hält das Halfter an dessen Öse. Aus dieser Position – Ihr Unterarm bis etwa

Ellbogen/Achsel befindet sich über dem Mähnenkamm des Pferdes, Ihre linke Hand befindet sich nah an seiner Nüster – streifen Sie dem Pferd das Halfter nun über seine Nase (Abb. 4 u. 5, S. 37).

Die richtige Position des Halfters

Nachdem Sie das Ende des Genickbands durch die Öse des Halfters an der linken Kopfseite des Pferdes gezogen haben und bevor Sie den Knoten festbinden, ziehen Sie das Nasenband des Halfters so weit wie möglich nach oben. Dabei schieben Sie die beiden seitlichen Verlängerungen des Nasenbands links und rechts so weit wie es geht nach hinten, Richtung Kehle. Das ist notwendig (und wird von vielen, die mit einem Seilhalfter arbeiten, allerdings leider übersehen), weil das Nasenbein des Pferdes, ein Knochen seines Schädels also, auf dem das Nasenband aufliegt, zur Nasenspitze hin offen ist. Wenn das Nasenband zu tief verschnallt ist, droht dem Pferd bei allzu starkem Zug auf das Halfter ein Nasenbeinbruch (siehe Abb. S. 38 oben).
Zwar sollte dieses Knotenhalfter nur zum Training benutzt werden – wegen seiner potenziell scharfen Wirkung. Dennoch verwenden es viele zum Anbinden – Wanderreiter etwa, weil es leicht zu verstauen ist; Trainer, um gerade die scharfe Wirkung auszunutzen. Das kann jedoch fatale Folgen haben.

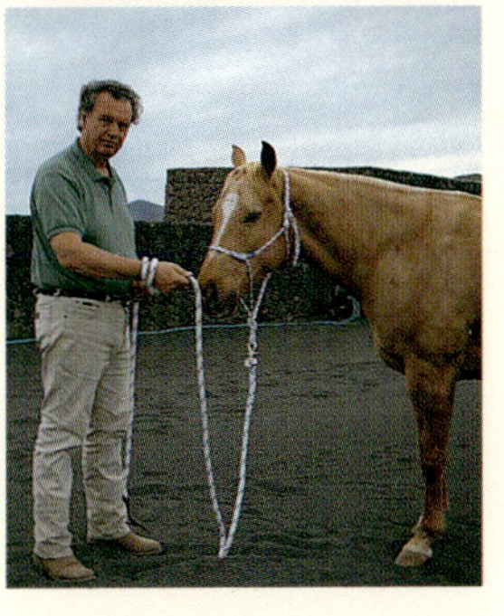

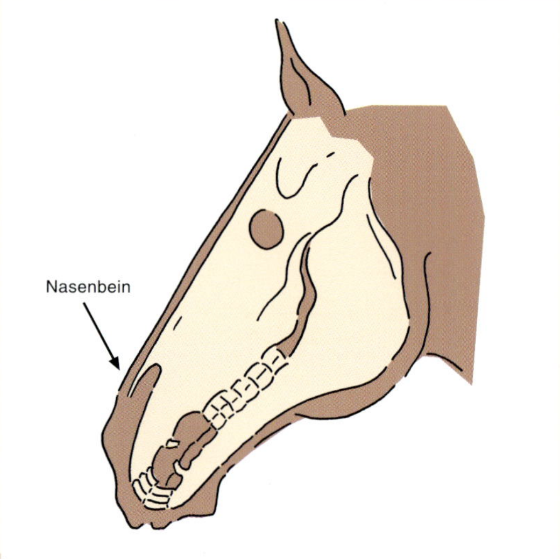

Seitenansicht eines Pferdeschädels. Es ist deutlich zu sehen, dass das Nasenbein an seinem unteren Ende nicht mehr mit dem Schädel verbunden ist.

Wer das nicht merkt, der müsste mal eins auf die Nase bekommen – und zwar genau da, wo auch *sein* zartes Näschen beweglich wird – am Knorpel nämlich. Fassen Sie sich mal eben selbst an die Nase (eine Übung, die Pferdemenschen – im übertragenen Sinne – übrigens eigentlich ständig praktizieren sollten...). Wackeln Sie mal dran. Merken Sie: Geht. Boxer wissen das besonders gut. Man kann es ihnen ansehen. Dort, wo bei Ihnen, lieber Leser, (hoffentlich) noch etwas wackelt, schlabbert es bei Boxern. Denen fehlt der Nasenknorpel. Ihnen (hoffentlich) nicht. Etwas weiter oben liegt der Nasenrücken, der ist schon härter. Kein Wunder: Es handelt sich auch um Knochen. Genau so wie beim Pferd. Knochen kann brechen! Also: Das Halfter immer schön hoch ziehen.

Der richtige Knoten

Während der Führstrick immer noch in Ihrer linken Armbeuge liegt, schlingen Sie jetzt mit Ihren beiden freien Händen den Knoten: Das durch die Öse gezogene freie Endstück des Seilhalfters (Abb. 1, S. 39) schieben Sie von rechts nach links *hinter* der Öse durch, so dass eine Schlaufe in Form eines D entsteht (Abb. 2). Ziehen Sie das Endstück des Seilhalfters jetzt von vorn nach hinten durch die Mitte des D (Abb. 3) und ziehen sie das Seil gut fest . Dieser Knoten hat den Vorteil, dass er sich nicht öffnet, sondern zuzieht, wenn Zug draufkommt.

Beim Aufhalftern sollte das Seil locker in Ihrer Armbeuge liegen. Achten Sie darauf, dass das Führseil keine Schlaufen bildet, die sich zuziehen könnten.

Achten Sie darauf, dass die Finger Ihrer rechten Hand, mit denen Sie den Knoten machen, nicht zu weit unter das Halfter geraten. Passen Sie auch auf, dass Sie, wenn Sie das Halfter mit beiden Händen anpassen und den Knoten zuziehen, nicht gleichzeitig das Seil in Ihrer Armbeuge hochziehen, so dass Sie dem Pferd ungewollt eventuell einen ‚Kinnhaken' versetzen oder zumindest Druck ausüben. Junge Pferde oder problematische Pferde könnten Ihnen das sehr übel nehmen und ungestüm reagieren.

Am wichtigsten ist jedoch dies: Wann immer Sie Ihr Pferd aufhalftern (und später auch: aufzäumen), achten Sie darauf, sich mit Ihrem Kopf oder Gesicht *niemals* über seinen Kopf zu beugen. Wenn es sich erschreckt oder von irgendetwas abgelenkt wird und mit seinem Kopf hochschnellt, um sich umzuschauen, könnte das für Sie sehr schmerzhaft werden.

So, das war der Idealfall. Das Pferd hat artig seinen Kopf gesenkt und Ihnen die Arbeit erleichtert. Wenn Sie sich diesem Idealfall (verständlicherweise) noch nicht angenähert haben, dann streifen Sie Ihrem Pferd das Halfter zunächst halt so über wie immer und beginnen Sie das Training. Wie Sie's richtig machen, lernen Sie in Schritt 1.

Die Seilhaltung beim Bodentraining

Haben Sie schon mal einen Hammer in der Hand gehalten? Oder einen Zimmermann bei der Arbeit beobachtet? Bei Ihren eigenen Versuchen, mittels Hammer einen Nagel in die Wand zu klopfen, werden Sie bemerkt haben, dass es Sinn macht, den Hammerstiel *an der richtigen Stelle* anzufassen – nicht zu hoch und nicht zu tief, nicht zu locker und nicht zu fest.

Auch Ihre *Konzentration* trug wesentlich dazu bei, dass der Nagel einigermaßen gerade die Materie durchstieß. Und schließlich war der Erfolg Ihrer Arbeit vor allem mit *Energie* und *Rhythmus* verknüpft, wobei der richtige Rhythmus überdies dafür sorgte, dass Sie mit Ihren Energien haushalten konnten.

Die richtige Seilhaltung und Seilführung sowie Ihr eigener Standort, Ihre Bewegungen, Ihre Konzentration, Ihr Rhythmus und Ihre Energie haben beim *Bodentraining* eine ebenso wichtige Bedeutung. Sie sind genauso wichtig wie die *Zügelführung* beim Reiten oder Ihre *Schenkel-*

1

So wird das Knotenhalfter geknotet: Führen Sie das lange Seilende des Halfters von hinten nach vorne durch die Öse hindurch und legen das Ende nach rechts.

2

Führen Sie das Seilende nun in Form eines D hinter der Halfteröse von rechts nach links durch

3

Ziehen Sie das Seilende von vorn nach hinten durch das D hindurch.
So wie auf dem Bild links muss der Knoten am Ende aussehen und das Seilhalfter am Kopf des Pferdes anliegen

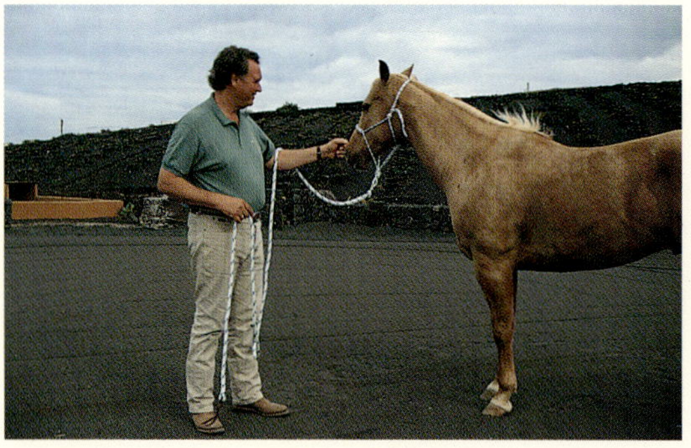

aktivitäten. Ich behaupte: Vom richtigen Umgang mit dem Seil hängt ein großer Teil des Erfolgs des Bodentrainings ab.

Lernen Sie also, Ihren Körper und Ihr Handwerkszeug zu beherrschen. Die Seilhaltung in diesem Training ist so gestaltet, dass sie – wenn es darum geht, ein Pferd zu bewegen – fast immer der Zügelführung vom Sattel aus entspricht. Das heißt: Wenn Sie Bewegung vom Pferd fordern, führen Sie Ihr Seil so, dass Sie – ohne es loszulassen – aufs Pferd steigen könnten, und das Seil, das jetzt Zügel geworden ist, läge immer noch richtig in Ihrer Hand.

Unterschiedliche Seilhaltungen: Bei der Arbeit am Pferd (Abb. oben links und rechts) liegt das Seil, vom Pferdekopf kommend, locker in der Armbeuge. Das Seilende liegt auf der Hand oder wird von der Hand gehalten.
Um das Pferd von uns weg oder zu uns hin zu bewegen, fassen wir das Seil so wie die Zügel beim Reiten (Abb. rechts). Hier mit der linken Hand. Die rechte Hand ändert den Griff je nach Zielsetzung.

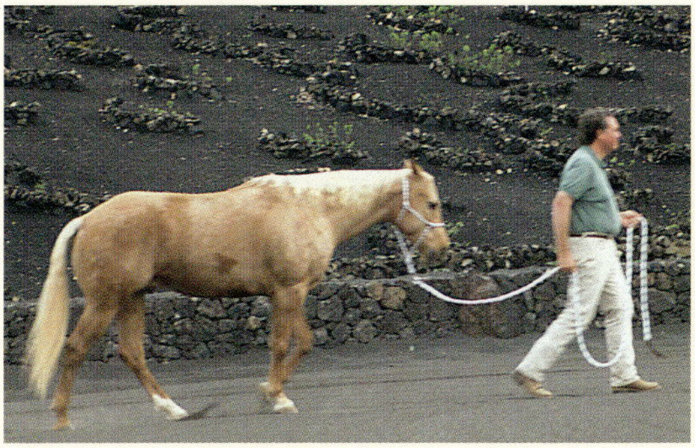

Seilhaltung beim Führen: Der Daumen der Führhand zeigt in Bewegungsrichtung. Zum Verlangsamen greift die Hand um.

Wir unterscheiden beim Bodentraining mehrere Arten, das Seil zu halten. Drei unterschiedliche *Zielsetzungen* bestimmen dabei die Seilhaltung:
1. die Arbeit am Pferd,
2. das Führen, Bewegen und Begrenzen,
3. der Seitenwechsel.

- „Arbeit am Pferd" kann bedeuten, dass Sie das Pferd
  streicheln,
  pflegen,
  satteln oder
  verarzten wollen.
- Beim Führen, Bewegen und Begrenzen kommt es darauf an, Pferden eine Richtung zu weisen:
  hinter uns her,
  von uns fort oder
  um uns herum.
- Der Seitenwechsel beinhaltet Zielsetzungen beider vorhergehender Aktivitäten.

Beim Seitenwechsel sorgt meine rechte Hand dafür, das Pferd zu begrenzen, damit es mich wechseln lässt.

Der *Einfachheit* halber und um es Ihnen leichter zu machen, gehen wir in diesem Buch immer davon aus, dass *Sie* an der *linken* Körperseite des Pferdes stehen. Für die rechte Seite gelten entsprechend alle Angaben umgekehrt. Machen Sie allerdings nicht den eminenten Fehler, deswegen jetzt immer nur von der linken Seite aus mit Ihrem Pferd zu arbeiten – ein bekannter und berüchtigter Fehler, der zu Einseitigkeit führt, schwer zu korrigieren ist und oft genug praktiziert wird.

Gefühl anwenden – Der Weg zur wahren Horsemanship

Gefühl trainieren: Die elf Schritte zur Leichtigkeit

Hier finden Sie den – nach Joining – zweiten Handlungsleitfaden für ein erfolgreiches Kommunikationstraining mit dem Pferd: elf Schritte, um Ihr Pferd in alle Richtungen zu bewegen – mit Gefühl.

Die besten Wege, um dem Pferd ein Gefühl für die Wünsche des Menschen nahe zu bringen, sind:

- qualifiziertes *Streicheln,*
- das Pferd *frei zu führen,*
- *das Pferd aufzufordern, den Kopf zu senken* und
- auf den leichtesten Druck *rückwärts und seitwärts zu weichen,*
- *still zu stehen* und auf Signale des Menschen zu *warten.*

Die folgenden Übungen sind aller Anfang von *Leichtigkeit des Pferdes* an Ihrer Hand. Voraussetzung dafür ist *Ihre Leichtigkeit.* Diese Leichtigkeit trainieren Sie, wenn Sie die Lernschritte in diesem Buch gehen und üben. Das ist das Hauptziel. Dies erreichen Sie, wenn *Sie*

- lernen, dem Pferd ein Gefühl zu *geben*
- und erfahren, wie es ist, ein Gefühl vom Pferd zu *bekommen,*
- um daraus wiederum das richtige Gefühl fürs Pferd zu *entwickeln.*

Das *Pferd* hingegen muss (und *kann* auf diesem Weg) lernen,

- ein neues Gefühl *für Menschen* zu entwickeln.

Vorübungen

Noch mal zur Erinnerung: Wenn Sie möchten, können Sie schon jetzt, bevor Sie ins Übungsprogramm einsteigen, mit Ihrem Pferd den „Führtest" (10. Schritt) von S. 166f. machen (aber bitte noch nicht die Übung zum Anhalten). Der Führtest gibt Ihnen einen ersten Aufschluss darüber, wo Sie mit Ihrem Pferd in Sachen Führung und Folgsamkeit stehen und wird Sie für die weitere Arbeit motivieren.

Falls Ihr Pferd nicht gerne Paddock oder Wiese verlässt, wenn Sie es zum Training abholen wollen, oder sich weigert, an der einen oder anderen ‚Gefahrenstelle' vorbei zu gehen, dann bietet sich schon hier die Übung „Promptes Folgen" von S. 162–164 an. Und wenn Sie meinen, ein weitgehend gelassenes Pferd zu haben, können Sie das eine oder andere aus dem Lernschritt 9 („Gelassenheit erreichen") hier am Anfang ebenfalls schon einmal überprüfen. Auf jeden Fall aber sollten Sie – ich wiederhole es bewusst – alle der nun folgenden Übungen und Trainingsschritte damit beginnen (und immer wieder auch zwischendurch), Ihr Pferd ausführlich zu *streicheln.*

1. Schritt: **Die Kopfhaltung beeinflussen mit direktem Gefühl**

Dieser Lernschritt ist einer der wichtigsten des gesamten Trainings. Hier erfahren Sie, dass und wie Sie über Kopf und Hals des Pferdes einen direkten Zugang zu seinen Emotionen herstellen können. Sie erfahren aber auch, wie eminent wichtig es ist, den Versuch von Pferden erkennen zu können, und wozu Fehler gut sind.

1. Übung: Kopf senken

► Ihr Standort:

Für diese Übung stellen Sie sich rechts oder links neben das Pferd, zwischen Kopf und Schulter, nicht zu nahe dran und nicht zu weit entfernt.

► Ihre Seilhaltung:

Stehen Sie links vom Pferd (wie in unserem Training hauptsächlich beschrieben), so fassen Sie mit Ihrer linken Hand das Führseil, ziemlich nah am Halfter, so dass Ihr *Daumen nach oben* weist (siehe Abb. links). Ihre rechte Hand platzieren Sie *auf* dem Genick des Pferdes, dort, wo das Genickstück des Halfters liegt. Streicheln Sie die Stelle zunächst mit Ihrer Hand und bewegen Sie diese dann an Halfter oder Führstrick ein wenig nach unten. Ihre rechte Hand muss nicht drücken, sie soll nur dort *liegen* und für das Pferd zu *spüren* sein. Achten Sie darauf, dass Ihr Kopf dabei nicht über den Kopf des Pferdes ragt.

Von Anfang an mit dem Pferd mitgehen

Wenn Sie dem Pferd auf diese Weise das Angebot machen, seinen Kopf zu senken, kann es *Sie fühlen* und sich überlegen, was Sie von ihm wollen. Jetzt kommt es auf das *Timing* Ihres *Nachgebens* an, auf den richtigen Zeitpunkt also. Wenn das Pferd auch nur den leichtesten *Versuch* unternimmt, den Kopf zu senken – und das kann am Anfang vielleicht nur ein Millimeter sein, so dass Sie nur ein leichtes Zucken unter Ihrer Hand und im Seil verspüren – dann müssen Sie *sofort* nachgeben. Nur so lernt das Pferd, was Sie von ihm wollen, und es lernt dies auf die sanfteste Weise.

Wenn die Hufe des Pferdes zwar stehen bleiben, es hebt aber seinen Kopf, halten Sie Ihre Hände – so gut es geht – da, wo sie sind: Versuchen Sie einfach die konstante Verbindung des Seilhalfters zu seinem Genick aufrecht zu erhalten, *ohne* dagegen anzugehen oder gar mit Druck zu antworten. Gehen Sie mit Ihrer Hand möglichst mit seiner Kopfbewegung mit und halten Sie nur Kontakt.

Versuchen Sie auch nicht, den Kopf des Pferdes unten zu halten. Das Wichtige in diesem Stadium ist, dass Sie mit seiner Bewegung von Anfang an *mitgehen,* auch wenn das Pferd nicht genau das tut, was Sie wollen. Wenn Sie Zeit und Gefühl *nicht* durch zusätzlichen Druck ersetzen, wird es in den meisten Fällen so ausgehen, dass das Pferd eine Antwort anbietet, die der nahe kommt, die wir uns wünschen. Dann sollten Sie ein wenig, aber *deutlich,* nachgeben oder komplett loslassen – das hängt von der jeweiligen Situation und vom Pferd ab.

Warten Sie dann ein paar Sekunden und fangen Sie von neuem an. Bald, da können Sie sicher sein, wird es die richtige Antwort geben. Und denken Sie immer daran: Das Pferd hat zwei Körperseiten! Üben Sie auch dies (wie alles andere) von *beiden* Seiten. Sie werden jetzt vielleicht einwenden: Warum, das Pferd soll hier doch nur den Kopf *senken* – was hat das mit rechts oder links zu tun? Stimmt. Aber vergessen Sie nicht: *Sie* nimmt das Pferd trotzdem von verschiedenen Seiten wahr. Sie geben dem Pferd – ob Sie links oder rechts stehen – aufgrund seines zweiäugigen Sehens unterschiedliche *indirekte Gefühle,* die das Verhalten des Pferdes beeinflussen können.

Eine Frage der Energie

Wie viel *Energie* Sie jeweils aufbringen müssen, werden Sie im Lauf der Zeit selbst herausfinden, wenn Sie ein Gefühl für sich und für Ihr Pferd entwickelt haben. Es geht nicht anders, diesen Weg kann Sie nur

Die linke Hand hält das Seil unterhalb des Halfters. Bewegt das Pferd seinen Kopf, geht die Hand lediglich mit. Die rechte Hand soll für das Pferd nur zu spüren sein.

Falsch! Nicht mit den Fingerspitzen Druck ausüben und nicht pieksen! Leichtigkeit ist das Ziel, Gefühl der Weg dahin.

die *Erfahrung* lehren. Achten Sie nur darauf, dass Sie das Pferd nicht bedrängen, und dass Sie – aus Unsicherheit oder Ungeduld – keinen *übermäßigen* Druck nach unten ausüben. Denken Sie immer dran: Weniger ist mehr! Sie werden überrascht sein.

Lassen Sie sich vor allem Zeit und denken Sie daran: *Erfolg* resultiert immer aus guten *Entscheidungen*; gute Entscheidungen resultieren aus *Erfahrungen*; und Erfahrungen sind das Ergebnis von falschen Entscheidungen. Scheuen Sie sich also nicht, *Fehler* zu machen. Fehler sind der Anfang jeglichen Erfolgs!

Ja, ja, ich weiß: Ich höre Sie schon sagen: „Aber ich mag keine Fehler machen!" Natürlich haben Sie Recht. Das haben wir von unseren Eltern, von den Lehrern und manchmal sogar von unseren Freunden eingetrichtert bekommen: „Du darfst keinen Fehler machen!" Irgendwann haben wir es dann auch selbst geglaubt. Kein Wunder, hinter der Angst vor Fehlern steckt die Angst vor *Bestrafung* – angefangen bei Vorwürfen bis hin zu massiven Sanktionen.

Früher habe ich statt der flachen Hand meine Fingerspitzen benutzt, indem ich Sie dem Pferd recht fest ins Genick bohrte, wenn der Druck der flachen Hand nicht ausreichte. Abgesehen davon, dass dies auch für mich ziemlich schmerzhaft war, merkte ich aber, dass dem Pferd auf diese Weise eins fehlte: mein Mitgehen. Ich drückte ja *dagegen*. Außerdem fehlte mir das entsprechende Gefühl, denn ich wollte schnell zum Erfolg kommen.

Hinzu kommt, dass der Schmerz, den ich selbst erleide, meine *Stimmung* ändert – entweder werde ich aggressiv, oder aber ich gebe auf. Und beides ist im Umgang mit Pferden kaum zuträglich. Durch die

Konzentration auf das Führseil (statt mit dem Finger zu pieksen) beugt der Mensch sich automatisch ein wenig mit nach unten und gibt dem Pferd die angestrebte Richtung somit körpersprachlich ein Stück selbst vor.

Die nachgebende Hand ist die lehrende Hand

Sie müssen es ein paar Mal versuchen, ehe Sie das Gefühl dafür bekommen, ob Ihr Pferd einen *Versuch* macht, den Kopf zu senken und nachzugeben. Und es wird eine Zeit dauern, bis Sie in der Lage sind zu beurteilen, was Ihr Pferd Ihnen sagen will, wenn es *versucht*, Sie zu verstehen.

Egal wie gering seine Versuche anfangs sein mögen: Belohnen Sie Ihr Pferd dadurch, dass *Sie* nachgeben, wenn *es* nachgegeben hat. Das gibt dem Pferd die Sicherheit, dass es etwas richtig gemacht hat und ermutigt es, auch in Zukunft zu versuchen, Sie zu verstehen. Wohlgemerkt: Die *nachgebende* Hand ist hier die *lehrende* Hand. Denn nur durch Ihr Nachgeben kann das Pferd herausfinden, was Sie meinten. Halten Sie das Gefühl zu lange aufrecht – und wenn es nur eine Sekunde ist –, obwohl das Pferd nachgegeben hat, so wird es verwirrt sein: „Was will er/sie denn noch von mir?!" Verpassen Sie *ständig*, dem Pferd die notwendige Rückmeldung für sein Handeln zu geben, wird die *Verwirrung* zum *Widerstand*. Das gilt nicht nur für diese Übung.

Antwortet das Pferd nicht wie gewünscht, so wird das konstant aufrecht erhaltene Gefühl, das das Halfter dem Pferd vermittelt, in Verbindung mit Ihrer aufliegenden Hand dem Pferd die Rückmeldung geben: „Falsch, versuch' etwas anderes!" Denn allein die Existenz des Halfters in Kombination mit Ihrer aufliegenden Hand *beengt* das Pferd, nimmt ihm Raum. Das Pferd lernt daraus: Nachgeben schafft Raum; Unnachgiebigkeit hält die Enge aufrecht.

Verlassen Sie sich ruhig darauf: Grundsätzlich sucht das Fluchttier Pferd immer die angenehmere Lösung – sich aus der Enge zu befreien durch Bewegung. Nur ein Pferd, das gelernt hat, dass Nachgeben *nicht* zur Lösung führt oder dass Widerstand Erfolg bringt, wird mit *Gegendruck* oder heftiger *Flucht* reagieren.

Lernen und wechselseitiges Gefühl

Diese Zugangsweise zu *Geist und Gemüt* des Pferdes ist das Wichtigste von allem. Wir möchten zunächst sein tatsächliches *Verstehen* entwickeln für das, was wir wollen und nicht seine ‚automatischen' Antworten ohne vorheriges Verstehen. Das ist der Unterschied zwischen Lernen und sturem Pauken. Und es führt uns Menschen zu der Erfahrung eines Gefühls, das hin und her verläuft: das *wechselseitige* Gefühl zwischen Mensch und Pferd.

Dies beginnt dort, wo *Kraft und Schnelligkeit* vom Menschen ersetzt wird durch *Geduld und Verständnis* für den Standpunkt des Pferdes. Als Herdentier liegt es in der Natur des Pferdes, *sich vertragen* zu wollen, und es ist *neugierig*. Wenn manche Leute sich dies wirklich klarmachten statt – wie das Kaninchen auf die Schlange – gebannt nur auf die Rangordnungsfrage zu starren und daraus ein missverstandenes Dominanzgefühl zu entwickeln (das nur allzu oft geradewegs in Gewaltanwendung endet), sähen sie wahrscheinlich mehr Grund, dem Pferd *Zeit zu lassen*, wenn es Antworten auf Fragen sucht, die ein Mensch ihm gestellt hat.

Eine gute Beziehung ist ein gutes Fundament

Geben Sie jedes Mal *rechtzeitig* nach, dann wird Ihr Pferd herausfinden, dass dies die *richtige* Antwort war. Die Folge: Das Pferd wird auch in Zukunft bemüht sein, seine Reaktionen dem Gefühl, das Sie ihm geben, anzupassen, auf dass die Beengung von Mal zu Mal geringer werden kann.

Irgendwann wird das, was das Pferd tut, mit dem übereinstimmen, was Sie sich im Geiste *vorgestellt* haben. Und das ist dann der Augenblick, wo Sie wissen: „Jetzt fühlt mich das Pferd, und es fühlt sich leicht an", und das wiederum ist der Anfang einer *guten Beziehung* zwischen Ihnen und dem Pferd. Und darauf können Sie Ihr *Fundament* aufbauen. Fundament verstehe ich in diesem Fall nicht im herkömmlichen hippologischen Sinne als Grundlage seines *Körperbaus*, sondern ich meine das *psychische* Fundament des Pferdes, die Basis guter Erziehung.

Das Fundament der Beziehung zwischen Mensch und Pferd ist bei einem Pferd genauso wichtig wie bei einem Haus: Wenn etwas am Fundament nicht stimmt, kommt das ganze Haus ins Schwanken. Eine Unebenheit an nur einer Stelle kann das Bauwerk gefährden, spätestens bei Sturm. Ist das gesamte Fundament gar krumm und schief, so wird auch das gesamte Haus krumm und schief sein, wenn es denn je fertig gestellt wird. Wahrscheinlich wird es aber schon vor dem Richtfest einstürzen.

Genauso ist es beim Pferd: Wenn das Fundament in Beziehung und Ausbildung nicht stimmt, werden sich an irgendeiner Stelle (oder an vielen Stellen zugleich) Schwachstellen ergeben, die den gesamten Aufbau gefährden. Fundamente werden am Anfang gegossen, nicht zwischendurch oder am Ende der Ausbildung.

Je besser das Fundament, desto zuverlässiger ist das Pferd. Selbst wenn sich – Nobody is perfect – zwischendurch bei der Arbeit Probleme ergeben sollten, dann entscheidet die Qualität des Fundaments über das Maß der Schwierigkeiten bei der Lösung. Wenn weder Beziehung noch Fundament stimmen, wird sich das Pferd im Zweifelsfall immer wieder auf sich selbst und auf seinen natürlichen Selbsterhaltungstrieb verlassen.

Das Ziel und der Sinn

Wünschenswert ist am Ende dieser Übung, dass sich der Pferdekopf *in beide Richtungen*, also rauf und runter, bewegen lässt (Abb. rechts oben), und dass das Pferd mit gesenktem Kopf einen völlig gelassenen und entspannten Ausdruck annimmt (Abb. rechts unten). Üben Sie so lange, bis das Pferd gelernt hat, seinen Kopf zu senken, wann immer Sie das Pferd mit Gefühl – mittels Hand oder Seilhalfter – dazu auffordern. Gelingt Ihnen das, dann haben Sie die Sensitivität, die Sie sich auch wünschen, wenn Sie später im Sattel sitzen.

Was aber ist denn so wichtig daran, dass ein Pferd seinen Kopf senkt? Die Antwort zielt mitten hinein ins Gemüt eines Pferdes. Wie bereits in meinem Buch „Pferdeflüstern kann jeder lernen" beschrieben (S. 78–81), entscheidet die *Kopfhaltung* des Pferdes wesentlich über seinen *Gemütszustand* – ob es *frisst, ruht* oder *fluchtbereit* ist.

Im Ruhezustand trägt es seinen Hals leicht unter- oder oberhalb der Waagerechten (Position 1). Wenn es frisst, hat es die Nase nah am Boden (Position 2), und wenn es Kopf und Hals so gehoben hat, dass das Genick den höchsten Punkt bildet (Position 3), hat es Stress, macht sich zu Flucht oder Kampf bereit – oder wird gerade Dressur oder im Springparcours geritten...

Logische Folge: Wenn es uns jederzeit gelingt, den Kopf unseres Pferdes nach unten zu bewegen, Richtung Position 1 – ob vom Boden aus oder vom Sattel –, haben wir weitgehend die Kontrolle über seine Gefühle. Denn im Ruhezustand ist es gelassen und gleichzeitig *lernbereit*.

Einem Pferd in Position 3 etwas beibringen zu wollen, macht genau so viel Sinn, wie Ihnen ein Messer an die Kehle zu halten und Sie aufzufordern, währenddessen ein Liedchen auswendig zu lernen. Position 2 ist eine Patt-Position: Wer (fr)isst, kann und mag nicht lernen. Er kümmert sich schließlich gerade um lebenserhaltende Angelegenheiten.

Kopf und Hals lateral biegen

Genauso wichtig wie das Absenken des Kopfes *nach unten* ist es, Kopf und Hals des Pferdes *zur Seite* biegen zu können – also nach rechts oder links –, ohne dass das Pferd dabei seine Hufe von der Stelle bewegt.

Jeder kennt den Begriff ‚Halsstarrigkeit'. Wer halsstarrig ist, verharrt stur auf seinem Standpunkt, ist keiner neuen Idee, keiner Aufforderung, keiner Erkenntnis zugänglich. Deswegen ist es eminent wichtig, den Hals eines Pferdes nicht nur rauf und runter, sondern ebenso nach links und nach rechts bewegen zu können. Es ist verblüffend, wie viele Probleme meine Schüler mit ihren Pferden nur deswegen lösen konnten, weil es ihnen erstmals gelang, den Hals ihres Pferdes so zu biegen, wie sie es wünschten. Die Verhaltensänderungen, die die Pferde daraufhin zeigen – am Boden wie unter dem Sattel – sind erstaunlich.

Die *laterale* Biegung können Sie ebenso gut auch an den Anfang dieses Lernschritts setzen, noch bevor Sie den Hals des Pferdes nach *unten* bewegen. Psychologisch und auch mechanisch spricht sogar einiges dafür, denn das Absenken des Pferdehalses vom Sattel aus ist die logische *Folge* der lateralen Biegung nach links und nach rechts.

Auf den Punkt gebracht: Wenn Sie sich dafür entscheiden, mit der vertikalen Bewegung zu beginnen, gehen Sie den direkten Weg zu *Ruhe und Gelassenheit* des Pferdes. Das ist immer dann zu empfehlen, wenn Sie Ihr Pferd grundsätzlich zwar als kooperativ, aber eher unruhig einschätzen. Lautet Ihr (Vor-)Urteil hingegen: Mein Pferd tendiert eher zu *Sturheit* oder Eigensinnigkeit, dann beginnen Sie am besten mit der lateralen Biegung. Aber keine Sorge: Wirklich falsch machen können Sie nichts – ob Sie sich nun so herum oder anders entscheiden.

2. Übung: Beginnen Sie mit dem Kopf

▶ Ihr Standort

Stellen Sie sich ein klein wenig vor die Schulter Ihres Pferdes.

▶ Ihre Seilhaltung:

Das Seil liegt – von außen, also vom Pferdekopf kommend – locker in Ihrer linken Armbeuge. Das Ende des Seils können Sie entweder auf den Boden fallen lassen oder aber in die Armbeuge Ihres rechten Arms legen, so dass das Lederendstück außen liegt.

Wie bekommen Sie nun den Hals Ihres Pferdes gebogen? Beginnen Sie zunächst mit dem *Kopf*, oder anders gesagt: Beginnen Sie mit der Biegung im *Genick* des Pferdes, der entscheidenden Bewegung.

- ▶ Variante 1: Greifen Sie mit einem oder zwei Fingern Ihrer linken Hand unter das Halfterband an Ihrer Seite und legen Sie Ihre rechte Hand an die Ihnen zugewandte Seite seines Genicks. Streicheln Sie sie. Fassen Sie aber *nicht ganz* mit Ihrer Hand ins Halfter. Dann wären Sie allzu schnell verführt, zu viel Kraft einzusetzen, und außerdem könnte Ihre Hand unter Umständen hängen bleiben, wenn sich das Pferd mit einer schnellen Kopfdrehung abwenden würde.

Zwei Varianten, um Biegung im Genick des Pferdes zu erreichen.

- Variante 2: Umfassen Sie mit Ihrer linken Hand die Nase des Pferdes. Streicheln Sie auch diese Stelle.

Welche Variante Sie wählen, hängt von der Größe des Pferdes und seines Kopfes ab, und wie das Halfter passt. Aber Achtung: Stellen Sie sich *nicht zu nah* ans Pferd, so dass Sie seinem Kopf im Weg sind, wenn er sich zu Ihnen dreht.

Wenn Sie links vom Pferd stehen, haben Sie nun mit Ihrer rechten Hand an seiner linken Genickseite eine Art *Widerlager* gebildet. Halten Sie die Hand nur einfach dort, und mit der Fingerspitze der anderen Hand (Variante 1) bzw. mit Ihrer linken Hand auf dem Nasenrücken des Pferdes (Variante 2) ziehen Sie die Nase des Pferdes ein klein wenig zu sich. Achten Sie darauf, dass Sie den Kopf des Pferdes dabei weder nach unten ziehen noch nach oben drücken, sondern halten Sie mit der Bewegung den Kopf des Pferdes in der Waagerechten.

Wie zeigt sich der Versuch?

Achten Sie wieder auf den leisesten *Versuch* des Pferdes und geben Sie dann nach, und zwar mit der Hand, die den Zug ausgeübt hat. Ein solcher Versuch äußert sich zunächst meist als minimale Bewegung, als wenn das Pferd mit seinem Kopf leicht *zuckte*. Wenn sich nichts tut, dann halten Sie einfach Ihre (hier: linke) Hand an der Nase oder am Halfter und überprüfen Sie lediglich, ob Sie dem Pferd mittels Halfter auch tatsächlich ein Gefühl vermitteln.

Denn wenn Sie nicht ‚fragen', kann das Pferd auch nicht antworten. Lassen Sie sich (und dem Pferd) auf jeden Fall Zeit. Achten Sie immer auf den Versuch des Pferdes und passen Sie auf, dass Sie keine zu schnellen Bewegungen mit Ihrer Hand zum Kopf des Pferdes machen. Das Pferd könnte dies missverstehen und ausweichen oder gar davonlaufen wollen.

Achten Sie auf Ihre Atmung

Atmen Sie deswegen bei solchen Aktionen zunächst immer tief aus, lassen Sie die Luft aus ihrem Mund strömen, wie beim lautlosen Pfeifen oder wie wenn Sie gähnten oder seufzten. Das entspannt Sie, und Ihr Pferd spürt Ihre Entspannung. Kommen Sie außerdem, wann immer Sie Ihr Pferd anfassen wollen, mit einer *flüssigen* Bewegung mit Ihrer Hand *von unten*. Bewegen Sie Ihre Hände dabei nicht zu schnell, aber auch nicht zu langsam. Beide Bewegungsarten wirken bedrohlich.

Wenn Sie's nicht glauben: Machen Sie selbst den Versuch bei einem Freund: Stellen Sie sich wie zur Begrüßung eine gute Armeslänge voreinander hin. (Noch eindrucksvoller ist der Test, wenn Sie so tun, als wollten Sie Ihrem Gegenüber die Wange streicheln). Jetzt stoßen Sie Ihre Begrüßungshand nach vorne in seine Richtung. Was passiert? Er wird erschreckt zurückweichen.

Spielen Sie nun die andere Variante durch: Sie strecken Ihrem Freund Ihre Hand gaaaaanz langsam hin. Und? Er wird sein Gesicht verziehen, eine Gänsehaut bekommen – und ebenfalls ausweichen. Finden Sie selbst heraus, welche Geschwindigkeit der Bewegung Ihrem Menschenfreund angenehm ist – Ihr Pferdefreund ist mit Sicherheit der gleichen Meinung.

1: Legen Sie Ihre rechte Hand auf das Schulterblatt Ihres Pferdes.
2: Heben Sie Ihre Hand so, dass Ihre Faust etwa auf Maulhöhe des Pferdes liegt.

3. Übung: Jetzt kommt der Hals

Wenn das Pferd seinen Kopf im Genick leicht biegen kann, sollte es nicht allzu schwer sein, auch seinen *Hals* zu biegen. Begeben Sie sich wieder in die Position, nur ein bisschen mehr Richtung Schulter. Wenn Sie auf der linken Seite stehen, legen Sie Ihre rechte Hand jetzt auf das *Schulterblatt* Ihres Pferdes (Abb. 1). Es hängt nun von Ihrer eigenen Größe und der Größe Ihres Pferdes ab, ob Sie mit Ihrer linken Hand überhaupt noch an seinen Kopf heranreichen.

Wenn ja, dann legen Sie Ihre Hand genau so an wie zuvor, als Sie den Kopf des Pferdes zu sich bewegen wollten. Geht das nicht, dann fassen Sie Ihr Führseil so nah wie möglich am Halfter, heben Ihre Hand so, dass Ihre Faust etwa auf Maulhöhe des Pferdes liegt (Abb.2) und üben Sie dann (waagerecht!) leichten Zug aus. Aber passen Sie auf: Greifen Sie das Seil so, dass der Daumen Ihrer Führhand in Ihre Richtung weist (oder – je nach Größe des Pferdes – auch *über* Ihren Kopf).

Schauen Sie dem Pferd dabei *nicht* ins Auge. Hüten Sie sich! Wir Menschen tun das nämlich unbewusst, weil wir kontrollieren wollen, ob es uns gelungen ist. Der renommierte Körpersprachenlehrer *Samy Molcho* sagt, mit unserem Blick in die Augen des anderen wollten wir ihn zu einer Stellungnahme auffordern: „Na, was sagst Du jetzt?" Oder, in diesem Fall: „Na, was ist, biegst Du nun Deinen Hals?"

Dummerweise sehen Pferde das anders. Wenn Sie Ihrem Pferd ins Auge schauen, dann kriegt es einen *Schreck*, zumindest aber gerät es in *Spannung*. Denn Raubtiere fixieren auf diese Art ihr Opfer. Folge: Ihre Blickenergie allein kann ausreichen, dass Ihr Pferd Fluchtgedanken hegt, dass es seinen Kopf zumindest aber abwendet – also genau das Gegenteil von dem tut, was Sie gerade wollten.

Sie *brauchen* auch gar nicht hinzuschauen. Und in den seltensten Fällen müssen Sie Ihr Pferd mit Ihren Blicken kontrollieren. Sie können alles mit Ihren Händen *fühlen* und sich nur auf das Gefühl konzentrieren, das Ihnen das Seil in der Hand vermittelt. Am besten ist: Üben Sie auch dies zunächst wieder mit einem Menschen. (Da sind wir Menschen – in diesen Fällen zumindest – unkomplizierter.) Und üben Sie einmal mit *geschlossenen* Augen. Zunächst werden Sie unsicher sein, dann werden Sie immer mehr in Ihren Händen spüren und Sie werden Ihren Händen nach und nach vertrauen lernen.

Ob Ihr Pferd nachgibt, fühlen Sie daran, dass Ihr Seil in Ihrer Hand *leichter* wird. Sobald Ihr Pferd nur ein Stückchen nachgibt, den Hals also ein wenig zu Ihnen schwenkt, geben auch *Sie* mit der Hand, die das Seil hält, nach. Auch hier kann es wieder mit einem Zucken beginnen.

Gerade diese kleinste Bewegung registrieren Sie viel leichter, wenn Sie nicht hingucken, sondern hinfühlen. Haben Sie das Gefühl, so geben Sie *sofort* nach. Auch *Ihr* Nachgeben kann ‚ruckartig' geschehen (und dieser ‚Ruck' gibt Ihnen wiederum das richtige Gefühl fürs Nachgeben). Geben Sie (mit) *Ihrer* Hand den Ruck, das heißt: Öffnen Sie sie ruckartig, wenn Sie das Gefühl *seines* Nachgebens spüren.

Anfangs sollte das Pferd, wenn Sie nachgegeben haben, seinen Hals wieder gerade richten dürfen. Achten Sie deshalb darauf, dass Ihr Seil lang genug ist. Oder dass Sie im richtigen Augenblick Ihren Arm entsprechend weit ausstrecken können, damit das Pferd, wenn es sich streckt, nicht durch einen unbeabsichtigten Ruck am Halfter eine Fehlinformation erhält und dadurch verwirrt werden könnte.

Später müssen Sie das Pferd nicht vollkommen loslassen, wenn es den Hals gebogen hat, dann reicht es, nur ein bisschen nachzugeben, um das Pferd zu informieren: „Hast Du richtig gemacht." ‚Später' heißt allerdings: Wirklich erst dann, wenn die seitlichen Biegungen hundert Prozent ‚sitzen'.

4. Übung: Fürs Reiten

Noch später, wenn Sie das Pferd unterm Sattel haben, üben Sie ebenfalls die laterale Biegung des Halses nach links und nach rechts. Dazu legen Sie dann statt Ihrer Hand einen *Schenkel* an, und zwar direkt *am Gurt*. Wenn Sie in der Lage sind, Ihr Pferd ‚um Ihren Schenkel zu

Hals- und Genickbiegung vom Sattel aus: leichter Schenkeldruck genügt (Abb. 1). Werden beide Schenkel leicht angelegt, senkt das Pferd den Kopf und Hals (Abb. 2).

biegen, gelingt Ihnen einiges besser, zum Beispiel: einen sauberen Zirkel zu reiten. Vor allem aber legen Sie die psychologische Grundlage zu einer *gelassenen* Versammlung, und damit meine ich die *psychische* Versammlung mit einem gewissen Maß an *körperlicher* Versammlung – gerade so viel wie man braucht, um mit einem Pferd sicher und schonend von A nach B zu kommen.

Denn wenn Sie *beide* Schenkel (mit dem gleichen Gefühl) anlegen, wird das Pferd wiederum seinen Hals senken: Position 1 – Entspannung. Wenn eines meiner Pferde einmal seine Ruhe verliert, abrupt den Kopf hebt, um in der Ferne eine tatsächliche oder vermeintliche Gefahr zu orten, brauche ich nur beide Schenkel leicht anzulegen, und sie senken prompt den Hals. Ihr Adrenalinspiegel sinkt (und meiner auch), alle Zeichen stehen auf Entspannung.

Vorbereitung am Boden: Am Anfang verlangen Sie nur wenig, später mehr Biegung.

Bereiten Sie dies nun vom Boden aus vor, indem Sie Ihre Hand – statt auf die Schulter des Pferdes – dorthin legen, wo beim Reiten Ihr Schenkel anliegt, Alles Weitere machen Sie so, wie bereits beschrieben, als Sie den Hals des Pferdes aus seiner Schulter heraus bogen. Nur dass Ihre Hand nun – statt auf dem Schulterblatt des Pferdes – auf seinen Rippen liegt.

Akzeptieren kommt vor Gymnastizieren

Ich betone ausdrücklich, dass diese Übung *nicht* in erster Linie der *Gymnastizierung* des Pferdes dient. Denn vor der systematischen Durchbildung der Muskeln und Sehnen des Pferdes liegt seine *psychische* Durchbildung. Zunächst muss ein Pferd *durchlässig* sein, das heißt: *psychisch* bereit sein, bevor es das Verlangte *physisch* umsetzt.

Dass beides in der Praxis nicht grundsätzlich voneinander getrennt werden kann, ist auch klar. Dennoch sollte im Zweifelsfall die psychologische Komponente der physiologischen vorausgehen. Meine Formel lautet deshalb: Akzeptieren kommt vor Gymnastizieren.

Problemfälle, Problemlösungen

Möglicherweise klappt nicht alles so gut wie oben erläutert. Machen Sie sich nicht viel daraus. Probieren Sie einfach ein wenig herum: Modifizieren Sie vielleicht Ihre Körperhaltung oder die Seilhaltung oder die Energie, mit der Sie arbeiten. Irgendetwas wird dabei sein, das den Erfolg behinderte. Finden Sie es heraus.

Wie ich schon im ersten Buch betont habe (auf S. 182 f.), versteht sich das, was hier beschrieben ist, nicht als feststehende Methode, um Pferde zu trainieren (obwohl ich mich selbstverständlich um methodisches Vorgehen bemühe und Pferde damit bestens auszubilden sind), sondern in erster Linie als *Wegweiser*, wie *Sie* Ihr *Denken und Fühlen* in der Kommunikation mit Pferden *entwickeln* können. Deshalb sollten Sie durchaus experimentieren und ausprobieren, um herauszufinden, wie die einzelnen Übungen am besten funktionieren.

Vielleicht sind aber auch ein paar Probleme dabei, für deren Lösung ich Ihnen hier schon den einen oder anderen Tipp geben kann:

- Das Pferd hebt den Kopf, wenn Sie es mit der Hand dort anfassen wollen und entzieht sich Ihnen auf diese Weise. In diesem Fall vertraut Ihnen das Pferd einfach nicht. Streicheln Sie dann Ihr Pferd zunächst ausführlich, so wie es im zweiten Schritt meines Joining-Buchs beschrieben ist. Höchstwahrscheinlich senkt es aber auch noch nicht seinen Kopf. Arbeiten Sie also weiter an dieser Aufgabe oder lesen Sie weiter hinten (in Lernschritt 9), was zu tun ist, wenn es darum geht, Ihr Pferd gelassener zu machen.
- Wenn das Pferd seinen *Hals* nicht biegt, so sollten Sie wieder einen Lernschritt zurückgehen und erneut seinen Kopf im *Genick* biegen. Erst wenn das Pferd bereit ist, den Kopf im Genick auf Ihren Wunsch hin zur Seite zu bewegen, ist es auch bereit, den Hals zu biegen.
- Wenn das Pferd zwar seinen Hals biegt, dabei aber immer auch ein paar Schritte seitwärts, vor allem aber mit der Hinterhand, von Ihnen wegstrebt, ist die Biegung nicht ‚echt'. Das heißt: Kaum dass es den Hals gebogen hat, macht es ihn auch wieder fest. Die Folge: Das Pferd bewegt seine Hufe, damit es wieder in Balance kommt und den Hals gerade machen kann. Gehen Sie dann entweder ebenfalls wieder zum ersten Schritt zurück: Genick biegen, oder aber, gleiches Problem:
- Sie haben das Problem selbst verursacht, weil Sie zu spät (oder gar nicht) nachgelassen haben, als das Pferd nachgab. So glaubte das Pferd vielleicht, es solle nach Kopf und Hals auch noch seine Hufe bewegen.

▸ Wenn die Biegung des Kopfes aus dem Genick heraus zwar funktioniert, das Pferd sich aber – was sehr selten vorkommt – dennoch nicht im Hals biegt, dann lassen Sie das Pferd weitergehen und *forcieren* diese Seitwärts-Bewegung seiner Vorderhufe sogar leicht, indem Sie Ihren Zug auf das Seil ein bisschen verstärken.
Um dazu in eine bessere Position zu kommen, nehmen Sie Ihre rechte Hand vom Schulterblatt des Pferdes weg und legen Sie auf den hintersten Rippenbogen des Pferdes, also kurz vor der Hinterhand, und gehen Sie einfach weiter. Drücken Sie aber *nicht* auf die Rippen, sondern *halten* Sie einfach Ihre Hand dort und gehen Sie mit der Bewegung des Pferdes mit.

Und denken Sie auch hier daran: Nicht nach vorne schauen, um das Auge des Pferdes zu kontrollieren, sondern schauen Sie in *die* Richtung, in die Sie gehen, also *über* den Rücken des Pferdes hinweg. Warten Sie darauf, dass die Hufe aufhören, sich zu bewegen. Geben Sie aber nicht nach, bevor das Pferd seinen Kopf wieder ein bisschen zu Ihnen gedreht hat, denn *das* war ja das Ziel. Geben Sie *dann erst* nach.

Lassen Sie sich für die Problemlösungen *erst recht* viel Zeit und denken Sie immer wieder daran: Sie dürfen und *sollen* experimentieren und ausprobieren! Schon Albert Einstein wusste: „Phantasie ist wertvoller als Wissen." Versuchen Sie es so oft, wie Sie möchten. Haben Sie keine Angst vor Fehlern. Nur: Wenn etwas nicht funktioniert, machen Sie es beim nächsten Versuch (wenigstens) ein klein bisschen anders. Wenn Ihr Pferd jedoch seinen Hals wieder ein kleines bisschen biegt, geben Sie sofort nach.

Ergebnis der Übungen

Das *Pferd* soll nach diesen Übungen also zweierlei leisten:
1. seinen Hals leicht und willig nach rechts und nach links biegen, indem der vordere Teil des Pferdes einen leichten Bogen beschreibt von den Ohrspitzen bis zur Schweifrübe;
2. seine Hufe dabei nicht bewegen.

Dabei kommt es für Sie, den *Menschen*, wiederum auf dreierlei an:
1. auf das *Gefühl*, das Sie dem Pferd geben;
2. auf Ihr *Timing*, wie schnell Sie nachgeben, wenn das Pferd nachgegeben hat, und wie schnell Sie mit den Übungen vorangehen;
3. auf Ihre Körper*haltung* und Körper*position*.

Denken Sie immer daran, das Pferd gleichmäßig und gleich häufig zu beiden Körperseiten zu biegen. Wenn Sie selbst *Rechtshänder* sind (also höchstwahrscheinlich am liebsten auf der linken Seite Ihres Pferdes stehen), dann nehmen Sie sich vor, in Zukunft *zwei Drittel* aller Arbeit mit dem Pferd von *dessen* rechter Seite aus zu machen. Wenn Sie Glück haben, werden Sie im Durchschnitt in Zukunft dann wenigstens die Hälfte der Zeit an seiner rechten Seite verbringen.

Wenn Ihr Pferd schließlich die Bewegungen von Kopf und Hals in die *Vertikale* und in der *Lateralen* mit Leichtigkeit vollführt, haben Sie schon einen großen Schritt hin zu mehr Leichtigkeit auch unterm Sattel gemacht.

5. Übung: Noch einmal Aufhalftern

Wann immer Sie an der Seite Ihres Pferdes zwischen Kopf und Schulter stehen, sollten Sie es sich ab jetzt zur Gewohnheit machen, die Nase des Pferdes ab und zu durch leichten Fingerdruck in Ihre Richtung zu bewegen. Stehen Sie auf der linken Seite (Ihre Blickrichtung ist dieselbe wie die des Pferdes), dann schieben Sie Ihre rechte Hand unter sein Kinn und drücken mit einem oder mehreren Fingern an der rechten Maulspalte seinen Kopf nach links. Das trainiert die laterale Bewegung wie von selbst und ohne großen Aufwand.

So, jetzt ziehen Sie Ihrem Pferd noch einmal das Halfter an, aber erst, wenn Sie alles bisher Gesagte auch schön geübt haben: Sie stellen sich neben Ihr Pferd, sagen wir links davon (geht natürlich auch von rechts, dann allerdings umgekehrt ...), und halten das Halfter in Ihrer linken Hand. Jetzt legen Sie Ihre freie flache Hand auf den Mähnenkamm des Pferdes. Streicheln Sie die Mähne leicht mit ein wenig Nachdruck. Wenn alles, was bisher beschrieben wurde, bei Ihnen und Ihrem Pferd ‚sitzt', dann müsste es jetzt den Kopf herunternehmen. Nein? Dann üben Sie noch ein bisschen.

Doch ja?! O.K. Ist das nicht ein schönes Gefühl und ein wunderbarer Anblick: Ihr Pferd steht mit gesenktem Kopf neben Ihnen. Ein Bild von völligem Vertrauen und Gelassenheit. Streicheln Sie die Mähne nochmals sanft und führen Sie mit Ihrer linken Hand das Halfter dem Pferd vor die Nüstern. Streicheln Sie es freundlich mit dem Halfter dort vorne. Möglicherweise müssen Sie dazu das Pferd bereits ein wenig desensibilisiert haben (siehe Anfang Lernschritt 9).

Als Nächstes ergreifen Sie über den Mähnenkamm hinüber mit Ihrer freien rechten Hand das Genickstück des Halfters, öffnen es breit genug und ziehen Ihrem Pferd das Halfter über die Nase. Führen Sie dann das Genickband über den Mähnenkamm und machen Sie einen Knoten (siehe S. 36–39).

Achten Sie trotz aller Vorkehrungen, die Sie bereits getroffen haben, jetzt und in Zukunft sicherheitshalber dennoch darauf, selbst nie mit

Variante: Hier hat meine linke Hand das Seil leicht angenommen. Zan folgt dem Gefühl. Jetzt muss ich sofort nachgeben.

Ihrem Kopf und Kinn über Hals oder Kopf des Pferdes zu gelangen. Möglicherweise könnte Ihr Kollege trotz allen guten Trainings – er ist ja immer noch ein Lebewesen und kein Moped – den Versuch starten, Ihre Leidensfähigkeit zu erproben und zu diesem Zweck den Kopf hoch reißen („Huch, dahinten rührt sich was!“). Möglicherweise müssten Sie dann dieses Buch im Krankenhaus weiter lesen. Also, immer schön vorsichtig.

Gehen Sie auf jeden Fall auch in diesem Stadium *langsam* vor und belohnen Sie das Pferd jedes Mal, wenn Sie Ihre Hand an seinen Kopf und auf sein Genick gelegt haben und es daraufhin willig nach unten und hin zu Ihnen nachgegeben hat. Doch Achtung: Belohnen besteht jedoch auch hier nicht aus *Leckereien*, sondern darin, dass Sie einfach das Gefühl der Beengung, das Ihre Hand vermittelt, wegnehmen.

6. Übung: Seitenwechsel bei der Arbeit am Pferd

In dieser Übung geht es darum, die Seite zu wechseln, um Ihr Pferd zu *streicheln*, zu *pflegen*, zu *satteln* oder zu *verarzten*. Ist Ihnen das schon mal passiert: Kaum, dass Sie an Ihres Pferdes Nüster vorbei wollen, dreht sich Ihr Freund einfach mit (siehe Abb. S. 61). Zwar hat er dabei eine wunderbare viertel Drehung auf der Hinterhand vollzogen (was er unter dem Sattel lange nicht so schön macht, der Bursche), aber *Sie* stehen immer noch da, wo Sie zuvor schon standen.

Frust! Spätestens ab Lernschritt 4 werden Sie wissen, warum das kein *Zufall* gewesen ist. Denn erstens haben Sie Ihrem Pferd mit Ihrem Anmarsch ein *indirektes Gefühl* gegeben (und das kann durchaus zu Bewegung führen) oder aber Ihr Pferd hat einfach entschieden, Sie sicherheitshalber weiterhin im Auge zu behalten. Wenn Sie clever und klein sind, können Sie einfach unter seinem Hals hindurchtauchen (siehe Abb. rechts). Wenn Sie allerdings etwas größer sind und Ihr Pferd eher klein ist, empfiehlt sich diese Maßnahme weniger.

Deswegen nun ein Verfahren, das immer *funktioniert*, das *sicher* ist, und bei dem *Sie* bestimmen, wohin Sie gehen. Wenn Sie meinem Rat aus der letzten Übung gefolgt sind und es sich bereits zur Gewohnheit gemacht haben, ab und zu einmal den Kopf Ihres Pferdes, einfach so, mit der Hand nach links und rechts zu bewegen, dann ist diese Übung jetzt für Sie ein Kinderspiel.

Zunächst einmal die Ausgangsposition: Sie stehen beispielsweise an der linken Seite Ihres Pferdes und streicheln es gerade. Das Seil liegt – vom Pferdekinn kommend – locker in Ihrer linken Armbeuge und bildet keine Schlinge (Abb. 1, S. 60). Sie haben beide Hände frei, um das Pferd ausgiebig und inniglich zu streicheln. Jetzt wollen Sie auch seiner anderen Körperhälfte diese Wohltat zukommen lassen.

Legen Sie sich das Seil dazu zunächst in Ihre rechte Armbeuge. Und zwar so: Sie drehen sich (um etwa 90 Grad) in Richtung Pferdekopf (um den wollen Sie ja gleich herum), bringen Ihre rechte Hand und den Arm kreuzweise *unter* den linken und lassen das Seil jetzt einfach aus der einen Armbeuge in die andere rutschen. Ganz einfach und elegant, Sie mussten das Seil dazu nicht einmal anfassen (Abb. 2).

Nun machen Sie sich auf den Weg um die Pferdenase herum. Doch Achtung! Im Moment, da Sie starten, schieben Sie die fünf Finger mit dem Handrücken entweder *unter* das Kinn des Pferdes und drücken dadurch seine Nase (Sie befinden sich jetzt etwa vor dem Pferd) von sich aus nach rechts: Und – siehe da – schon stehen Sie auf der richtigen Seite. Oder Sie schieben, während Sie gehen, Ihren Handrücken auf die gegenüberliegende Nüsternseite des Pferdes, bis Sie auf der anderen Seite stehen (Abb. 3, 4, S. 60).

Sollte das Pferd versuchen, Sie ‚auszutricksen', indem es seinen Kopf hoch in die Lüfte hebt, so gehen Sie mit Ihrer Hand einfach mit (so weit Sie kommen) und beschleunigen etwas Ihren Schritt. Keine Angst: Die Gesetze der Physik sind im Moment auf Ihrer Seite, so dass die Wahrscheinlichkeit besteht, dass Sie Wotans rechte Seite bereits erobert haben, wenn er seinen Kopf wieder senkt.

Clever für Kleine: für den Seitenwechsel einfach abtauchen.

Bewegungsabfolge für den Seitenwechsel wie auf S. 59 beschrieben.

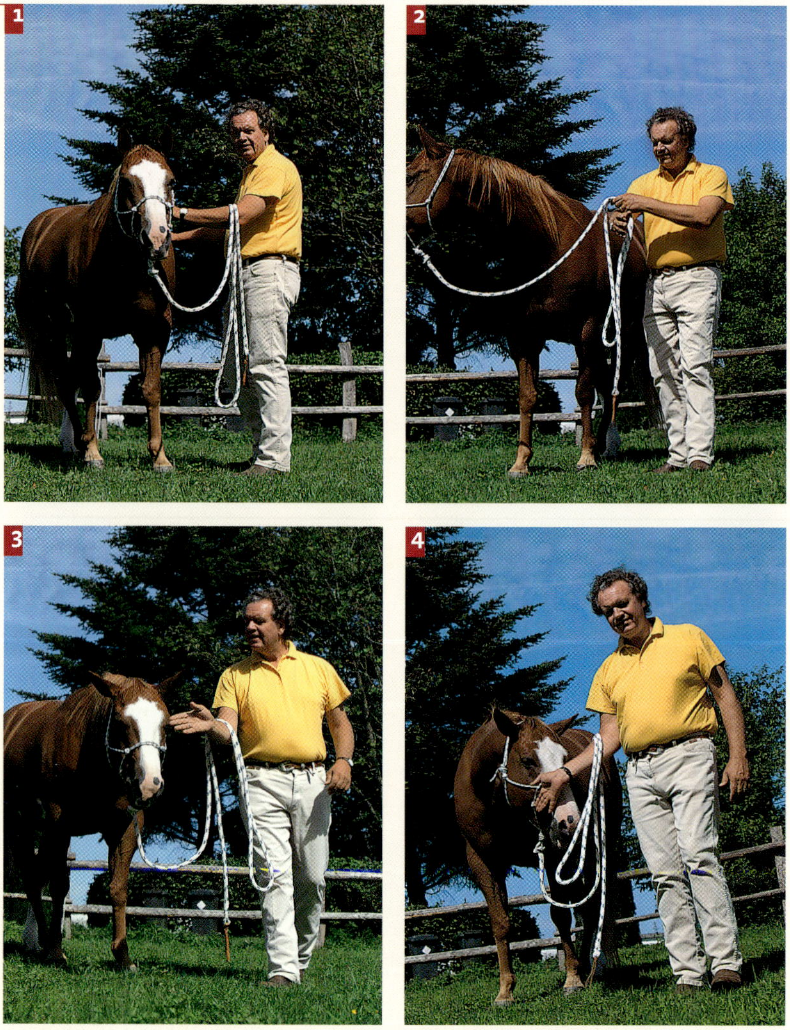

Wie auch immer – durch Ihre Aktion (ihm an der richtigen Stelle ein direktes Gefühl zu geben und das indirekte Gefühl Ihrer Annäherung damit zu überlagern), haben Sie mächtig Eindruck bei Ihrem Pferd geschunden. Denn Sie haben ihm bewiesen, dass Sie *Herr über seine Körperhälften* sind – ohne es zu verletzen, und dass Sie in der Lage sind, seine und Ihre eigenen Bewegungen zu *kontrollieren*. Natürlich hat Sie Ihr Pferd gar nicht austricksen wollen, es wollte nur (wieder einmal) Ihre Fähigkeiten *testen*. Denn man weiß ja nicht, ob man sich im Ernstfall auf Sie verlassen kann.

Sollte Ihr Pferd Gardemaß besitzen und seinen Kopf so hoch heben, dass Sie ihn nicht mehr berühren können, dann brauchen Sie das Stöckchen (mit dem Sie es zuvor natürlich ausführlich gestreichelt haben). Zunächst drückt wieder Ihr Handrücken (der gleichen Hand, die das Stöckchen hält). Nur wenn das Pferd seinen Kopf hebt, heben Sie das Stöckchen, so als wollten Sie weiter mit Ihrem Handrücken an seiner Nüster bleiben.

Je höher das Pferd seinen Kopf hebt, desto eher wird es das Stöckchen (statt Ihres Handrückens) an seinem Kopf spüren. Selbstverständlich halten Sie den Stock nur an seinen Kopf und sorgen dafür, dass er dort auch bleibt, so lange der Pferdekopf in hohen Höhen schwebt. Wenn Sie sich einigermaßen geschickt anstellen, wird Ihr Pferd irgendwann an seiner eigenen Größe zweifeln und Sie in seinen Augen gewachsen sein. Auf jeden Fall wird es den Kopf senken und Sie vorbeilassen.

Missglückter Seitenwechsel: Zans Kopf hält mich auf seiner linken Seite.

2. Schritt: **Aufmerksamkeit herstellen**

Humphrey Bogart tat's mit Ingrid Bergman; jede Mama tut's mit ihrem Sprössling. Auch Sie sollten es mit Ihrem Pferd tun: sich seinen Kopf holen, wenn Sie sich seine Aufmerksamkeit sichern wollen. Wie Sie das machen, lernen Sie in diesem Abschnitt.

Diese Übungseinheit könnte auch ganz vorne stehen, da sie wesentlich damit zu tun hat, die Kopfhaltung des Pferdes zu beeinflussen – als Ausdruck der Aufmerksamkeit des Pferdes. Später holen wir uns immer mal wieder die Aufmerksamkeit unseres Pferdes, was immer wir gerade zu tun beabsichtigen, ob vom Boden aus oder vom Sattel.

Sichtbarer Ausdruck der Aufmerksamkeit eines Lebewesens ist es bekanntlich, wenn es sich dem Objekt seiner Aufmerksamkeit mit dem Kopf *zuwendet*. Das gilt für Menschen gleichermaßen wie für Hunde oder Pferde. „Schau mir in die Augen, Kleines". Ob Humphrey Bogart dies in „Casablanca" Ingrid Bergman zunuschelt oder ob die strenge Frau Mama ihren zappeligen Filius mahnt – die Aufforderung verfehlt ihre Wirkung nicht: Die Schöne und der Zappelige werden der Mahnung höchstwahrscheinlich folgen und zu Mama oder Macho blicken.

Natürlich ist die Kopfhaltung wieder nur *äußerer Ausdruck* der inneren Haltung. Wenn Sie so wollen: Uns interessieren weniger die Augen, die uns anschauen als vielmehr das ‚Herz', das uns anschaut – Kind, Geliebte oder Pferd, sie sollen mit allen Sinnen und ihrem Gefühl *bei* uns sein. Nun erwarten wir von einem aufmerksamen Pferd nicht unbedingt, dass es sich uns komplett zuwendet, sondern es reicht schon, wenn es uns wenigstens mit einem Auge anschaut, das heißt, wenn Hals und Kopf die *Tendenz* zu uns *hin* haben und nicht von uns weg.

Was würde Mama machen, wenn der Filius ihr sein Gesicht nun partout nicht zuwenden wollte, sich vielleicht sogar noch ein Stück wegdreht? Die meisten von uns haben es selbst schon erlebt (oder als Mama und Papa angewendet): Als nächstes würde sie/er das Kinn des Kleinen mit zwei Finger leicht zu sich herziehen. Wenn sich Filius immer noch nicht kooperationsbereit zeigt, würden Mama oder Papa möglicherweise massiv und das Kind fest an der Schulter packen und zu sich herumziehen. Was in der Kindererziehung oft fehlt (wegen der Erregtheit der Gemüter), daran mangelt es in der Pferdeausbildung erst recht: an der ersten (Energie-) Stufe der Einwirkung.

Die beiden ersten Stufen

1. Übung: Um Aufmerksamkeit bitten

▸ Ihr Standort:

Irgendwo am Pferd.

▸ Ihre Seilhaltung:

In dieser Position und zu diesen Zwecken kommt das Seil vom Kopf des Pferdes (von *außen* also) und liegt, ohne eine Schlinge zu bilden, locker in Ihrer linken Armbeuge. Es wird bei dieser Seilhaltung zunächst nicht angefasst, so dass Sie beide Hände frei haben. Für den Fall, dass sich Ihr Pferd unplanmäßig bewegt, können Sie mit Ihrer (wiederum) linken Hand von oben auf das Seil greifen und es so erfassen. Ihre rechte Hand leistet in diesem Fall nur Hilfsdienste und kann zur Sicherung das Ende des Seils ergreifen.

Was ich meine mit „erste (Energie-) Stufe der Einwirkung“? Das *Streicheln*! Ja, wieder einmal das Streicheln. Auf dieser ersten Stufe versuchen wir, die Aufmerksamkeit des Pferdes zu gewinnen, indem wir es streicheln (Abb. links). Dem Streicheln kommt in meinem Konzept eine Basisbedeutung zu: Streicheln, nüchtern betrachtet, ist zunächst nichts anderes als die Vermittlung eines *direkten Gefühls*, oder technisch: die Bewegung der Hand. Aber Streicheln ist natürlich noch sehr viel mehr. Wieder muss ich auf mein erstes Buch verweisen, wo ich die Segnungen des Streichelns, die direkte Verbindung von *Haut* zu *Hirn* und die verblüffende Wirkung der Hände für Gesundheit, Leben und Lernen ausführlich dargelegt habe.

Deswegen mache ich es hier kurz: Streicheln *gibt* dem andern etwas: Wärme, Zuneigung, Nähe, ein angenehmes Gefühl. Jedes direkte Gefühl ist andererseits aber auch grundsätzlich geeignet, dem anderen etwas zu *nehmen*, Raum nämlich. Wenn Sie nicht gestreichelt werden *wollen*, empfinden Sie selbst die sanfteste Hand als Belästigung – Ihr Körper wird dann von feindlichen Truppen erobert, und zwar wider Willen. Das direkte Gefühl, das die Hand eines anderen Ihnen vermittelt, ist Ihnen in diesem Fall lästig.

Doch vergessen wir mal die *Hand* als Botschafterin von direktem Gefühl. Selbst die gröbsten Pranken sind ja noch vergleichsweise sanft gegenüber totem Material: Denken Sie doch einmal an die *Trense*, die Sie Ihrem Pferd ins Maul legen, um es lenken und bremsen zu können: Das ist ebenfalls direktes Gefühl für das Pferd, und es ist Raumnahme pur. Erst recht, wenn Sie an den Zügeln *ziehen*. Dann wird der Raum fürs Pferd (genauer: für seine Zunge) noch enger.

Oder Ihre Schenkel beim Reiten: Raumbegrenzer erster Güte! Sie nehmen dem Pferd durch Druck (wir nennen das netterweise eine ‚Hilfe') den Raum und treiben es von der Stelle weg, wo es sich zuvor befand. Jeder kennt das: Wenn ein junges Pferd an derlei Begrenzung nicht oder nur unzureichend gewöhnt wurde, dann macht es gleich ein paar Meter Raum frei (und der Reiter liegt am Boden – erstaunt über soviel Freigiebigkeit). Oder – je nach Charakter: Das Pferd bockt und verschafft sich auf diese Weise selbst Raum.

All das – vom sanftesten Streicheln bis zum wütenden Zerren am Zügel – ist direktes Gefühl (das Bocken natürlich auch). Die Spannweite des direkten Gefühls erstreckt sich somit also ganz schön weit. Wir tun deshalb gut daran, sehr klug damit umzugehen. Eines wird Ihnen mittlerweile hoffentlich klar geworden sein: Das Pferd muss sinnvollerweise erst einmal ans direkte Gefühl *gewöhnt* werden – an das der Hand wie an das von Trense, Zügel, Schenkel oder Sattel.

Und jetzt kommt's: Streicheln ist das probateste Mittel dazu! Und es sollte *immer* als erstes angewendet werden. Anders ausgedrückt: Streicheln ist die friedlichste Weise, um jemand anderem Raum zu nehmen. Alles klar? So haben Sie die Sache noch nie betrachtet? Richtig, zumindest können Sie ab jetzt den Unterschied herausfinden, ob Ihr Partner Ihnen beim Streicheln etwas *schenkt* oder ob er ein Stück von Ihnen *besitzen* will ...

Streicheln ist *die* Referenzerfahrung, die wir dem Pferd als erstes vermitteln wollen und an die es sich bei jeder späteren Berührung – womit auch immer – als angenehm erinnern soll. Und es soll lernen, wann immer es gestreichelt wird, sich dem Menschen zuzuwenden. Denken Sie mal ein Stückchen weiter und stellen Sie sich vor, es hat geklappt (nicht von heute auf morgen, aber irgendwann einmal):

Zaumzeug, Schenkel, Sattel: All dies nimmt dem Pferd Raum. Daran muss es gewöhnt werden, sonst wehrt es sich und versucht, sich Raum zu schaffen.

Wann immer Sie Ihr Pferd streicheln, wendet es Ihnen seine Aufmerksamkeit zu. Dann haben Sie ein *mächtiges Mittel* zur Hand – im wahrsten Sinn des Wortes, denn Ihre Hände haben Sie ja immer dabei.

Dann (und nur dann erst!) wird Wirklichkeit, was immer so gern behauptet wird: Man könne ein Pferd beruhigend streicheln. Meist beruhigt sich in diesen Fällen der Reiter nur selbst – wenigstens das! – allerdings meist ohne Wirkung auf das Pferd. Wenn Sie aber gelernt haben, Ihr Pferd *qualifiziert* zu streicheln, wenn Sie beim Streicheln Ihr *Herz in Ihre Hände legen* und Streicheln ein Teil des Ausbildungsplans geworden ist, dann wachsen Ihnen ‚goldene Hände', an die sich Ihr Pferd vertrauensvoll *anlehnen* kann.

Möglicherweise sind es erst *diese* Hände, die Zügel so führen können, dass das Pferd sich tatsächlich *vertrauensvoll* ans Gebiss heranstreckt. Jedenfalls *können* es nur solche Hände sein. Dann werden Sie in der Lage sein, selbst ein höchst erregtes Pferd kraft Ihrer sanften, *streichelnden Hände* zu beruhigen, vielleicht sogar aus vollem Galopp zu *bremsen* oder zur gewünschten *Richtungsänderung* zu veranlassen oder von einer unerwünschten Richtungsänderung abzubringen ...

2. Übung: Aufmerksamkeit fordern

Soviel zum Streicheln als *erster* Energiestufe, um die Aufmerksamkeit des Pferdes zu gewinnen. In der ersten Phase Ihrer Beziehung (oder Ihres Beziehungswandels) sowie des Trainings wird Streicheln allerdings nicht immer und sofort zum gewünschten Erfolg führen. Dann heißt es: Energiesteigerung – auf Stufe 2 erhöhen. Vom freundlich fragenden Streicheln gehen Sie über zur *Forderung*. Das ist die Stufe, auf der Mama das Kinn Ihres Filius zu sich zieht.

Haltung und Position für Variante 1. Meine rechte Hand müsste das Seil jedoch etwas verkürzen.

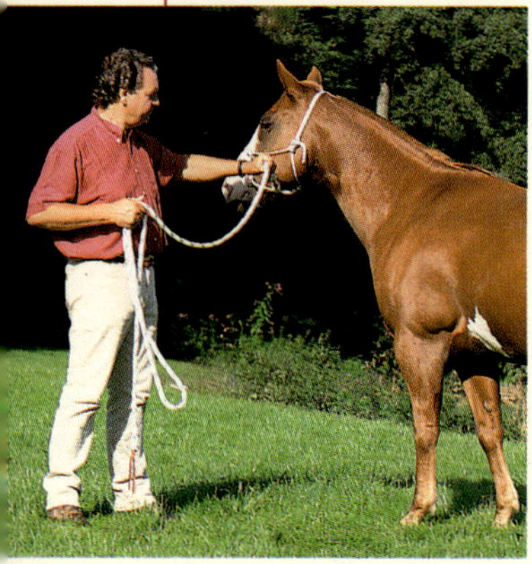

▸ Ihr Standort:

1. Variante: Sie stehen auf der linken Seite im rechten Winkel zur linken Nüster des Pferdes. Ihr Blick geht ungefähr Richtung Hals/Sattellage (Abb. links).
2. Variante: Sie stehen ebenfalls auf der linken Seite Ihres Pferdes, diesmal aber schauen Sie in die gleiche Richtung wie das Pferd (Abb. S. 65).

▸ Ihre Seilhaltung:

Ihre *rechte* Hand hält das Seil. Aktiv wird in dieser Übung in beiden Varianten indes Ihre *linke* Hand. Einziger Unterschied: In Variante 1 halten Sie das Seil so, dass Ihr Daumen vom Pferd *weg* weist. In Variante 2 halten Sie das Seil mit Ihrer linken Hand so, dass Ihr Daumen zum Pferd *hin* weist.

Haltung und Position für Variante 2, um die Aufmerksamkeit des Pferdes zu fordern.

Und wie funktioniert nun das *Fordern*? Wenn das Streicheln nicht ausreicht, den Kopf des Pferdes (wenn auch nur minimal) in Ihre Richtung zu bewegen, dann ergreifen Sie das Seil mit Ihrer linken Hand und ziehen den Kopf sanft zu sich hin. In Variante 2 befinden Sie sich fast schon in der Position des Reiters. Praktisch, denn später machen Sie genau diese Übung mit angelegtem Schenkel vom Sattel aus. Es ist nichts anderes als die Genick-/Halsbiegung, die Sie bereits im 1. Lernschritt kennen gelernt haben, diesmal jedoch gezielt, um sich die Aufmerksamkeit zu sichern.

Es gibt jedoch noch eine *Verfeinerung* des Verfahrens durch – wiederum – Streicheln. Doch jetzt streicheln Sie nicht das Pferd, sondern (hier – in Variante 1 – mit Ihrer linken Hand) das *Seil*. Erklären Sie mich bitte nicht für verrückt. Denken Sie doch mal nach (oder besser: probieren Sie es einfach aus): Wenn Sie das Seil streicheln, üben Sie nämlich einen ganz leichten, sanften, sich steigernden Druck auf das Halfter aus. Das ist die allerfeinste Steigerung von Streicheln am Pferdekörper selbst.

Beginnen Sie mit dem Streicheln des Seils mit Ihrer linken Hand nahe beim Pferdekopf, indem Sie mit langen Strichen zu sich hin über das Seil fahren. Das ist eine Bewegung ähnlich der, das Pferd zu sich hinziehen zu wollen, nur lassen Sie Ihre streichelnde Hand jetzt *offen*. Machen Sie dies ein paar Mal und warten Sie auf die Reaktion Ihres Pferdes.

Achten Sie in allen Varianten darauf, dass das Seil nahezu waagerecht zwischen Ihrer fordernden (hier: linken) Hand und dem Pferdemaul liegt. Dadurch bewegen Sie den Kopf des Pferdes *nicht* nach schräg *unten*, sondern *waagerecht*. Reagiert das Pferd wie gewünscht und dreht Ihnen den Kopf zu, prima. Zeigt es sich ungerührt und macht vielleicht sogar den Hals steif, dann schließen Sie Ihre Hand bei jedem ‚Streichler' ein wenig mehr.

Der stärkste Grad der Forderung auf dieser Stufe ist erreicht, wenn sich Ihre Hand vollends schließt. Eine weitere Energieerhöhung läge darin, das Seil zum Schluss mit der geschlossenen Hand zu sich zu ziehen, auf dass der Kopf des Pferdes folgt. So wären Sie wieder bei Variante 1 angekommen. Durch das Streicheln haben Sie gerade soviel Spannung auf das Seil gebracht, dass das Pferd diese Spannung an einer Kopfseite, oberhalb der Maulspalte spürt. Halten Sie die Spannung aufrecht und warten Sie wieder ab. Irgendwann wird Ihr Pferd reagieren und seinen Kopf Ihnen zuwenden. Geben Sie dann sofort nach! Schauen Sie das Pferd aber nicht an und – lächeln Sie.

3. Schritt: **Rückwärts richten**

In diesem Abschnitt lernen Sie, wie Sie die Kontrolle über jeden Huf des Pferdes bekommen; wie Sie einen sauberen Stopp vorbereiten; wie Sie fühlen, wie das Pferd ‚weich' wird und wie ein Pferd versucht, Sie zu verstehen.

Die nächste wichtige Übung besteht darin, das Pferd rückwärts zu richten, und zwar Schritt für Schritt, so dass Sie *Kontrolle* über jedes *einzelne* Pferdebein haben. Ziel ist es, dem Pferd beizubringen, Ihrem Gefühl so zu folgen, dass es

- sich aktiviert, wenn Sie es wollen;
- seine Hufe dorthin stellt, wo Sie es wünschen;
- auf Ihr Geheiß langsamer wird oder stoppt und
- geduldig auf ein neues Bewegungs-Kommando von Ihnen wartet.

▸ Ihr Standort:

Für diese Übung stehen Sie erst einmal rund 20 Zentimeter neben der *linken* Nasenseite des Pferdes – nicht zu nah, dass Sie das Pferd zum Drängeln provozieren könnten, aber auch nicht zu weit weg, so dass Sie im Gleichgewicht bleiben.

▸ Ihre Seilhaltung:

Fürs Rückwärtsrichten nehmen Sie das Seil so in Ihre *linke* Hand, dass Ihr Daumen *zur Pferdebrust* zeigt. Ihre rechte Hand hält nur das Ende des Führseils. Am besten fassen Sie das Seilhalfter dazu direkt unter dem Seilhaken. Auf diese Weise bilden Ihr Unterarm und Ihr Ellbogen eine Begrenzung zum Maul des Pferdes. Der Kopf des Pferdes soll sich in seiner natürlichen Position befinden, bevor Sie ihm ein Bewegungsgefühl anbieten (Abb. links).

Richtig und falsch: Auf dem Foto rechts wird das Pferd bedrängt. Zuviel davon animiert das Pferd zur Gegenwehr.

Achten Sie darauf, dass Sie Ihr Pferd nicht bedrängen. Ebenso wie Pferde neigen auch viele Menschen dazu, ihr Pferd zu bedrängen, es zu stoßen oder sich gegen das Pferd zu lehnen. Tun Sie das *nie*! Denn entweder versteht das Pferd dadurch nicht, was Sie überhaupt wollen, oder Sie fordern es damit ungewollt zur Gegenwehr auf.

1

1. Übung: Nur einen Tritt – immer der Nase nach

Lassen Sie das Pferd *zunächst nur einen Tritt* machen und achten Sie darauf, dass das Gefühl, das Sie dem Pferd übers Halfter vermitteln, am Anfang so gering ist, dass das Pferd vorerst nur sein *Gewicht* nach hinten verlagert, *ohne* den Tritt zu machen. Finden Sie heraus, wie viel Energie Sie aufwenden müssen, um Bewegung ins Pferd zu bringen. Wenn Sie spüren, dass das Pferd sich zu bewegen *beginnt*, dann belohnen Sie es dadurch, dass Sie *sofort* nachlassen. Machen Sie dies so oft, bis das Pferd Ihnen anbietet, den *einen* Huf zu bewegen. Belohnen Sie das Pferd durch Nachgeben, sooft es einen Tritt macht.

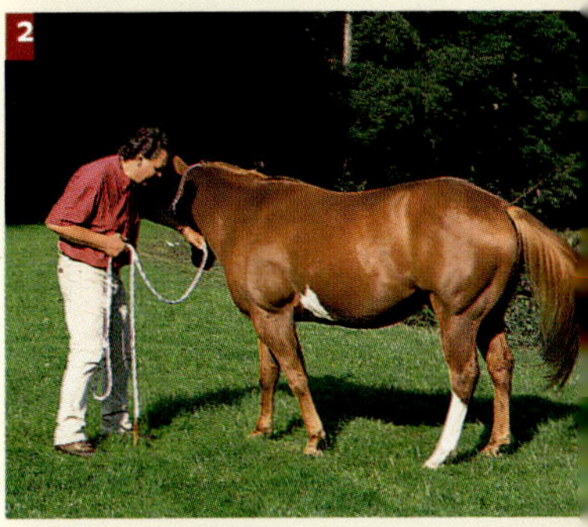
2

Es ist für das Pferd viel *leichter* zurückzuweichen, wenn Sie seine Nase jeweils waagerecht in die Richtung desjenigen vorderen Hufes stellen, den Sie bewegen wollen. Soll sich zum Beispiel der *linke* Huf des Pferdes zuerst nach hinten bewegen, so ziehen Sie die Pferdenase leicht zu sich hin (also nach links aus der Sicht des Pferdes) und zu *dem* Pferdebein hin, das sich zuerst nach hinten bewegen soll (Abb. 1). Das Verschieben des Pferdekopfes (und somit auch seines Halses) bewirkt, dass das Pferd sein Gewicht so verlagert, dass *die* Seite, deren Huf sich nach hinten bewegen soll, ein wenig gehoben wird und somit frei für die Bewegung ist.

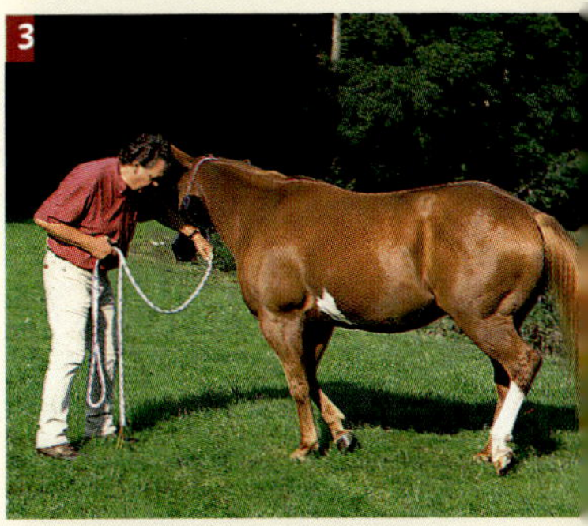
3

Logischerweise kann das Verfahren nur funktionieren, wenn jeweils ein Huf *vorne* steht. Den können Sie bewegen. Oder wenn beide Hufe parallel nebeneinander stehen. Denn warum sollte (und wie kann) ein Pferd einen Huf nach hinten stellen, der bereits hinten steht? Wenn es einen Tritt gemacht hat, führen Sie seinen Kopf zunächst zurück zur Mitte und dann weiter zur anderen Seite, deren Huf jetzt weiter vorsteht, und machen Sie dort das Gleiche wie zuvor (Abb. 2 und 3).

4

Wenn Sie das Pferd einen oder zwei Schritte haben *rückwärts* treten lassen, geben Sie ihm die Chance, auch wieder einen oder zwei Tritte *vorwärts* zu gehen (Abb. 4). Dabei sollte auch in diesem Fall *das* Vorderbein als erstes nach vorne kommen, das in diesem Moment hinten steht. Achten Sie anfangs darauf, nie mehr als *einen* Tritt zu verlangen und das Pferd zwischen jedem Tritt – ob vorwärts oder rückwärts – anhalten zu lassen. Lassen Sie sich auch hierzu Zeit. Wenn Sie zu schnell vorgehen, verspannt sich das Pferd möglicherweise. Wenn das Pferd aufmerksam mitgearbeitet hat, beenden Sie die Lektion.

2. Übung: Augen zu

Eine aufschlussreiche Übung ist es, dies einmal mit geschlossenen Augen (des Menschen!) zu probieren. *Fühlen* Sie, wie Ihr Pferd im Genick ‚weich' wird, ob und wie viel es zurückweicht, und wie viel Gefühl es Ihrerseits bedurfte, um dies zu erreichen. Dieses Gefühl am Boden führt direkt zu dem Gefühl, das Sie und das Pferd brauchen, wenn Sie im Sattel sitzen.

Die Kunst des Nachgebens

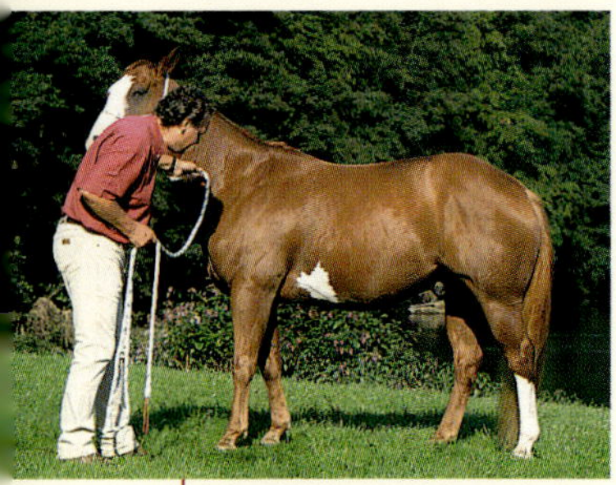

Gehen Sie mit der Bewegung des Pferdes immer mit – mit Ihrem Gefühl, Ihrem Arm oder Ihren Beinen.

Anfangs hat das Pferd mit Sicherheit keine Vorstellung davon, was Sie wollen. Das zunehmend beengende Gefühl des Halfters auf seiner Nase (erst recht, wenn der Mensch mit wenig Feingefühl vorgeht) wird es deshalb möglicherweise zunächst als *Druck* empfinden und mit Gegendruck beantworten und vielleicht die Nase vorschieben.

Halten Sie dann das Gefühl aufrecht, vergrößern Sie es aber nicht, einfach halten und warten. Sollte die Nase des Pferdes etwas heftiger nach vorne kommen, dann versuchen Sie, mit ihrer Bewegung – soweit das möglich ist – sanft *mitzugehen*, so dass die Begrenzung aufrechterhalten bleibt, allerdings ohne Kampfansage.

Zunächst muss das Pferd also *verstanden* haben, was Sie wollen. *Ob* es versteht, hängt von Ihnen ab: wie schnell *Sie* nachgeben, wenn das Pferd nachgibt. Wenn von Nachgeben die Rede ist, bedeutet das auch hier *nicht*, das Seil aus der Hand fallen zu lassen. Ein bisschen (aber deutliches) Nachgeben reicht. Wichtig ist, dass das Pferd es spürt. Am besten, Sie öffnen einfach die Hand, die das Seil hält, so dass das Seil locker in der Hand liegen bleibt, jedoch auch so, dass Sie das Seil noch in Ihrer Hand fühlen. Die Verbindung zum Pferd muss aufrechterhalten bleiben. Für Bill Dorrance ist das wie „ein Gespräch, das Sie durch Gefühl aufrecht erhalten wollen."

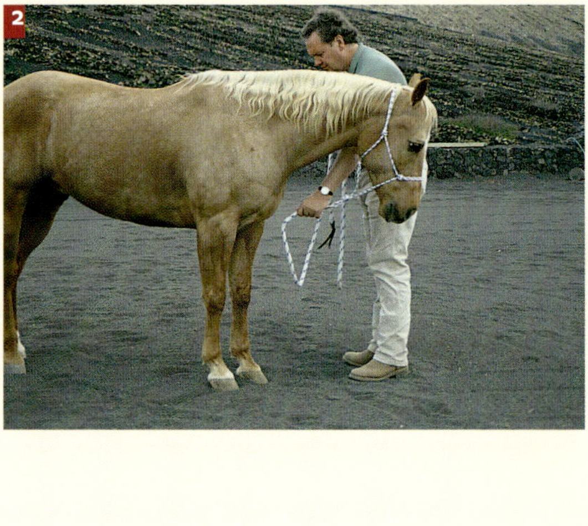

Wenn das Pferd zunächst mit der Nase gegen das begrenzende Gefühl angeht, ist auch *das* nichts anderes als sein Versuch, *Sie* verstehen zu wollen und das Beste aus dieser Situation zu machen. Denken Sie daran, es liegt nicht in der Natur von Pferden, die Bedeutung eines begrenzenden Halfters von vornherein zu kennen. Sagen Sie jetzt nicht: „Aber es kennt von Natur aus doch die Bedeutung von Begrenzung." Richtig, aber die Begrenzung, der das Pferd *von Natur her* ausweichen *möchte*, ist die Begrenzung scharfer und spitzer Zähne, die im Maul von haarigen, vierbeinigen Lebewesen stecken. Und wenn es vor *dem* ausweicht, so geht das verdammt schnell!

Vergessen Sie nicht: Möglicherweise waren Sie für Ihr Pferd bislang nur ein zweibeiniger Pfahl, an dem es sich von Zeit zu Zeit schubbern konnte, vielleicht auch nur die senkrechte Verlängerung eines kurzen und dünnen Führseilchens, das *es* überall hin mitziehen konnte. Dass Sie sich jetzt mit einem Halfter verbündet haben (statt Ihr ‚Vertrauen' an einen ‚Panikhaken' zu hängen), muss dem Pferd erst einmal klargemacht werden.

Es liegt deshalb an Ihnen, Ihrem Pferd deutlich zu machen, dass Ihr Gefühl, das Sie ihm vermitteln, auch *Bedeutung* hat. Verlassen Sie sich darauf: Von Natur aus ist das Pferd neugierig – solange keine Gefahr besteht. Aus dieser Neugier heraus versucht es grundsätzlich immer zu ergründen, welche Bedeutung das wahrgenommene Gefühl hat.

Wenn es mit seiner Nase gegen den Seildruck angeht, ist das ebenso ein Erklärungsversuch, wie wenn es rückwärtstritt. Es liegt an *Ihnen,* dem Pferd klarzumachen, *welche* Deutung richtig war. Macht es einen Schritt zurück, müssen *Sie* ihm beweisen, dass es die richtige Bewegung war, indem Sie den Druck wegnehmen und ihm Freiraum gewähren.

Pferde, die sich total irritiert zeigen, wenn Begrenzung durch Druck aufkommt, weil sie in der Vergangenheit mit Menschen einige Probleme hatten, empfinden diese neue Verfahrensweise als riesige *Erleichterung.*

Ein Gespräch, das durch Gefühl aufrecht erhalten wird: Achten Sie auf meine Hand, die das Seil nach und nach fester fasst. Ergebnis: das Pferd weicht zurück – durch Gefühl.

Denn, vergessen Sie nicht: Pferde möchten in der Regel mit uns klarkommen, und selbst dann noch, wenn sie gelernt haben, dass man mit Menschen *kaum* klarkommen *kann*.

Der Unterschied zwischen Pferd und Mensch

Bill Dorrance ist überzeugt, dass Pferde Gefühl *mit Körper* und *mit Geist gleichermaßen* aufnehmen und verstehen. Deswegen sei Gefühl so wichtig für sie. Der alte, geniale Horseman appelliert deshalb an jeden, der das Geheimnis von Pferden *wirklich* ergründen will und mit ihnen richtig umzugehen lernen möchte, diese Tatsache nie zu vergessen: „Dies ist im Grunde die wichtigste Erkenntnis."

Dass diese Fähigkeit Pferde von den meisten Menschen unterscheidet, ist nicht ganz richtig. Richtig ist nur, dass wir Menschen es mehr oder weniger *verlernt* haben. Das macht den Umgang mit ihnen für uns bisweilen aber auch so kompliziert. Die Verbindung zwischen Geist und Körper scheint bei Pferden einfach klarer zu sein und besser zu funktionieren als bei uns Menschen.

Auf den Versuch achten

Wann genau soll man mit dem Druck nachlassen, wenn das Pferd zunächst dagegen geht? Wiederum: Sobald Sie den *kleinsten* Versuch beim Pferd spüren nachzugeben, lassen Sie mit dem Druck nach. Solange das Pferd keinerlei Versuch unternimmt, halten Sie die Begrenzung aufrecht. Erhöhen Sie die Begrenzung nicht, halten Sie diese einfach nur aufrecht. Es wird schon etwas ausprobieren. Lassen Sie das Pferd ruhig drei-, viermal den Versuch unternehmen. Es merkt, dass Sie seinen Versuch wahrgenommen haben. Spätestens nach dem vierten Versuch wird das Pferd allerdings – vorausgesetzt, Sie haben alles richtig gemacht – einen Tritt zurückweichen.

Selbst wenn anfangs nicht alles so glatt läuft, wie Sie es wünschen, werden Sie dennoch Fortschritte machen: im Fühlen und Nachgeben und in der Dosierung von Energie. Indem Sie seinen Versuch, etwas herausfinden zu wollen, respektieren, geben Sie dem Pferd das Gefühl, dass Sie in diesem Lernprozess auf seiner Seite sind und dass es *Fehler* machen darf, ohne dafür *gestraft* zu werden. Pferde kapieren schnell, wenn man ihnen die richtige Unterstützung bietet und ihnen ausreichend Zeit gibt. Menschen wollen das oft nicht wahrhaben.

Eine Grenze setzen

Damit kein Missverständnis aufkommt: Das ist *kein* Freibrief für Ihr Pferd, irgendwann das Kommando übernehmen zu dürfen und Sie dabei vielleicht über den Haufen zu rennen. Aber auch das ist dann wiederum nur eine Frage richtigen *Timings*, *wann* und *wie* Sie Ihr Pferd

Ihre volle Strenge spüren lassen müssen. Und gutes Timing entwickeln Sie nur aus einem guten *Gefühl* heraus.

Sollte Ihr Pferd einmal mit Macht gegen Sie drücken, wenn Sie mittels Halfter Druck auf seine Nase ausüben, dann – und nur dann! – stellt sich in der Tat die Frage nach der Qualität und der Quantität der Energie, die Sie einsetzen müssen. Ich bevorzuge in diesem Fall einen *einzigen*, scharfen Ruck, so dass die gesamte Energie sich auf dem Nasenrücken des Pferdes entlädt. Aber nur *einen* Ruck, und nur *dann*, wenn das Pferd Sie so bedrängt, dass Sie um Ihre *Sicherheit* fürchten müssen. Es handelt sich bei dem Ruck um nichts anderes als um eine unsichtbare, aber unmissverständliche Grenze, die der Mensch ganz plötzlich vor dem Pferd aufbaut und in die das Pferd im gleichen Augenblick hineinläuft.

Um die Aktion mit der nötigen Energie aufladen zu können, müssen Sie Ihre Hand, die das Seil hält, allerdings umdrehen, so dass Ihr Daumen nun Richtung Pferdekinn weist. Die Kunst richtigen Ruckens besteht darin, die höchste Energie in einer *Zehntelsekunde* zu konzentrieren, so wie wenn Sie „päng" sagen.

Viele Menschen neigen dazu, den Ruck zu ‚verlängern'. Akustisch ausgedrückt klänge das dann „pääääään". Das wäre, sozusagen, fünf ä zu lang gezogen, ohne das begrenzende scharfe „g", und hätte etwa die gleiche Bremswirkung wie blockierende Autoreifen auf rutschigem Untergrund. Nur die *Kürze* des Rucks verhindert, dass das Pferd seinen *Abwehrinstinkt* (den kleinen ‚Bruder' des großen Fluchtinstinkts) aktiviert. Bei fünf ä kommt sein Abwehrinstinkt garantiert ins Spiel und es drückt so dagegen, dass Sie keine Chance mehr haben.

Welches *Maß* an Energie angemessen ist, das müssen Sie allein (oder besser noch: unter Aufsicht eines Trainers) herausfinden. Die Energie sollte jedenfalls ausreichend stark sein, so dass das Pferd nicht nur von seinem Vorhaben ablässt, sondern – im Idealfall – seinerseits einen Schritt von Ihnen fortweicht. Und sie sollte stark genug sein, um dem Pferd derlei Aktivitäten für die Zukunft zu verleiden.

Der Ruck ist eine maximale Energiesteigerung, die allerdings wiederum mit sofortigem Nachlassen verbunden ist. Deshalb ist es wichtig, dass Sie ein *Ergebnis* erzielen: zumindest das Stehenbleiben des Pferdes. Denn es versteht das Nachlassen als ‚Erfolgsbestätigung'. Wenn Sie nachlassen, obwohl das Pferd seinen Schritt vorwärts, *gegen* Sie, getan hat, so sieht sich das Pferd in der ‚Rechtmäßigkeit' seines Handelns bestätigt und wird es mit Sicherheit bald wieder versuchen. Erfolgt das Nachlassen jedoch in Verbindung mit dem Abbremsen oder Rückwärtsweichen des Pferdes, so lautet die Botschaft, die beim Pferd ankommt: „Nur wenn ich ausweiche, schaffe ich mir den gewünschten Raum."

Dringende Warnung!

Lassen Sie sich durch die letzten Absätze allerdings nicht dazu verleiten, den Ruck schon zu setzen, wenn das Pferd lediglich das Rückwärtsweichen verweigert. Das wäre fatal. Der ‚Zaun', die Grenze, ist nur bei *aktiven* und massiven Versuchen des Pferdes, *gegen* Sie zu gehen oder mit Macht von Ihnen *fort,* zu errichten. Auch der Ruck ist ein *Gefühl,* allerdings ein höchst unangenehmes mit höchster Energiekonzentration. Für Menschen, die dazu neigen, sich von ihrem Pferd über den Haufen rennen oder sich überall hin fortziehen zu lassen, kann das Ruckverfahren eine wertvolle Hilfe sein, ihr Gefühlsspektrum auszuweiten. Für andere jedoch, die ihre Emotionen nicht unter Kontrolle oder die Tendenz haben, Probleme mit der Brechstange lösen zu wollen, gehört das Ruckverfahren im Arsenal ihrer Handlungsweisen grundsätzlich ganz nach hinten. Das heißt nicht, dass diese Menschen dieses Verfahren *nie* anwenden dürften. Auch für sie kann es gute Gründe geben. In ihren Händen gerät das Verfahren jedoch schnell zur *Brutalität* oder *Gewalt.* Für diese Menschen ist es viel wichtiger, erst einmal ihr Gefühlsspektrum um den Fühl-Faktor *Sanftheit* zu erweitern.

Kunst statt Mechanik

Interessanterweise ist dieses in diesem Buch geschilderte Fühl-Verfahren das *ideale* Mittel für *beide* Zielgruppen. Beide lernen einfach nur, besser zu *fühlen,* ein besseres *Timing* und den *balancierten* Umgang mit Energie. (Lesen Sie dazu später auch in Schritt 9 den Abschnitt „Begrenzen" – die dritte Stufe der Energie, um Aufmerksamkeit zu bekommen).

Dieses Fühl-Verfahren ist kein Vorgang, für den es eine simple Gebrauchsanweisung gäbe, die mechanisch auf jedes Pferd und auf jede Situation anzuwenden wäre. Eine Teilnehmerin meiner beiden Seminare, erfahrene Reiterin und Pferdefrau, brachte es auf den Punkt: „Das ist keine Technik, die man sich mal schnell anguckt und zu Hause umsetzt, sondern es ist eine *Kunst,* vielleicht wie Klavierspielen." „Es ist aber auch keine *Wissenschaft*", ergänzt Bill Dorrance, „es ist nichts anderes als *Gefühl.*"

Fazit: Wir dürfen nicht ein Pferd einer Methode anpassen, sondern wir müssen unsere Methoden den Pferden anpassen. Wenn sich jemand Gedanken darum macht, wie er einem Pferd in einer besonderen Situation helfen kann, heißt es: *ausprobieren,* und er wird Lösungen finden, die für dieses spezielle Pferd tauglich sind.

Am meisten hat das Pferd davon, wenn Sie ihm die Dinge, die Sie von ihm wollen, *so leicht wie möglich* machen, statt das, was Sie *nicht* wollen, ständig zu korrigieren. Denken Sie daran: Das Pferd hat immer Recht. Wenn es etwas tut, was Sie eigentlich nicht wollten, so hat

3. Übung: Beinpaare diagonal bewegen

Nachdem es Ihnen gelungen ist, das Pferd mit nur jeweils einem Vorderfuß einen Tritt rückwärts machen zu lassen, geht es nun darum, den jeweiligen Vorderfuß mit dem diagonalen Hinterfuß *gemeinsam* rückwärts zu bewegen. Das ist der natürliche Ablauf eines Rückwärtsschritts. Diese Übung ist für die *Balance* besonders wichtig, deshalb sollte sie besonders gut sitzen. Für diese Übung sollte das Pferd ebenso ruhig bleiben wie beim schrittweise Rückwärts- und Vorwärtsgehen mit nur einem Fuß, und am Ende, nach jedem Tritt, sollte es sich nicht vom Fleck rühren.

Rechter Vorderfuß und linker Hinterfuß bewegen sich gemeinsam nach hinten. Rückwärts bewegt das Pferd seine Hufe also diagonal.

Dies ist eine ganz wichtige Übung. Sie und das Pferd lernen dadurch eine Menge. Wahrscheinlich hatte Ihr Pferd schon jeweils ein diagonales Beinpaar bewegt, als Sie nur ein Vorderbein bewegen wollten (siehe dazu auch die Bildfolge auf S. 67). Das ist nicht weiter schlimm, solange es jeweils nur ein Schritt mit dem einen oder anderen diagonalen Beinpaar war und das Pferd nicht weiterlief.

Worum es im Grunde geht, ist, dass das Pferd sauber ab- und auffußt, ohne Anstalten zu machen, Ihnen davonzulaufen. Denn wenn es tatsächlich immer nur einen Tritt macht, dann bedeutet das: Es wartet auf Sie, und Sie haben seine *Aufmerksamkeit* und seine *Konzentration* – und das ist eines unserer wichtigsten Ziele.

Wenn Sie dem Pferd beibringen, seinen Fuß möglichst *langsam* zu heben und nach hinten zu setzen, so verstärkt dies seine Lernerfahrung erheblich. Wenn Sie dem Pferd zwischen jedem Tritt immer ein paar Sekunden Zeit geben, dann wird es nach und nach Ihr Gefühl aufnehmen und ohne jeden Widerstand vorwärts und rückwärts weichen. Es wird darüber hinaus lernen, leicht *anzuhalten* und *stehen zu bleiben* – und zwar ohne einen Gedanken daran, irgendetwas anderes zu tun als das, was *Sie* gewollt haben.

Beginnen Sie wieder auf einer Seite, genauso wie oben, als Sie nur einen Fuß bewegen wollten. Achten Sie wieder darauf, den Kopf des Pferdes zu stellen, bevor Sie eine Bewegung verlangen. Üben Sie auf beiden Seiten! Wichtig ist auch, sich *nicht* gegen die Schulter des Pferdes zu *lehnen*. Das Pferd lernt dabei nur, sich gegen *Sie* zu lehnen oder gar heftigen Gegendruck aufzubauen und vielleicht mit dem Kopf zu schlagen. All dies sind sehr unangenehme Eigenschaften, die wir unbedingt vermeiden müssen. Zumal sich daraus schnell andere Unarten entwickeln.

Das ist deshalb besonders wichtig zu erwähnen, weil es unverständlicherweise immer noch gelehrt und von vielen praktiziert wird. Warum, weiß ich nicht mit Sicherheit. Wahrscheinlich hängt es mit unseren menschlichen Raubtiereigenschaften zusammen. Denn (be-)drängen ist nichts anderes als Räume eng zu machen, *ohne* die Bereitschaft, sie auch wieder zu erweitern. Und das ist die Lieblingsstrategie von Raubtieren. Was sie einmal gepackt haben, lassen sie nur ungern wieder los. Wenn Sie ein Pferd auf diese Weise bedrängen, werden Sie niemals die *Leichtigkeit* bekommen, die Sie sich wünschen, sondern nur die Bewegungen, die Sie zu Recht fürchten: *Flucht oder Gegendruck*. Diese Übungen sind ganz wichtig, auch wenn es Ihnen auf den ersten Blick vielleicht nicht so vorkommt. Und damit es wirklich ganz weich und sanft geht, bedarf es Zeit und Geduld. Hüten Sie sich davor, es zu schnell erreichen zu wollen.

Wenn ein Pferd seine Vorderbeine nicht bewegen will

Manche Pferde wollen von Natur aus zuerst ihre Vorhand entlasten, bevor sie ihr Gewicht nach hinten verlagern. Manche machen auch erst einmal einen Schritt zur Seite. Das alles ist in Ordnung. Unangenehm wird es erst, wenn ein Pferd seine Vorderhufe in den Boden stemmt, statt sie rückwärts zu bewegen. Das sind in der Regel die Pferde, die in der Vergangenheit mit wenig Gefühl behandelt wurden.

Wenn das geschieht, können Sie Ihrem Pferd dadurch helfen, dass Sie es zunächst mit Gefühl auffordern, die Schultern ein wenig zu heben, bevor es den Schritt zurück macht. Dazu heben *Sie* einfach Ihre Hand mit dem Seil zur einen oder zur anderen Kopfseite des Pferdes ein wenig an und warten ab. Auch in diesem Fall sollten Sie im gleichen

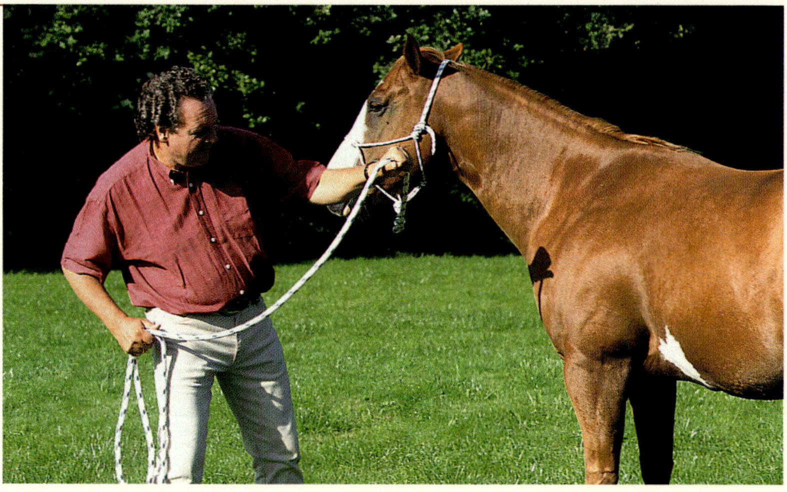

Hilfe zum Rückwärts: Mein Arm geht ein wenig nach oben – so, wie wenn ich einem Reiter auf dem Pferd etwas anreichen wollte.

Augenblick nachgeben, wenn das Pferd nur den leisesten Versuch unternimmt, seine gleichseitige Schulter zu heben.

Wenn das gut funktioniert, kombinieren Sie beides: das Heben der Schulter und die Aufforderung, das Gewicht ein wenig nach hinten zu verlagern. Dann sollte es das Gewicht wieder nach vorn bringen – alles, ohne einen Tritt oder Schritt machen zu müssen. Danach können Sie darangehen, Ihr Pferd aufzufordern, einen Tritt rückwärts zu weichen, nachdem es die Schulter gehoben hat. In dieser Phase kommt es nicht darauf an, welchen Fuß das Pferd zurücknimmt, Hauptsache: Es bewegt überhaupt einen Vorderfuß.

Über die Notwendigkeit, den kleinsten Versuch des Pferdes zu beachten, wenn es nachgeben *will* (und ihn zu respektieren und ihn durch Nachgeben zu belohnen), wurde jetzt schon mehrmals gesprochen. Man kann nicht oft genug darüber reden: Denn wenn Sie erst einmal ein *Gefühl* für den Versuch des Pferdes bekommen haben (und Ihr Pferd ein Gefühl für Ihr Gefühl), dann haben Sie die entscheidende Basis für die spätere *Versammlung* gelegt. Bill Dorrance sagt dazu: „Dann wartet die Leichtigkeit nur noch darauf, abgefragt zu werden."

4. Übung: Im Bogen rückwärts richten

Bei Ihren Versuchen, das Pferd langsam, einen Fuß nach dem anderen, vorwärts und rückwärts zu richten sowie jeweils ein diagonales Beinpaar nach hinten zu bewegen, ging es bislang immer geradeaus. Wenn das gut klappt, sollten Sie jetzt damit beginnen, Ihr Pferd in einem kleinen *Bogen* rückwärts zu richten.

Es wird dann nicht mehr lange dauern, und Sie sind in der Lage, jeden Huf Ihres Pferdes, wann immer Sie wollen, an jeden Platz zu beordern, den Sie wünschen – und zwar ohne jeglichen Widerstand und mit kaum noch wahrnehmbarer Spannung im Seil. Das Gefühl, das Sie in dieser Übung entwickeln, ist wesentlich dafür verantwortlich, ob die natürliche Leichtigkeit des Pferdes erhalten bleibt. Umgekehrt: Wenn die Leichtigkeit verloren gegangen ist, hilft diese Übung dem Pferd, sie *wieder zu finden*.

Das Verfahren ist unkompliziert, wenn Sie die vorhergehenden Schritte geübt haben und beherrschen. Stellen Sie die Nase des Pferdes wieder in die Richtung des Fußes, den Sie als Ersten bewegen wollen. Ist es das rechte Bein des Pferdes, dann stellen Sie seine Nase in die Richtung dieses Beins und geben leichten Druck. Mit dem rechten Vorderbein des Pferdes wird sich zugleich sein diagonales (linkes) Hinterbein nach hinten bewegen.

Sobald die Bewegung beginnt, und die Beine nach hinten wollen, verschieben Sie die Pferdenase über die Mittelposition hinweg zur anderen

Seite, und das linke Vorderbein wird sich gemeinsam mit dem diagonalen (rechten) Hinterbein nach hinten in Bewegung setzen. Auf diese Weise richten Sie das Pferd *geradeaus* nach hinten.

Wenn das gut funktioniert: links, rechts, links, rechts – und zwar von beiden Seiten – dann lassen Sie für ein paar Schritte nicht mehr die Nase die Seite wechseln, sondern halten Sie sie an einer Seite und lassen das Pferd in dieser Biegung *mehrere* Schritte rückwärts gehen. Die Folge ist ein schöner Bogen, den das Pferd beschreibt. Achten Sie allerdings darauf, die Nase des Pferdes *nicht zu stark* zu biegen, sondern nur so viel, wie es braucht, um eine Bewegung in die gewünschte Richtung zu bekommen.

4. Schritt: **Die Hinterbeine kreuzen**

Im folgenden Abschnitt erfahren Sie, wie eminent wichtig die Hinterhand des Pferdes ist, und Sie lernen, die Hinterhand eines Pferdes zu kontrollieren. Lesen Sie und üben Sie gut, denn was hier erklärt wird, könnte irgendwann einmal sehr wichtig für Sie werden ...

Ziel: Verlässlichkeit, Leichtigkeit, Präzision

Wie *verlässlich* Ihr Pferd in unterschiedlichen Situationen ist, hängt wesentlich davon ab, ob und wie Sie Kontakt zu seiner Hinterhand haben. In dem Maß, wie Sie in der Lage sind, die Hinterhand Ihres Pferdes zu positionieren, sind Sie auch fähig, seine *Leichtigkeit* und die *Genauigkeit* seiner Bewegungen zu bestimmen. Ein Pferd, das seine Hinterbeine nicht gut *über Kreuz* setzt, sollte man gar nicht erst reiten.

Warum? Ein Beispiel aus der Autotechnik verdeutlicht das am besten. In der Hinterhand des Pferdes sitzt sozusagen sein (*physisches*) Antriebsaggregat, sein ‚Motor'. Der *psychische* Antrieb – das ‚Getriebe' – befindet sich demgegenüber in Herz und Hirn (psychologisch ausgedrückt: die *Motivation*). Um nun den Kraftfluss zwischen dem ‚Motor' des Pferdes (der Hinterhand) und seinem ‚Getriebe' (dem Gehirn) steuern zu können, müssen Sie in der Lage sein, diese Hinterhand zu kontrollieren.

Zum besseren Verständnis: Beim Auto ist das Getriebe dazu da, die Geschwindigkeit und die Kraftverhältnisse zwischen Motor und Antriebsrädern zu verändern. Die ‚Antriebsräder' des Pferdes sind seine Hufe. Fazit: Durch die Kontrolle der Hinterhand des Pferdes (Körper/Physis) nehmen Sie Einfluss auf seine Psyche (Geist) und sind somit in der Lage, die Kraft, die in seine Hufe fließt, zu bestimmen.

Die Bedeutung der Hinterhand

Wenn Sie die Hinterhand Ihres Pferdes kontrollieren, indem Sie sie verschieben, ist das so ähnlich, als würden Sie in Ihrem Auto während der Fahrt die Kupplung treten. Sie nehmen dem Motor in diesem Augenblick die Vortriebskraft – ein (unter Umständen lebenswichtiges) Verfahren, das unter anderem notwendig wird, wenn ein Auto ins Schleudern gerät.

Aber auch zu weniger dramatischen Aktionen ist es sinnvoll, die Kupplung zu treten – etwa, wenn Sie einen anderen Gang einlegen. Erfahrene Reiter wissen jetzt, was ich meine: Wenn Sie Ihrem Pferd beispielsweise am Anfang seiner Ausbildung den Galopp unter dem Reiter erklären, tun Sie anfangs nichts anderes. Sie treten seine ‚Kupplung', das heißt: Sie verschieben mit Ihrem äußeren Schenkel (der bekanntlich eine Handbreit hinter dem Gurt angelegt wird) die Hinterhand ein klein wenig nach innen. (Später halten Sie Ihren äußeren Schenkel lediglich an der Stelle, um ein Ausfallen der Hinterhand nach außen zu verhindern.)

Sie kuppeln, damit das Getriebe (im Hirn des Pferdes) die Kraftverhältnisse zwischen Motor (Hinterhand) und Antriebsrädern (Hufe) *verändern* kann: aus dem Halt, dem Schritt oder dem Trab wird der Galopp. (Nur zur Vollständigkeit: Die Geschwindigkeit selbst resultiert aus dem Gefühl, das der *innere* Schenkel gibt. Der innere Schenkel entspricht somit dem Gaspedal.)

Wenn Sie die Geschwindigkeit des Pferdes *reduzieren* wollen, kommt noch die Kopf-Halskontrolle dazu. In der Kombination von Halsbiegen und Hinterhandbewegen sind Sie dann in der Lage, Ihr Pferd in jeder Situation zu *kontrollieren*. Bezeichnenderweise gehört eine Lektion wie die *Vorhandwendung* (wenn also die Hinterhand des Pferdes um die Vorhand herum bewegt wird), zu den so genannten „lösenden Übungen", um Pferde vor der eigentlichen Arbeit psychisch und physisch zu entspannen.

Schlechten Reitern wird von ihren Reitlehrern bisweilen ans Herz gelegt, in Zukunft doch lieber Motorrad zu fahren. Vollkommen zu Unrecht! Denn würden diese Reiter ihr Motorrad genau so gefühllos behandeln wie ihr Pferd, wäre das Gerät schnell kaputt. Umgekehrt ist es richtig: Wenn sich Reitlehrer und -schüler mit der gleichen Hingabe in ihre Pferden einfühlten wie in ihre Motorräder oder Autos, ginge es ihnen (und den Pferden) besser.

Doch leider ist es nicht so. Auto und Motorrad *zwingen* einfach zum notwendigen Feingefühl. Getriebe kreischen und Blech, das mit Bäumen in Berührung kommt, scheppert. Und selbst im Zweifelsfall weiß der Fahrer immer, dass er die Schuld am Malheur trägt. Pferde hingegen kreischen nicht, und wenn sie mit ihrem Reiter am Baum landen, sind es immer die Pferde, die die *Schuld* tragen.

Was Sie unbedingt beachten sollten

Wie erreichen Sie nun die Kontrolle über die Hinterbeine – zunächst *vom Boden aus*? Das *Ziel* ist, dass ein Pferd auf Geheiß des Menschen das dem Menschen nahe Hinterbein *unter* seinen Körper schieben und deutlich schräg *vor* seinem anderen Huf (dem vom Menschen fernen) über Kreuz aufsetzen sollte. Kopf und Hals des Pferdes müssen dabei weich Richtung Mensch gedreht sein, nicht zu viel und nicht zu wenig. Die Nase des Pferdes sollte nach innen, zum Menschen hin zeigen, und der Mähnenkamm sollte sich nicht zu hoch etwa in der Waagerechten befinden.

Seine beiden Vorderhufe sollten sich dabei so wenig wie möglich bewegen, gerade so viel wie nötig, um das Pferd in der Balance zu halten. Das heißt: Wenn das linke Hinterbein vom Pferd vor das rechte fußt, dann wird das linke Vorderbein eines willigen Pferdes *annähernd* seine Position behalten. Nur das rechte Vorderbein wird sich mehr bewegen müssen. Idealerweise bewegt es sich im Kreis um den rechten Huf herum.

Das weiße, mir nahe Hinterbein des Pferdes weicht zur Seite aus und tritt vor das rechte Hinterbein.

Wenn sich allerdings *beide* Vorderbeine des Pferdes bewegen, läuft etwas falsch. Zieht das Pferd mit seinem rechten Vorderbein *nach außen* davon, dann ist das ein Zeichen dafür, dass es die Bewegungsaufforderung für die Hinterhand nicht richtig akzeptiert. Es wehrt sich zwar nicht total (denn dann bliebe die Hinterhand stehen oder wendete sich gar gegen Sie), aber es teilt Ihnen zumindest seinen partiellen Unwillen mit. Noch etwas deutlicher würde der Unwille, wenn das rechte Vorderbeine sich nach rückwärts bewegte.

Wenn sich hingegen das linke Vorderbein in *Ihre* Richtung, auf Sie zu, bewegt, während die Hinterhand ausweicht, dann ist das möglicherweise der Versuch des Pferdes, Sie seinerseits zu bewegen, nach dem Motto: „Wenn Du meine Hinterhand bewegst, dann beweg' ich Dich auch: Weich mit Deinen Füßen meinem Huf aus."

Bevor Sie darangehen, Ihr Pferd zu lehren, seine Hinterhand so zu bewegen, wie Sie es wollen, sollten deshalb alle vorhergehenden Übungen gut sitzen und leicht auszuführen sein. Erst dann ist Ihr Pferd für den nächsten Schritt ausreichend vorbereitet. Wichtig ist dabei vor allem, dass Ihr Pferd *flexibel* im Genick und im Hals ist: Das heißt, dass es sich den Kopf nach links und rechts biegen, und sich den Hals leicht und ohne Widerstand nach oben und nach unten bewegen lässt (Lernschritt 1).

Das ist die Basis. Aber auch die anderen bislang in diesem Kapitel beschriebenen Lernschritte sind zu beachten: dass Ihr Pferd stillsteht; dass es sein Gewicht von einem Bein aufs andere verlagern kann; und dass Sie es ohne Mühe Schritt für Schritt rückwärts richten können.

Denken Sie zuvorderst immer daran: Es ist Ihre Pflicht, Ihrem Pferd vor jeder neuen Anforderung alle notwendige Sicherheit zu geben. Und das heißt: *Sie* sind für seinen Lernfortschritt verantwortlich. Dazu gehört vor allem, *langsam und stetig* im Lernprozess voranzuschreiten. Denn wenn Pferde hastig zur Eile angetrieben werden, verlangsamt sich unweigerlich ihre Fähigkeit, Neues aufzunehmen und zu verarbeiten.

Die meisten Pferde bekommen Probleme, wenn sie zu schnell ausgebildet werden. Man nennt sie dann ‚Problempferde'. Wer ein Pferd, mit dem er gearbeitet hat, so nennt, der hat mit Sicherheit nicht mit *Gefühl* gearbeitet. Wenn man Gefühl so versteht, wie es hier beschrieben ist, und so mit Gefühl arbeitet, für den existiert das Wort ‚Problempferd' nicht mehr.

Zum zu schnellen Vorgehen gehören auch alle *hastigen Bewegungen* des Menschen und jegliche Zeichen von *Ungeduld*. Derlei menschliche Verhaltensweisen können für ein Pferd die Bedeutung dessen, was ihm gesagt wird, von einem auf den anderen Augenblick vollkommen ändern und all seine Aktionen zum Schlechten wenden.

Sie erinnern sich doch an das Beispiel vom Fohlen, das schon von Kindesbeinen an gelernt hat, nicht nur die *Bewegungen* seiner Mutter zu verstehen, sondern auch die unterschiedlichen *Bedeutungen* zu ‚lesen', die *hinter* einer Bewegung stehen. Mutter Natur hat Pferden nun einmal aufgegeben, entsprechend den unterschiedlichen Bedeutungen auch unterschiedlich zu reagieren.

Uns Menschen nehmen sie davon nicht aus. Wer mit Pferden hastig und ungeduldig umgeht, beweist nur, dass es ihm an geistiger, emotionaler und physischer Versammlung fehlt. Das bedeutet nichts anderes, als dass dieser Mensch zu wenig über sich und Pferde *weiß*, dass er körperlich nicht in der *Balance* ist, weder am Boden noch zu Pferde, und sich selbst nicht im *Griff* hat.

Direktes Gefühl: die Vorgehensweise

▶ Ihr Standort:

Ihre beste *Position*, um die Hinterhand des Pferdes zu bewegen, ist an der Seite des Pferdes, ein klein wenig hinter seiner Schulter, also mittig, etwa genau gegenüber, wo der Reiterschenkel anliegt und etwa 40 Zentimeter vom Pferd entfernt, so dass Sie es leicht berühren können, ohne es zu bedrängen (siehe Abb. S. 80).

▶ Ihre Seilhaltung:

Stehen Sie auf der linken Seite des Pferdes, dann verläuft das Führseil vom Kopf des Pferdes zwischen dem Daumen und dem Zeigefinger Ihrer linken Hand wiederum so hindurch, dass Ihre Hand, wenn Sie

sie öffnen, mit der offenen Handfläche zum Pferdekopf weisen kann. Ihre rechte Hand hält die Verlängerung des Seils. Im Grunde halten Sie das Seil – wie schon beschrieben – jetzt ähnlich in der Hand wie Zügel. Sie können die Hände öffnen, ohne dass das Seil hinunterfällt, weil es zwischen Daumen und Zeigefinger liegt (siehe große Abb. links unten).

Das Übertreten der Hinterhufe kann zu den schwierigeren Übungen gehören, wenn Sie die Vorübungen aus diesem Kapitel nicht gut trainiert haben. Und täuschen Sie sich nicht: Unter Umständen tritt Ihr Pferd (scheinbar) willig mit der Hinterhand um, nur weil es den Hals fest macht, sich also einfach wieder geraderichtet. Doch das wollen wir auf keinen Fall, denn ein solches Ausweichen wäre kein Zeichen von Nachgiebigkeit, sondern lediglich das harmlos ausschauende Ergebnis einer handfesten *Verweigerung*. Probleme können aber auch entstehen, wenn Sie nicht präzise genug vorgehen.

1. Übung: Die Hinterhand verschieben

Wir beginnen wieder am Kopf. *Streicheln* Sie sich zunächst langsam und stetig vom Hals des Pferdes bis an seine Hinterhand. Nehmen Sie dabei Ihre Position ein: Sie beenden das Streicheln auf seinen hinteren

Der grundsätzliche Bewegungsablauf, um die Hinterhand des Pferdes zum Ausweichen zu animieren: streicheln (1), biegen (2), bewegen (3).

Rippenbögen, an *der* Stelle, auf die Sie jetzt die Hand legen. Achten Sie vor allem darauf, nicht *zu* nah am Kopf zu stehen, damit Ihr Pferd ausreichend Platz hat, den Hals zu biegen (siehe Abb. oben).

Direktes Gefühl stufenweise verstärken

Wenn Sie Ihre Position gefunden haben, nehmen Sie mit Ihrer (in diesem Fall) linken Führhand das Seil wie oben beschrieben. Dem Hals des Pferdes geben Sie zunächst eine leichte Biegung (siehe Abb.2). Dann legen Sie Ihre freie Hand auf seine hinteren Rippenbögen und drücken dort leicht mit Ihrer *Handfläche*, bis das Pferd reagiert (siehe Abb. 3).

Kommt auf leichtesten Druck keine Reaktion, dann erhöhen Sie den Druck sukzessive, das heißt: Intensivieren Sie das Gefühl, das Sie Ihrem Pferd geben. Parelli empfiehlt in seinem *Vier-Stufen-Modell*, den Druck in jeder Stufe zu verdoppeln. *Wie* und *ob* Sie das machen, müssen Sie im Einzelfall selbst *mit Gefühl* herausfinden. Jedes Pferd reagiert anders.

- *Eine* Möglichkeit im Stufenmodell ist zum Beispiel, mit der offenen Handfläche immer fester zu drücken, das Gefühl also sukzessive zu intensivieren.
- *Eine andere*, energiereichere Möglichkeit wäre, Ihre Hand von Stufe zu Stufe mehr zu schließen, so dass in Stufe 4 dem Pferd das Gefühl von Ihrem Daumen vermittelt würde (siehe Abb. S. 82).

Entscheidend ist es jedoch, auf jeden Fall *den* Punkt und *die* Energie zu *erfühlen*, die Ihr Pferd zu einem Verhaltenswechsel animieren könnte. Nur durch Experimentieren und Ausprobieren finden Sie heraus, auf welches Gefühl und auf welche Form der Energie Ihr Pferd am besten reagiert. Und nur dadurch, dass Sie dabei wieder auf den *Versuch* des Pferdes achten, sich von Ihrer Hand wegzubewegen.

Bei den Versuchen des Pferdes sollten Sie auch hier wieder auf die *kleinsten* Bewegungen achten, denn jede Bewegung hat eine *Bedeutung*, Ihr Pferd möchte Ihnen damit etwas ‚sagen'. Schenken Sie der Bedeutung deshalb Beachtung. Sie verschwenden damit keine Zeit, sondern Sie schulen nur Ihre *Wahrnehmung* und Sie werden Lösungsmöglichkeiten und Antworten finden.

Möglicherweise brauchen Sie auch nur darauf zu achten, dass Ihr Pferd in *Genick und Hals* gebogen bleibt, ehe Sie womöglich das Gefühl intensivieren. Pferde machen sich nämlich zuerst im Genick steif, wenn sie ‚Nein' sagen. Wenn Sie dann den Druck auf den Rippenbogen erhöhen, befinden Sie sich einfach an der falschen ‚Baustelle'.

Mit festem Hals *kann* das Pferd gar nicht folgsam sein und nachgeben. Sie verursachen ihm so sinnlos Schmerz und handeln sich stattdessen nur noch mehr Festigkeit und Undurchlässigkeit ein. Um wieder aufs Autofahren zu kommen: Was nützt es, immer stärker aufs Gaspedal zu treten, wenn der Motor ‚abgesoffen' ist? Da hilft nur: Zündung aus, ein paar Minuten abwarten und dann ein neuer Startversuch.

Den dauerhaftesten Erfolg bekommen Sie jedoch auch hier am ehesten, wenn Sie anfangs *nur wenig* verlangen. Der Versuch des Pferdes, Sie verstehen zu wollen, kann sich beispielsweise darin zeigen, dass es sein Gewicht nur ein wenig nach außen verlagert, *ohne* den Schritt zu machen. Finden Sie wieder heraus, wie *viel* Gefühl Sie tatsächlich vermitteln müssen, um Bewegung ins Pferd zu bringen. Wenn Sie spüren, dass das Pferd sich zu bewegen *beginnt*, dann belohnen Sie es dadurch, dass Sie *sofort* nachlassen.

Früher habe ich Trainern geglaubt, die sagten: Wenn sie sich nicht bewegen, dann musst Du sie so lange ‚knuffen', bis sie sich bewegen – und wenn es sein muss: mit Sporen. Damit hatte ich durchaus Erfolg. Die Pferde bewegten sich, allerdings hatte ich (später jedenfalls, nachdem ich es durchschaut hatte) nicht das Gefühl, dass sie sich *mit Freuden* bewegt hätten.

Energiesteigerung in vier Stufen: Die Hand schließt sich immer mehr, das Gefühl wird intensiver.

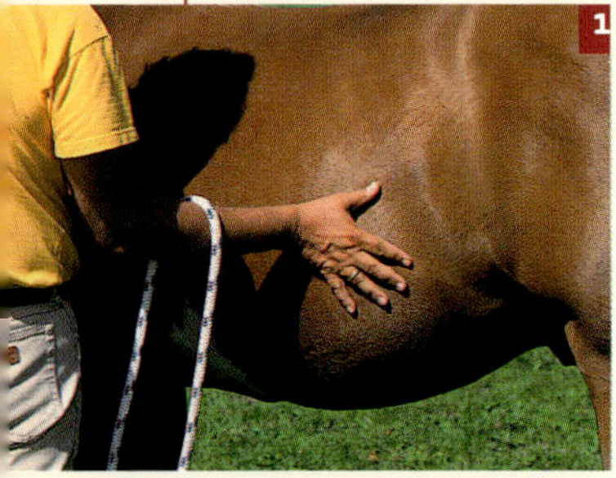

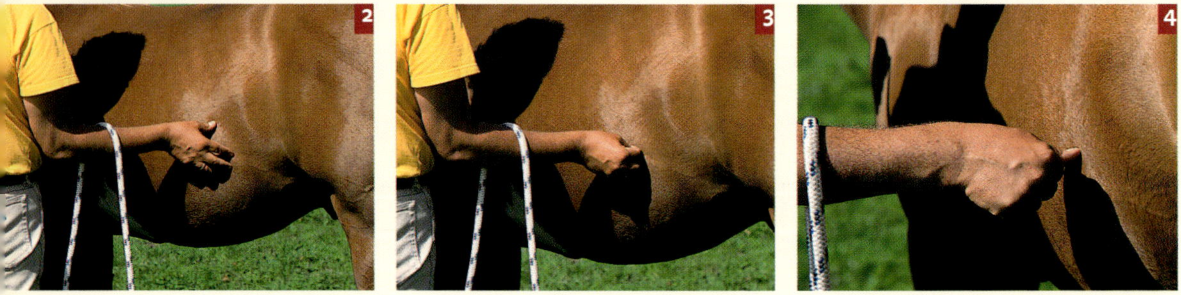

Und außerdem: ‚Knuffen' bedeutet permanenten, sich ständig ändernden Energieauf- und abbau. Selbst wenn das Pferd richtig antwortet, bekommt es durch ‚Knuffen' im richtigen Augenblick keinerlei Rückmeldung für „richtig" oder „falsch". Sein Lernerlebnis bleibt recht simpel. Es lautet: „Wenn der Mensch anfängt zu knuffen, sollte man sich besser bewegen."

Kein Wunder: Wer ‚knufft', der hat sich meist auch selbst nicht unter Kontrolle. Aber was bedeutet das für die Ausbildung? Entweder lernt das Pferd den Menschen als potenziellen ‚Knuffer' zu *fürchten* (und beginnt schon bald bei weniger Energie davonzulaufen), oder es lernt, auch diese Knuffe auszuhalten (und wird sich schon bald immer weniger bewegen).

Das Stufenmodell ist demgegenüber eine feinfühlige Methode des schrittweisen Aufbaus von Energie, so dass das Pferd im wahrsten Sinn des Wortes spüren kann, wie konsequent der Mensch ist. Denn *Konsequenz* heißt nichts anderes als: die Dinge in der richtigen Abfolge zu tun und somit für das Pferd *kalkulierbar* zu werden.

Richtig nachgeben

Beim kleinsten Versuch geben Sie also wieder nach. Das ist die Antwort, nach der Ihr Pferd sucht. Und es ist leichter als Sie denken, weil Sie in dieser Übung lediglich Ihre Hand ‚stehen lassen' müssen, also nicht mit Ihrem Arm und Ihrer Hand mit der Bewegung des Pferdes mitgehen dürfen. Dann befreit sich das Pferd selbst von dem Gefühl, das Sie ihm geben. Doch Achtung! Sie dürfen sich dabei nicht mitbewegen – weder nachdrücken, wenn das Pferd nachgibt, noch ausweichen, wenn es *gegen* Sie drückt. Sie lassen Ihre Hand einfach ‚stehen'.

Menschen outen Ihre *Raubtiereigenschaft* unbewusst oft dadurch, dass sie vergessen nachzugeben, wenn das Pferd ausgewichen ist. Und sie wundern sich dann, warum ihr Pferd ständig davonläuft oder Widerstand zeigt. Das Gegenteil ist der Fall, wenn Menschen immer wieder *vorzeitig* nachgeben, sobald ihr Pferd nur den kleinsten Widerstand zeigt. Das sind dann die *Fluchttiercharaktere* unter den Menschen. Kein Wunder, wenn sie sich bald auf einer rangniedrigeren Position wieder finden.

Das Stehenbleiben bezieht sich natürlich nur auf das Anfangsstadium, wenn Sie den Versuch des Pferdes erkennen wollen. Sobald Sie so weit sind, dass das Pferd ein, zwei Schritte macht, dann müssen Sie natürlich mitgehen, sonst fallen Sie nach vorne um. Vergessen Sie auch bei dieser Übung nicht, sich Ihre jeweiligen (kleinen) Teilziele vorzunehmen.

Wenn Sie Energie geben, um das Pferd zu bewegen, dann vergessen Sie auch bitte nicht, dass das Pferd auch auf Ihre *Körperspannung* reagiert.

Wenn Sie Bewegung wollen, sollten Sie daher Ihrem Körper einen *entschlossenen* Ausdruck geben: Richten Sie sich auf und atmen Sie deutlich ein, wenn Sie das Pferd Ihr Signal zum Weichen spüren lassen. Ist es gewichen, entspannen Sie sich: Schulter senken, Luft ablassen.

Sie merken: Das Ganze hat viel mit *Selbstkontrolle* und *Körperbeherrschung* zu tun. Aber so ist das nun mal, wenn man so gut werden will wie ein Pferd. Und wer jemand anderen beherrschen will, sollte sich zumindest selbst beherrschen können, oder?!

Zum Hinterbeine kreuzen zwar richtig, dennoch ist Zan im Hals zu stark gebogen und im Genick leicht ‚verworfen'.

Das richtige Überkreuzen

Am Anfang, wenn Sie seine Versuche respektiert haben, reicht es, wenn das Pferd als Ergebnis mehrerer Versuche nur einen Tritt macht und mit dem Ihnen zugewandten Hinterfuß deutlich vor den anderen Hinterfuß kreuzt. *Vor*, nicht hinter den Huf, denn das würde bedeuten: Ihr Pferd entzieht sich (vorausgesetzt, Sie haben das Pferd nicht vorne am Halfter ungewollt nach hinten gezogen).

Es sollte auch nicht *neben* dem anderen Bein aufhufen, denn das hieße so etwa: „O.K, ich beweg' mich, aber nicht mehr als nötig. Das Gefühl reicht mir noch nicht." Und es sollte auch nicht mit den Vorderbeinen loslaufen, denn das würde Flucht bedeuten: „Ich hau hier ab. Dieses Gefühl gefällt mir nicht."

2. Übung: Selbsttest

Probieren Sie dies zunächst am besten wieder mit einem menschlichen Partner aus und fühlen Sie es selbst. Stellen Sie sich hin, Füße gut auseinander, und bitten Sie Ihren Partner, Ihnen am Oberarm durch Druck die Aufforderung zum Weichen zu geben. Weichen Sie dann aus, und zwar in folgender Reihenfolge:

- Beim ersten Mal kreuzen Sie richtig. Wenn Ihr Partner rechts von Ihnen steht, treten Sie mit Ihrem rechten Fuß *vor* den linken. Wie fühlt sich das an? Irgendwie richtig, komfortabel. Ein bisschen aber auch brav: „Ja, ich mach ja Platz!"
- Dann kreuzen Sie beim Oberarmdruck mit Ihrem rechten Fuß *hinter* den linken. Gefühl? Irgendwie komisch, oder? Etwas linkisch. Sie gehen weg und bleiben doch da: „Ich weich doch aus, Mensch!" Aber probieren Sie's selbst.
- Jetzt fußen Sie so auf, dass Ihr rechter Fuß sich zögernd *neben* den

linken platziert. Was empfinden Sie? Vielleicht: „Ja, ich weiche aus, aber viel Platz räume ich nicht!"

Mit jeder Bewegung, die Ihr Pferd (nicht) macht, und die gegen Ihren Plan verläuft, könnte es aber auch fragen: „Was will der Kerl wohl von mir?" All seine Bewegungen (auch die Ihnen unangenehmen!) – davon können Sie getrost ausgehen – sind *wieder* nur Versuche, die richtige Antwort zu finden. Wohlgemerkt: Auch wenn es Sie (menschlich gesprochen) ‚austesten' will, bedeutet das nichts anderes als: herausfinden zu wollen, ob Sie vom gleichen Schlag sind wie die anderen Menschen, denen es bislang begegnet ist (und mit denen es wahrscheinlich die Erfahrung gemacht hat, dass man sich nicht auf sie verlassen kann).

Pferde wollen uns nämlich nicht ‚veräppeln', wie viele Pferdebesitzer gerne behaupten, sondern sie wollen nur unsere *Führungsfähigkeit* erproben. Als hochspezialisierte Flucht- und Herdentiere sind sie von Natur aus darauf programmiert, herausfinden zu *müssen*, wie führungsfähig jemand ist, der sich als Anführer präsentiert. Denn wann immer wir ein Pferd auffordern, sich von A nach B zu bewegen (und sei es nur einen Schritt!), schlüpfen wir aus Sicht des Pferdes in die Rolle des Anführers. Und dem muss man schließlich *vertrauen* können.

Deshalb ist *Ihre Antwort* auf *seine Versuche* so wichtig! Das Pferd muss durch Ihre Antwort die Erfahrung machen, was aus Ihrer Sicht richtig und was falsch war. Und das geschieht dadurch, dass Sie Ihr Pferd zum richtigen Zeitpunkt *loben*. Mit den Worten vom alten Bill: Loben bedeutet, ihm *ein gutes Gefühl geben*, wenn es etwas richtig macht. Das gute Gefühl muss zeitgleich mit seiner Handlung verlaufen, mit höchstens zwei Sekunden Verzögerung. Und das gute Gefühl heißt *Nachgeben*.

Wenn Sie *nicht* nachgeben, obwohl das Pferd gewichen ist, verwirren Sie es. Es hat nach einer Antwort gesucht und sie Ihnen angeboten. Wenn Sie dies nicht honorieren, wird es Ihnen beim nächsten Mal höchstwahrscheinlich eine weniger angenehme Antwort geben: Es wird davonlaufen oder sich widersetzen. Und das wäre nur logisch, denn Nachgeben war ja offensichtlich nicht verlangt. Glauben Sie mir: *Jeder* Widerstand in Pferden ist das Ergebnis gefühllosen Handelns irgendwelcher Menschen in der Vergangenheit.

Probleme und Lösungen

Was aber tun Sie, wenn das Pferd nicht stehen bleiben will und einfach vorwärts läuft?

- Das erste, was ich meinen Seminarteilnehmern empfehle, ist, das Pferd mit der freien Hand an der ‚Druckstelle' so lange zu *streicheln*, bis das Pferd anhält, und noch ein paar Sekunden darüber hinaus.

Vielleicht ist es ja vor Ihrer zu großen *Körperspannung* davongelaufen und vor Ihrer zu hohen *Erwartungshaltung*. Mit anderen Worten: Das Pferd hat dann möglicherweise – wie schon als Fohlen bei Mama – gelernt, das Gefühl *hinter* der Bewegung entziffert und nur auf Sie *reagiert*. Wenn auch in einer anderen Weise, als Sie es geplant hatten. Das Pferd hat Ihnen damit *Ihr eigenes Gefühl gespiegelt*.

- Eine andere Möglichkeit besteht darin, Kopf und Hals des Pferdes einfach so lange gebogen zu halten, bis das Pferd steht. Wenn es dann anhält, geben Sie sofort nach. Wenn Sie allerdings spüren, dass das Pferd, nachdem es stehen geblieben ist, von selbst den Hals wieder gerade machen will, halten Sie fest. Erst wenn es die Biegung beibehält, geben auch Sie nach. Würden Sie es zulassen, dass das Pferd den Hals streckt, sobald es steht, signalisieren Sie ihm nur, dass es sich durch Bewegung Ihrer Forderung *entziehen* kann.
- Die dritte Möglichkeit lautet: Wenn das Pferd davonläuft, gehen Sie mit, ohne das Gefühl der Forderung zu unterbrechen. Sie vermitteln dem Pferd damit die Botschaft: „O.k, wenn Du wegläufst, dann aber auf mein Geheiß. Ich begleitete Dich des Wegs." Wenn es dann (mit gebogenem Hals) stehen bleibt, streicheln Sie es ein, zwei Sekunden und nehmen dann Ihre Hand weg.
- Die vierte Reaktion könnte sein, dass Sie dem Pferd eine Grenze setzen. Wenn Sie gar nicht mehr weiter wissen, ist es allerdings immer gut, eine kleine Pause einzulegen, mal durchzuatmen, das Pferd zu streicheln (auch und gerade, *weil* Sie sich vielleicht eben noch geärgert haben) und auch dem Pferd eine Verschnaufpause zu gewähren. (Auch dann, wenn es noch gar nicht viel getan hat).

Wann immer Sie nachgeben, sollte das Pferd mit allen vier Beinen *stillstehen*, und keine Spannung mehr im Seil in Ihrer Hand zu spüren sein. Das heißt: Das Pferd sollte am Ende immer seinen Kopf mit leicht gebogenem Hals Ihnen zugewendet haben. Erst dann sollten Sie zulassen, dass das Pferd seinen Hals gerade richtet.

Das Wichtigste jedoch ist, wenn Sie bei dieser Übung mit dem Pferd Probleme bekommen, dass Sie kritisch überprüfen, welche vorausgegangenen Lernschritte nicht richtig vollzogen wurden, so dass das Problem in dieser Phase überhaupt auftauchen konnte.

Der *umgekehrte* Fall liegt vor, wenn sich das Pferd überhaupt nicht bewegen will oder wenn es sich nur langsam vom Druck, den Sie ausüben, wegbewegt, so dass Sie selbst mit allen fünf Fingern oder mit Ihrem Daumen auf Stufe 4 ‚verhungern'.

1. Überprüfen Sie in diesem Fall zunächst auch wieder Ihre eigene Aktion: Haben Sie vielleicht im selben Moment, wo das Pferd sich be-

wegen wollte, das Seil losgelassen? Am Anfang tut man sich etwas schwer, beide Hände zu koordinieren. Sagen Sie nicht sofort: „Nein!" In meinen Seminaren kommt es oft vor, und es ist erstaunlich, wie bei vielen Menschen die rechte Hand im sprichwörtlichen Sinne nicht weiß, was die linke tut.

Der Grund liegt am mangelnden Körpergefühl für die eigenen Bewegungen. Genau dies sollte mit unserer Methode ja trainiert werden. Also, nicht verzweifeln (vor allem aber: nicht dem Pferd die Schuld geben!) und einfach weitermachen. Am besten unter den kritischen Augen eines Freundes oder besser noch: eines in dieser Sache erfahrenen Ausbilders.

2. Wenn Sie sicher sind, dass Sie alles richtig gemacht haben, und das Pferd bewegt sich dennoch nicht, dann haben Sie mit Sicherheit *doch* einen Fehler gemacht: Sie haben dem Pferd wahrscheinlich nicht das richtige Gefühl vermittelt. (Machen Sie sich keine Sorgen. Sie erinnern sich doch: Fehler sind unsere besten Freunde. Sie helfen uns beim Lernen und sind für unsere Erfahrung zuständig.)

Aber wie gelingt das, ‚das richtige Gefühl geben'? Wenn gerade ein Sattel auf dem Pferd liegt, greifen Sie zum Steigbügel und führen ihn nach hinten, wie wenn der Fuß eines Reiters ihn zurücknähme, und vermitteln Ihrem Pferd das notwendige Gefühl wie mit dem Schenkel. Fangen Sie auch hier ganz weich an – mit so wenig Druck wie möglich (Stufe 1) und steigern Sie die Energie Stufe für Stufe. Ebenso können Sie mit anderen Hilfsmitteln verfahren, wie etwa mit dem Handgriff eines Hufkratzers aus Plastik.

Wie viel Energie auch immer Sie aufbringen mussten, um das Pferd zu bewegen – beim nächsten Mal beginnen Sie wieder auf Stufe 1, mit dem weichen Anlegen Ihrer Hand. Sie werden sehen: Es geht von Mal zu Mal besser und Sie brauchen immer weniger Energie, weil Ihr Pferd Ihr Gefühl verstanden hat und Ihrer Führungsfähigkeit zu glauben beginnt. Am Ende sollte das Pferd sich nur auf weichen Druck mit Ihrer flachen Hand bewegen.

3. Eventuell hat sich Ihr Pferd bewegt, ist zunächst aber nach hinten ausgewichen. In diesem Fall kann es sein, dass Sie das Seil zu kurz oder stramm gehalten haben oder dass Sie nicht in der richtigen Position waren (zu nah am Pferd oder zu weit vorn an der Schulter).

Möglicherweise hat aber auch Ihre Körperspannung Ihr Pferd nach hinten getrieben. *Leistungsbewusste* Menschen neigen dazu, von Anfang an *zuviel* Energie zu aktivieren. Auch Leistungsdruck kann ein feinfühliges Pferd in die Flucht schlagen.

4. Auf eine Reaktion des Pferdes möchte ich zum Schluss noch eingehen, eine Reaktion, die wir überhaupt nicht sehen möchten: Wenn das Pferd zwar die Hinterhand verschiebt, den Kopf dabei aber (oder

kurz danach) nach außen zieht oder wenn es gar wild mit dem Kopf schlägt. Das sind deutliche Zeichen von *Respektlosigkeit*. In diesen Fällen macht es wiederum Sinn, dem Pferd mit Hilfe des Führseils – wie bereits beschrieben – kurz seine *Grenze* aufzuzeigen.

Beim kopfschlagenden Pferd ist das insofern einfach, als dass Sie dabei nur das Seil fest in der Hand halten müssen – so lange bis das Pferd nachgibt. Das Pferd holt sich auf diese Weise, mit Ihrer Hilfe, das Gefühl selbst. Geben Sie sich aber nicht damit zufrieden, dass es nur aufhört, mit dem Kopf zu schlagen, sondern halten Sie wieder so lange, bis es sich Ihnen mit gebogenem Hals zuwendet, ohne die Hufe zu bewegen.

Wenn Ihre Kraft nicht ausreicht, geben Sie ihm einen kurzen und scharfen Ruck und verlangen Sie dann die Halsbiegung. Wichtig ist, dass *das Pferd selbst* die Spannung durch die Halsbiegung (und somit durch Nachgeben) aus dem Seil nimmt, und *nicht Sie*! Wenn es das allerdings tut, sollten auch Sie sofort nachgeben, so dass es seinen Hals wieder gerade richten kann. Das Pferd sollte am Ende, wenn alles richtig gemacht wurde, gerade vor Ihnen stehen.

Auf diese Weise lernt das Pferd zu unterscheiden, worin die Bedeutung des Gefühls liegt, das allein vom Seil ausgeht und der Bedeutung, die das Seil bekommt, wenn Sie mit Ihrem gesamten Körper aktiv werden. Das ist eine sehr wichtige Unterscheidung, und das Pferd soll herausfinden, dass es besser ist, sich für das Gefühl, das allein aus dem Seil kommt, zu entscheiden.

Wenn Sie später auf dem Pferd sitzen, sind Ihre Möglichkeiten, die Kraft und Energie Ihres Körpers einzusetzen, verhältnismäßig gering. Dann kommt es darauf an, dass das Pferd das Notwendige bereits gelernt und ein Gefühl für das Seil entwickelt hat.

Lassen Sie sich überraschen

Wenn Sie diesen Weg mit Ihrem Pferd diskutieren mussten, ist es wichtig, für eine Zeitlang *Pause* zu machen, damit das Pferd die Erfahrungen verarbeiten kann. Lassen Sie dem Pferd (und sich selbst auch) unbedingt diese Zeit. Was auch immer geschieht: Sie sollten nie der Versuchung erliegen, mit einem Pferd zu *kämpfen* oder aus überschäumenden Emotionen *hart* zu werden, wenn die Dinge nicht so laufen wie erhofft.

Gehen Sie immer davon aus, dass das, was ein Pferd tut, deswegen geschieht, weil es etwas *nicht verstanden* hat oder weil es es *so* verstanden hat. Das heißt nichts anderes, als dass wir Menschen bei auftauchenden Problemen *immer* (!) zuerst über *unsere* Rolle nachdenken müssen und über die Weise, *wie* wir mit Pferden (besser) kommunizieren können.

Die Mutterstute spricht eine klare Sprache.

Das mag Ihnen übertrieben vorkommen. Aber: Es ist der *Schlüssel* zu Ihrem Pferd (und womöglich auch der Schlüssel zu Ihnen selbst). Machen Sie – wenn Sie mir nicht glauben können – wenigstens 'mal ein Experiment. *Probieren Sie es nur einmal aus* und unterstellen Sie einfach bei einem Problem, dass das Pferd Sie nicht verstehen *konnte*, und fragen Sie sich dann, wie und was Sie Ihrem Pferd jetzt besser oder anders erklären könnten. *Finden* Sie eine Lösung, setzen Sie *alles* daran, werfen Sie alles, was Sie meinen, über Pferde zu wissen, in diesem einen Punkt *einmal* über den Haufen und lassen Sie sich überraschen. Wenn Sie genau so vorgehen, wie hier beschrieben, werden Sie überrascht sein. Und das nicht zu knapp!

Fest steht: Im Allgemeinen wollen Pferde mit uns Menschen klarkommen. Sie sind Herdentiere, die von Natur aus *folgsam* und *verträglich* sind. Daher haben *wir* dafür zu sorgen, dass wir Wege der Kommunikation finden, die es den Pferden ermöglicht, auch folgsam zu sein. Und dazu gehört vor allem, sie nicht zu *verwirren*. Die schlimmste Irritation für ein Pferd besteht darin, für eine Aktion *bestraft* zu werden, die wir *unbeabsichtigt* von ihm gefordert haben, ohne es zu wissen.

Das kommt allerdings leider oft vor. Viel zu oft. Einer Leitstute passiert das nicht. Wahrscheinlich glauben Sie das nicht, solange Sie nicht wenigstens einmal unter der Aufsicht eines erfahrenen Ausbilders gearbeitet haben. Sie werden's nicht glauben, aber manchmal brauchen wir Menschen einfach jemanden, der uns sagt, was wir falsch machen.

Indirektes Gefühl: die Vorgehensweise

Wenn es Ihnen leicht gelingt, die Hinterhand des Pferdes mit vorwiegend *körperlicher* Energie zu verschieben, also mittels eines *direkten* Gefühls, sollten Sie den nächsten Lernschritt unternehmen: die Hinterhand *ohne* direkte physische Energie zu bewegen und stattdessen weitgehend nur mit *mentaler* Energie und körpersprachlichen Zeichen, also mittels *indirektem* Gefühl.
Hierbei kommt es noch mehr als zuvor auf Ihre *Konzentration*, Ihre innere *Einstellung* und auf Ihren Körper*ausdruck* an. Denn jetzt steht Ihnen ja (fast) keine direkte Einwirkungsmöglichkeit mehr zur Verfügung.

3. Übung: Indirektes Gefühl stufenweise verstärken

▸ Ihr Standort:

Zunächst beginnen Sie wieder – wie zuvor beim direkten Gefühl – am Kopf des Pferdes und mit Streicheln (siehe Abb. unten links).

▸ Ihre Seilhaltung:

Einziger Unterschied zu den letzten Übungen mit direktem Gefühl: Ihre rechte Hand (wenn Sie wieder auf der linken Körperseite des Pferdes stehen) greift nun um und fasst das Seil so, dass Ihr Daumen nach rechts weist (siehe Abb. oben rechts).

Wenn Sie Ihre Position am Pferd (etwa gegenüber der ‚Schenkellage', Blickrichtung zum Pferd) eingenommen haben, biegen Sie den Hals des Pferdes wieder ein wenig in Ihre Richtung, knicken mit Ihrer Hüfte etwas seitlich ein und *schauen konzentriert* genau auf *die* Stelle, auf der bei der vorherigen Übung Ihre Hand gelegen hat, um Gefühl zu geben. Ob Sie's glauben oder nicht: Das ist Stufe 1 des indirekten Gefühls (Abb. S. 91). Später wird auch Ihr Pferd allein durch diesen *Blick* weichen (so wie es sich bei entsprechendem Blick eines ranghöheren Artgenossen sogar von der Futterraufe weg bewegt!).

Wenn Stufe 1 des indirekten Gefühls, das Sie Ihrem Pferd vermittelt haben, noch nicht zur Bewegung reicht, gehen Sie über zu Stufe 2: Ohne Ihre Körperhaltung zu verändern heben Sie Ihren Arm, der das Seilende hält, etwa bis auf Ihre eigene Schulterhöhe, schauen aber *weiter konzentriert* auf die Stelle am Pferdekörper. Etwa ein Meter Seil hängt mit der Lederlasche jetzt am Seilende runter. Achtung: Strecken Sie Ihren Arm *seitlich* aus und nicht in Richtung Pferd (Abb. 3, S. 91).

Reicht auch Stufe 2 noch nicht, dann kommt Stufe 3: Sie beginnen, das Seilende Richtung Pferdeleib zu schwingen, genau zu dem Punkt, den Sie immer noch mit den Augen fixieren. Schwingen Sie so, dass das Seilende *von oben nach unten* fährt und nicht umgekehrt (Abb. 4). (Das Schwingen von oben nach unten hat eine *treibende* Wirkung, während das Schwingen von unten nach oben eine eher hebende Wirkung hat. Probieren Sie's mit einem Partner aus.)

Schwingen Sie ein paar Mal mit Energie, vielleicht sogar so, dass das Seilende zu *sirren* beginnt. Bewegt sich das Pferd immer noch nicht, kommt Stufe 4 – wieder übergangslos: Sie lassen das schwingende Seilende leicht gegen den Pferdekörper klatschen. Hier müssen Sie wieder selbst herausfinden, wie *viel* Gefühl das Pferd braucht um auszuweichen. Bei den meisten reicht einfach die leichte Berührung.

Auch bei dieser Übung und auf jeder Stufe achten Sie bitte auf den kleinsten Versuch des Pferdes, weichen zu wollen. Sie können sicher sein: Je besser alle vorherigen Übungen abliefen, desto leichter wird diese Übung zu absolvieren sein. Scheuen Sie sich nicht, von Anfang an eine wirklich *deutliche* körpersprachliche Position einzunehmen. So kann Sie das Pferd besser wahrnehmen und Ihre Botschaft leichter von den anderen unterscheiden. Vergessen Sie freilich nicht, sich zu konzentrieren und sich und dem Pferd wieder *klare, kleine Ziele* zu setzen.

Bewegungsablauf und Körperposition des Menschen in den unterschiedlichen Energiestufen.

Energiestufe 3: Das Pferd beginnt sich zu bewegen. Da wir in einem fortgeschrittenen Trainingsstadium sind, verlange ich eine 360-Grad-Wendung.

Die vier Energiestufen: natürliche Konsequenz

Am Ende, wenn das indirekte Gefühl nicht ausreicht, das Pferd in Bewegung zu setzen, kommt also wieder das direkte Gefühl ins Spiel. Erinnern Sie sich an Ihre Beobachtungen auf der Weide: Was passiert, wenn ein rangniedrigeres Pferd dort nicht den Aufforderungen eines ranghöheren Pferdes, auszuweichen, Folge leistet? Es bekommt im schlimmsten Fall die Zähne oder die Hufe des Genossen zu spüren. Kein Pferd stürzt sich allerdings *sofort* mit Zähnen und Klauen auf einen Artgenossen. Eine feine Signalabfolge geht dem voraus.

In der Regel findet die *erste* Aufforderung zu weichen mit einem scharfen Blick statt: Das ranghöhere Pferd schwenkt mit einer kurzen Bewegung seinen Kopf mit angelegten Ohren Richtung rangniedrigerem Pferd (Stufe 1). Wenn das nicht reicht, kommt die Vorhand ins Spiel: Das ranghöhere Pferd macht (mit angelegten Ohren und scharfem Blick) ein, zwei Schritte auf den Kollegen zu (Stufe 2).

In Stufe 3 verkürzt das angreifende Pferd mit den gleichen körpersprachlichen Signalen (und wahrscheinlich mit *noch mehr* mentaler und emotionaler Versammlung) noch einmal die Distanz, streckt den Hals Richtung Kontrahent und droht einen Biss an. Und in Stufe 4 treffen Zähne und/oder Hufe den Unterlegenen. Das zunächst indirekte Gefühl, (das missachtet wurde), wird zum direkten Gefühl.

Wenn die Attacke überzeugend war, wird das ranghöhere Pferd die *nächste* Bewegungsaufforderung an seinen Herdengenossen mit weniger Energie, also auf einer *geringeren* Stufe geben können. „Wer nicht hören (gehorchen) will, muss fühlen", heißt es im Sprichwort. Dies drückt nichts anderes aus als den Kern von *Konsequenz*, eines der wichtigsten Mittel in der Erziehung. Das Vier-Stufen-Modell ist somit nichts anderes als eine Anleitung zu Konsequenz. Das Wort Konsequenz kommt aus dem Lateinischen. „Consequi" heißt dort: nach-folgen, und „consequens" bedeutet: folgerichtig. Konsequentes Handeln ist also folgerichtiges Handeln.

Das ranghöhere Pferd handelt folgerichtig: Zunächst versucht es seine Forderung – klugerweise – *möglichst energiesparend* durchzusetzen. Wenn der Erfolg ausbleibt, erhöht es seine Energie *stufenweise* bis zum angestrebten Erfolg. *Energiesparen* und *Zielverfolgung* stehen also im Vordergrund seiner Aktionen. Beides ist aber unmittelbar miteinander verknüpft. Das eine macht ohne das andere keinen Sinn.

In der Natur wird nicht unnötig Energie verpulvert, warum also sollte das Pferd seine Forderungen gleich auf Stufe 4 durchsetzen (wie so viele Menschen)? Andererseits würde es aber auch keinen Sinn machen, auf halbem Wege das Ziel aus den Augen zu verlieren (wie ebenfalls so viele Menschen). Dann wäre unnötig Energie vergeudet worden, und der Rangplatz ebenfalls verloren gegangen.

Das Stufenverfahren sorgt überdies für *Zuverlässigkeit*. Jedes Pferd weiß genau, was es *erwarten* muss, wenn es auf einer Stufe nicht ausweicht: die nächsthöhere Energiestufe nämlich. Nun kann es entscheiden, was es will und wie es sich einschätzt: *dagegengehen* (mit der Chance auf Rangplatzverbesserung und der Gefahr von Blessuren) oder *nachgeben* (mit der Gewissheit, jetzt Ruhe zu haben).

Konsequenz heißt: Der eine kann sich auf den anderen verlassen, und wenn es die Gewissheit ist, ein paar Zähne im Fell zu spüren. Andererseits weiß er aber auch: Er wird in Frieden gelassen, wenn er nachgibt. Bei der Anwendung der vier Stufen geht es also um nichts weniger als um *Zuverlässigkeit* und *Vertrauen*.

Vertrauen

Daraus können wir Menschen für den Umgang mit Pferden einiges lernen. Das Wichtigste ist: so zu verfahren wie ein ranghöheres Pferd. Unser Pferd weiß dann, was es erwartet: mehr oder weniger Energie – je nach eigener Reaktion. Dieses menschliche Verhalten schafft *Vertrauen* im Pferd – die *andere* Seite des Vertrauens, die von uns Menschen so oft vernachlässigt wird. Zwar sorgen wir uns meist – durchaus zu

Das Pferd folgt mir zwar, aber sein Schweif bekundet eindeutig Unwillen. Im Bild daneben das Gleiche: Der Mensch holt Luft (Energiestufe 2) und das Pferd stößt unwillig mit der Nase vor. Einem Reiter hätte es jetzt die Zügel aus der Hand gezogen. Zwei Ausdrucksformen pferdischen Misstrauens, die viel zu selten wahrgenommen werden.

Recht – intensiv um das *körperliche* Wohlergehen unseres Vierbeiners. Nur das *psychische* Wohlergehen ist uns in der Regel fremd.

Wohlgemerkt: Für das körperliche Wohlergehen, für das materielle Überleben des Pferdes und seine Überlebenssicherung zu sorgen, ist absolut wichtig. Zum Wohlergehen gehört aber *auch* das nicht-körperliche, das psychische, emotionale Wohlergehen. Und dazu gehört für das Pferd (wie für Menschen übrigens auch) ein fester Platz in der *Gemeinschaft*, klare *Regeln* und *Normen*, die von den Erziehern im Zweifelsfall auch *in aller Konsequenz* durchgesetzt werden. Denn alle Freiheit ist immer nur so viel wert wie die Ordnung, auf der sie basiert. Das gilt für Menschen wie für Pferde gleichermaßen.

Wer das nicht so recht glauben mag, der sollte nur einmal einen Blick auf Kinder werfen, deren Eltern die Konsequenz scheuen: Diese Kinder verlieren die Orientierung und schlagen ‚über die Stränge'. Dies ist wiederum nichts anderes als der Versuch, *Orientierung* zu finden, eine *Ordnung* im Gefühlswirrwarr aus verletzten und verletzbaren Regeln und gebeugten und zu beugenden Normen. Pferde sind da nicht anders. Ihre Regeln und Normen zu lernen, ist recht einfach. Die Herde gibt sie uns vor. Doch was uns fehlt, ist meist das nötige *Wissen* und das entsprechende *Gefühl*.

Pferde und Computer

Im Grunde ist es ganz einfach, auf den richtigen Weg zu kommen: Beginnen Sie immer damit, gut *hinzuschauen*. (Das haben wir Menschen im Lauf der Evolution zwar ziemlich verlernt. Statt richtig hinzuschauen, *urteilen* wir lieber. Wahrnehmung lässt sich aber leicht wieder erlernen. Man muss es nur bewusst *wollen*, sich *entscheiden* und es dann *tun*.) Die Art, wie und wohin Ihr Pferd seine Hufe platziert, kann Ihnen, wenn Sie *genau beobachten*, viel darüber sagen, wie das Gefühl, das von Ihnen ausging, beim Pferd angekommen ist. Schauen Sie hin und machen

Schauen Sie genau hin. Abb. links: Dieses Pferd ist unsicher. Einerseits möchte es sich anschließen (gesenkter Hals), andererseits jedoch schlägt sein Schweif ein wenig. Sein Kauen signalisiert Nachdenken. Der Anschluss an den Menschen erfolgt dann doch, wenn auch zögerlich (Abb. rechts).

Sie sich Ihren eigenen Reim darauf! In meinem Basiskurs staunen die Leute immer, wenn sie sehen, welche Schlüsse sie aus einer minimalen Hufbewegung ziehen können. Und sie wundern sich erst recht, wenn ich etwa aus dem Anheben eines Hufs um vielleicht nur drei Zentimeter voraussagen kann, was das Pferd als nächstes tut. Kunst? Magie? Mitnichten! Es handelt sich um nichts anderes als um Wahrnehmung und Erfahrung!

Damit will ich sagen: Fragen Sie nicht in erster Linie, was Sie anders *machen* können, sondern schauen Sie zuerst nur hin und ziehen Sie Ihre Schlüsse. Sie werden staunen! Auch darüber, wie schnell Ihnen dann eine passende Lösung einfällt. Die lapidare Formel, die der alte Bill Dorrance zur Erklärung bereithält, lautet: „Wenn *Sie* alles richtig machen, wird auch das Pferd alles richtig machen." Sein Schüler Pat Parelli hat es auf seine Art formuliert: „Pferde sind wie Computer. Sie tun immer das, was wir ihnen *sagen*, nur nicht immer das, was wir *wollen*."

Klare, kleine Ziele

Kommen wir wieder zurück zu unserem Training: Später, mit ausreichender Übung, kann eine komplette Vorhandwendung um 360 Grad daraus werden. Aber denken Sie daran: ‚später', und nur ‚mit ausreichender Übung'! Und erst dann, wenn das Pferd seine Hinterhand *bei gebogenem Hals* wendet (siehe S. 92), so dass das Seil in Ihrer Hand immer leicht durchhängt. Und auch erst, wenn es Ihnen mit dem direkten Gefühl gelingt, Ihr Pferd nur durch das Auflegen der flachen Hand willig zu bewegen.

Bis es soweit ist, und wenn es schon gut geht, sollten Sie – wie schon im ersten Buch über das „Joining" beschrieben – bei jeder Aufforderung an das Pferd *zuvor* genau wissen, *welche* und *wie viel* Bewegung Sie von ihm verlangen, also: einen Schritt, zwei Schritte oder nur eine Gewichtsverlagerung. Die präzise Zielsetzung – gerade bei den kleinen

Aktionen – fördert Ihre Selbstkontrolle, Ihre Konzentration und gibt Ihnen Feedback. Denn nur wenn Sie wissen, wie *viel* Sie vom Pferd wollten, können Sie sagen, *ob* Sie es erreicht haben.

Diese Zielklarheit lässt Sie überdies *gerecht* bleiben Ihrem Pferd gegenüber. Und das nützt Ihrem Ansehen entscheidend. Mit anderen Worten: Ihr Gefühl bekommt einen *Orientierungsrahmen* und Ihr Pferd das Gefühl, eine/n richtige/n Anführer/in vor sich zu haben. Kleine Ziele bergen außerdem den eminenten Vorteil, dass sie erreichbar sind. Folge: Jeder freut sich und die Motivation steigt.

Das Geheimnis guter Kommunikation

Mit jedem Schritt, den das Pferd tut, geben Sie leicht nach, indem Sie auf Energiestufe I zurückgehen. Wenn Sie einen weiteren Schritt vom Pferd wollen, müssen Sie selbst natürlich auch einen weiteren Schritt vorwärts machen, um Ihre Hand an der Stelle halten zu können. Bleiben Sie also nicht wie angewurzelt stehen, wenn Ihr Pferd sich wie gewünscht bewegt, sondern gehen Sie so weit und so lange mit wie nötig. Wenn Sie mit dem Pferd mitgehen, dann bleiben Sie – wie beim Reiten auch – mit ihm in *seiner* Bewegung.

Mit der Bewegung mitgehen ist indes nichts anderes als der *körperliche* Ausdruck dessen, was in der Managementliteratur über Führung mit dem englischen Ausdruck *Pacing* beschrieben wird. Pacing bedeutet soviel wie: die gleiche Gangart gehen. Pacing, so gesehen, ist *Voraussetzung* dafür, *Folgsamkeit* zu erreichen, mit jemandem in dessen Geschwindigkeit mitzugehen. Eine Führung freilich, die nicht durch *Zwang* zustande kommt, sondern durch *Vertrauen* und *Überzeugen.* Sich mit jemandem mitzubewegen, sich auf ihn einzulassen, ist also der erste Schritt auf dem Weg, *Vertrauen* zu gewinnen und um schließlich zu führen. Pacing ist somit nichts anderes als eine Form des S*ich-Einfühlens* in die Bewegung eines anderen. Aus dem äußeren Einfühlen, gepaart mit liebevoller und interessierter Beobachtung (den anderen *wahr-nehmen*), wird bald ein inneres Einfühlen, denn Wahr-Nehmung bedeutet ja nichts anderes als: die Wahrheit eines anderen zu erkennen, sie in sich aufzunehmen, ihn so zu erkennen, wie er *ist.* Aus dem einseitigen Einfühlen kann dann ein *gegenseitiges Er*fühlen entstehen. Man beginnt einander zu *verstehen.* Das ist das Geheimnis guter *Kommunikation.* Nur wenn wir uns auf diese Weise mit jemandem gemeinsam bewegen, voller Respekt für ihn und seine Absichten; nur wenn wir zunächst gemeinsam dahin gehen, wohin er geht, ohne ihn lenken und leiten zu wollen, haben wir die Chance, ihn wirklich kennen zu lernen und all das, was ihn bewegt, seine Ziele und Absichten. Und nur dann haben wir die Chance, wirklich Einfluss auf ihn zu nehmen – ihn zu lenken *ohne* Zwang.

4. Übung: Lassen Sie sich einmal gemeinsam treiben

Lassen Sie sich deshalb, wann immer Sie können, auch mit Ihrem Pferd einmal auf dieses Experiment ein: sich *gemeinsam treiben zu lassen*, das heißt, Ihr Pferd genau wahrzunehmen in seinen Aktionen, ein Stück weit *mit* ihm zu gehen (gedanklich, körperlich, emotional), wohin *es* gehen will. Das lässt sich auch am Boden üben. Versuchen Sie es, lassen Sie sich ein wenig mit ihm gemeinsam treiben, und irgendwann – nicht zu früh – fangen Sie an, Ausschau zu halten nach den kleinen Gelegenheiten, die Ihnen Ihr Pferd bietet, dass Sie es in Ihrem Sinne *formen* und *lenken*.

Wenn Sie sich genügend Zeit lassen, nichts zu erzwingen versuchen, werden Sie es *fühlen*, wenn es soweit ist: Ihr Pferd schneller oder langsamer zu machen, es hierhin oder dorthin zu lenken, so dass Sie das Gefühl haben, dass die Bewegung nichts mehr wiegt, höchstens noch soviel wie das Gewicht der Zügel oder des Seils in Ihren Händen.

5. Übung: Der Sicherheitscheck

Auf das Verschieben der Hinterhand können Sie gar nicht genug Aufmerksamkeit richten. Denn es geht dabei um nicht weniger als um die *Kontrolle* der Hinterhand. Und davon wiederum hängt ab, ob Sie die Geschwindigkeit und die Richtung, die ein Pferd einschlägt, bestimmen können. Dabei spielt es keine Rolle, ob Sie auf dem Pferd sitzen oder nicht.

Sie können schon vom Boden aus leicht herausfinden, ob Ihr Pferd *durchlässig* ist (also geistig, emotional und physisch *bereit* zur Versammlung). Pat Parelli nennt dieses von Bill Dorrance entwickelte Verfahren in Anlehnung an die Pilotensprache ‚Pre-Flight-Checks', also ein Kontrollverfahren zur Abklärung Ihrer Sicherheit, bevor Sie in den Sattel steigen.

Beginnen Sie zunächst damit – wie in den Lernschritten 1 und 2 beschrieben – Kopf und Hals des Pferdes zu biegen, ohne dass sich die Hinterbeine des Pferdes bewegen. Jede Bewegung sollte nach links und rechts gleichermaßen gut funktionieren. Wenn das Pferd seinen Hals in dieser Weise gebogen hält und keinerlei Spannung auf dem Seil in Ihrer Hand liegt, dann fordern Sie es auf, mit der Hinterhand zu weichen.

Egal, wie viele Schritte Ihr Pferd untertritt: Wenn es sich wehrt, wenn es den Kopf hochnimmt, davonzulaufen versucht oder beständig rückwärts ausweicht, ist es *nicht* bereit, geritten zu werden. Weicht es jedoch gelassen und willig mit schöner Halsbiegung, können Sie mit großer Wahrscheinlichkeit davon ausgehen, dass es Ihnen auch zu Fuß oder unter dem Sattel kaum Schwierigkeiten machen wird.

Probleme und Lösungen

Das ‚falsche' Gefühl

Eines müssen Sie nun noch unterscheiden lernen: welchem Gefühl Ihr Pferd gewichen ist –dem *direktem* oder dem *indirekten*. Oft kommt es nämlich vor, dass jemand sein Pferd durch direktes Gefühl bewegen möchte, doch kaum dass er seine Hand gehoben hat, weicht das Pferd schon aus.

Freuen Sie sich in diesem Fall nicht zu früh. Entweder waren Sie, wenn das vorkommt, von vornherein *nicht richtig konzentriert* („Was will ich genau?") oder aber, Sie hatten schon *zu viel Energie* geladen, als Sie die Hand hoben. Wenn das Pferd durch ein direktes Gefühl bewegt werden soll, darf es nicht schon vorher dem indirekten Gefühl weichen.

Manche Pferde starten schon, wenn das Reiterbein über ihre Kruppe schwingt. Ursache: Das Pferd hat nie lernen dürfen, direktes und indirektes Gefühl von Menschen zu unterscheiden.

Wenn Sie Ihr Pferd durch *direktes* Gefühl bewegen möchten, ist in Ihnen *keinerlei* bewegende Energie bis zu dem Augenblick, wo Sie die Bewegung *wollen*. Also erst, wenn die streichelnde Hand zu einer fordernden werden soll. Der Unterschied spielt sich in erster Linie in Ihrem *Kopf* ab: Sie müssen genau *wissen, was* Sie *wann* wollen und *wie viel* Sie wollen und in welche *Richtung* es gehen soll: Konzentration!

Erinnern Sie sich immer an das Fohlen. Es hat gelernt, auch *Absichten* zu erkennen. Wenn Ihre Absicht Ihnen selbst allerdings unklar ist, wird das Pferd entweder verunsichert oder selbstständig seine Entscheidung treffen. Im Sattel oder auf dem Kutschbock kann das sehr unangenehme Folgen haben, also trainieren Sie sich, so lange es noch ungefährlich ist!

Wichtig ist also nicht allein die Bewegung des Pferdes, sondern auch, dass die Bewegung *zum richtigen Zeitpunkt* kommt, im richtigen *Maß* und in der richtigen *Richtung*. Einige bekannte Beispiele: Wie oft setzen sich Pferde schon in Bewegung, noch ehe der Reiter sein Bein über den Rücken des Pferdes geschwungen hat – falscher Zeitpunkt, falsches Gefühl. Das Pferd ist aufgrund eines indirekten Gefühls gewichen, statt auf das direkte Gefühl von Ihnen zu warten. Oder: Was nützt es Ihnen, wenn Ihr Pferd wunderbar angaloppiert – wenn Sie Schritt wollten? Falsches Maß, falsches Gefühl. Sie haben Ihr direktes Gefühl dem Pferd (ohne es zu wollen und zu fühlen) vielleicht auf Stufe 4 gegeben statt auf Stufe 1. Oder: Macht es Sinn, dass Ihr Pferd gelassen geradeaus über eine befahrene Landstraße geht, wenn Sie eigentlich vorher links abbiegen wollten? Falsche Richtung, falsches Gefühl.

Möglicherweise sind Sie in diesem Fall nicht über Stufe 1 hinausgegangen, vielleicht bis Stufe 4, um Ihrem Pferd ein Gefühl für den falschen Weg zu geben. In allen drei Fällen bekommen Sie ein Problem, und die Ursache liegt jeweils allein im falschen Gefühl – nicht nur in diesem Augenblick, sondern schon lange zuvor, als begonnen wurde, das Pferd auszubilden.

6. Übung: Geradegerichtet weichen

Wenn es Ihnen problemlos gelingt, die Hinterhand Ihres Pferdes mit direktem und indirektem Gefühl zu bewegen, während der Hals zu Ihnen hin *gebogen* ist, dann sollten Sie daran gehen, dasselbe Manöver von Ihrem Pferd zu verlangen *ohne* Halsbiegung. *Aber erst dann*!

Sie erinnern sich: Die Biegsamkeit des Halses (durch das Genick!) signalisiert Ihnen Durchlässigkeit. Ein Pferd, das auf Ihren Wunsch hin seinen Hals mit Gefühl biegt, ist *nicht* halsstarrig. Ein Pferd hingegen, das seinen Hals nicht biegen möchte, würde mit der Hinterhand nur deshalb weichen, weil es den Hals nicht biegen will.

Sind Sie sich jedoch der Durchlässigkeit und Nachgiebigkeit Ihres Pferdes sicher, sollten Sie das Ausweichen der Hinterhand mit *geradem* Hals verlangen, ganz einfach deshalb, weil Sie auch später – vom Pferderücken aus – das Pferd weitgehend gerade gestellt lassen wollen, wenn Sie eine Vorhandwendung verlangen. Mit der entsprechenden Vorarbeit sollte Ihnen das zu diesem Zeitpunkt problemlos gelingen. Wenn nicht, müssen Sie so viele Übungsschritte zurückgehen wie nötig.

Sie haben in diesem Kapitel schon viel darüber erfahren, wieso es wichtig ist, die Hinterhand eines Pferdes kontrollieren zu können. Ein weiterer Grund dafür, durch Gefühl Kontrolle über die Hinterhand eines Pferdes zu bekommen, ist der, dass dann auch die *Vorhand* des Pferdes viel leichter zu bewegen ist. Denn solange der hintere Teil des Pferdes aktiv ist, trägt er mehr Gewicht, mit der Folge, dass die Vorhand des Pferdes tendenziell leichter wird und nicht mehr so fest auf dem Boden steht wie im unbewegten Zustand.

5. Schritt: **Die Vorderbeine kreuzen**

In diesem Abschnitt erfahren Sie nicht nur, wie Sie die Vorhand des Pferdes richtig lenken lernen, sondern auch, wie abhängig die Vorhand von der Hinterhand ist, und welch wichtige Bedeutung sie dennoch zur Herstellung der Rangordnung hat.

Das Fundament muss stimmen

Eigentlich müsste es überflüssig sein zu betonen, dass es notwendig ist, dass Sie alle vorherigen Übungen – allein und mit dem Pferd – gut gelernt und trainiert haben sollten, *bevor* Sie sich in der Praxis dem nächsten Thema zuwenden: dem Bewegen der Vorhand.

Eines der ersten Dinge, die ein Pferd lernen muss, ist – Sie wissen es bereits: dem Gefühl zu folgen, das Ihre Hände und Arme vermitteln, und zwar *überall* hin. Das gelingt am besten, wenn Sie Ihrem Pferd beigebracht haben, seinen *Kopf* auf Ihr Geheiß hin zu heben und zu senken, und den *Hals* zu biegen, ohne dabei die Beine zu bewegen.

Das ist der *Anfang*. Von da an geht es darum, dass das Pferd jeglichem Gefühl folgt, ohne dass Sie am Führseil (und später an den Zügeln) fest ziehen müssen. Wenn Ihnen beiden das gelingt, sind Sie auf die nun folgende und für jede weitere Aktion gut vorbereitet.

Die Bedeutung der Vorhand

Zunächst sollten wir uns jedoch noch einmal über die *Bedeutung der Vorhand* eines Pferdes klar werden. Pferde sind dazu geschaffen, sich zu bewegen, und die *Hinterhand* spielt eine wesentliche Rolle dabei. Wenn Sie Ihr Pferd auffordern, seine *Vorhand* zu bewegen, wird das nur dann wirklich gut gelingen, wenn Sie dem Pferd auch gestatten, seine Hinterhand richtig zu bewegen. Denn der gesamte Pferdekörper braucht für jegliche Bewegung als Unterstützung die Hinterhand. Je nachdem, welche Bewegung und welche Leichtigkeit der jeweilige Körperteil verlangt, muss sie ihre Position dauernd verändern.

Bevor Sie sich also daranmachen, die Vorhand Ihres Pferdes zum Übertreten zu animieren, oder auch nur, dass sie sich von Ihnen wegbewegt, sollte es Ihnen gelingen, mit Hilfe des Führseils die Hinterhand langsam, Schritt für Schritt, zur Seite zu bewegen, und zwar genau da hin, wo Sie möchten. Wenn Ihnen das nicht gelingt, wird auch alles andere nicht (richtig) funktionieren.

Wenn wir am Anfang des Buches betont haben, wie wichtig die Bodenarbeit für die Ausbildung von Mensch und Pferd ist, so gilt das für den folgenden Lernschritt erst recht. Wenn Ihr Pferd Sie nicht versteht, kann es Ihnen das am Boden sehr viel besser verständlich machen, als wenn Sie *auf* dem Pferd säßen.

Direktes Gefühl: Die Vorgehensweise

Im Folgenden beschreibe ich die Vorgehensweise Schritt für Schritt, jedoch wieder nur – der Einfachheit halber – für *eine* Körperseite des Pferdes. Natürlich sollten Sie *beide* Körperseiten trainieren. Weil ich diesen Vorgang hier wiederum sehr detailliert beschreibe, tun Sie gut daran, sich das Verfahren wieder vor Ihrem geistigen Auge vorzustellen, zunächst *während* Sie dies lesen, und noch einmal, *nachdem* Sie dies gelesen haben. Das wird Ihnen die Praxis wesentlich *erleichtern*.

1

2

3

▸ Ihr Standort:

Stellen Sie sich zunächst an die linke Kopfseite des Pferdes, schräg vor seiner Schulter und etwa 40 Zentimeter von ihm entfernt. Sie stehen jetzt so, dass Sie geradeaus in *die* Richtung schauen können, in die auch das *rechte* Auge des Pferdes blickt. Anfangs schauen Sie jedoch am besten auf das (hier) linke Vorderbein des Pferdes zu Ihren Füßen.

▸ Ihre Seilhaltung:

Stehen Sie auf der linken Seite des Pferdes, dann verläuft das Führseil vom Kopf des Pferdes kommend zwischen Ihrem Daumen und dem Zeigefinger Ihrer linken Hand so hindurch, dass Ihre Hand später, wenn Sie sie öffnen, mit der offenen Handfläche zum Pferdekopf weisen kann. Ihre rechte Hand hält die Verlängerung des Seils. Wieder halten Sie das Seil jetzt ähnlich in der Hand wie Zügel. Sie können die linke Hand öffnen, ohne dass das Seil hinunterfällt, weil es zwischen Daumen und Zeigefinger liegt (Abb. 1).

1. Übung: Kopf und Schulter verschieben

Legen Sie nun als erstes Ihre linke Hand so an den Pferdekopf, dass Zeige- und Mittelfinger Ihrer Hand den weichen Teil berühren, der oberhalb der Maulspalte liegt (Abb. 2). Wenn Sie möchten, können Sie Ihren kleinen Finger und den Ringfinger auch leicht unters Halfter legen (zur Feinjustierung der Kopfposition vom Pferd).

Es lohnt sich, diese Handhaltung zu üben, weil sie die effektivste für diese Übung ist. Wenn Ihre Finger weich am Pferdekopf anliegen, machen Sie einen kleinen Schritt vorwärts bzw. drücken mit Ihren Fingern ein wenig nach vorne, so dass Sie den Kopf des Pferdes leicht nach außen, von sich weg, schieben (Abb. 3).

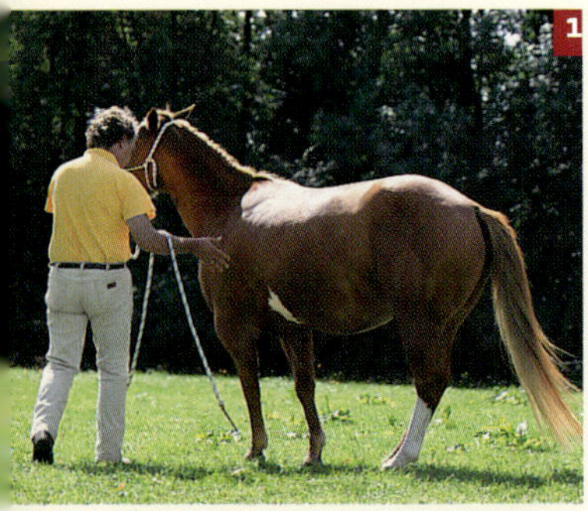

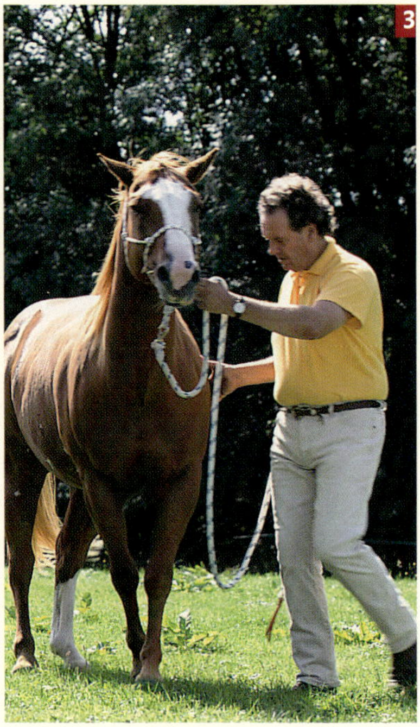

Die Handhaltungen des Menschen entsprechen den Funktionen, die Zügel und Schenkel beim Reiten inne haben.

Eine zusätzliche kleine Bewegung mit Ihrer linken Schulter nach halb rechts wird das Pferd später zugleich ein wenig nach hinten schieben, weil Sie ja schräg vor seiner Schulter stehen. Diese Bewegung bringt das Pferd etwas mehr auf die Hinterhand, so dass die Vorhand ‚leichter' wird (Abb. 1). In dieser Position – Sie stehen vor dem Schulterbug des Pferdes, seine Nase ist ein wenig nach außen von Ihnen weg gebogen – legen Sie Ihre rechte Hand nun entweder vorne an die Schulter des Pferdes (Abb. 2) oder etwa an die Stelle, wo der Gurt des Sattels unterm Pferdebauch verschwinden würde.

Üben Sie nun (wie bei der Hinterhand auch), bei gebogenem Hals des Pferdes, Druck mit Ihrer Hand aus. Achten Sie aber *unbedingt* darauf, dass Sie nicht mehr Augenmerk auf Ihre rechte Hand legen als auf Ihre linke (Abb. 4). Die *Halsbiegung* ist auch hier die *entscheidende Voraussetzung* für die gewünschte Bewegung. In den meisten Fällen wird es ausreichen, lediglich den Kopf des Pferdes nach außen zu bewegen, um auch Bewegung in die Vorhand des Pferdes zu bringen. Die meisten Leute vergessen dies und konzentrieren sich ausschließlich auf ihre rechte Hand, weil sie schnell(er) zum Ziel kommen wollen. Die Folge ist, dass sich das Pferd tendenziell nach vorne entzieht, auf die Vorhand kommt, den Hals gerade richtet und möglicherweise geradeaus davoneilt, statt die Beine zu kreuzen (Abb. 3).

Die richtige Fußfolge

Wenn Sie das Gefühl mit Ihrer rechten Hand intensivieren, dann denken Sie an die oben geschilderte zusätzliche *kleine* Bewegung nach halb rechts, so dass das Pferd etwas mehr auf die Hinterhand kommt und die Vorhand ‚leichter' wird. Denken Sie aber nur daran! Fangen Sie nicht an zu schieben und zu drücken. Dieser kleine Trick soll Ihnen nur helfen, dass Sie sich dadurch auf *die* Linie konzentrieren, die Sie tatsächlich gehen müssen: *geradeaus* nämlich, zwischen der Biegung der Nase und Ihrer drückenden rechten Hand ‚hindurch'. Wenn Sie

4

5

Ziel ist es hier, dass das Pferd mit seinem linken Vorderbein vor und auch über sein rechtes Vorderbein kreuzt. In Abb. 4 stehe ich zunächst zu weit weg und konzentriere mich zu stark auf meine rechte Hand.

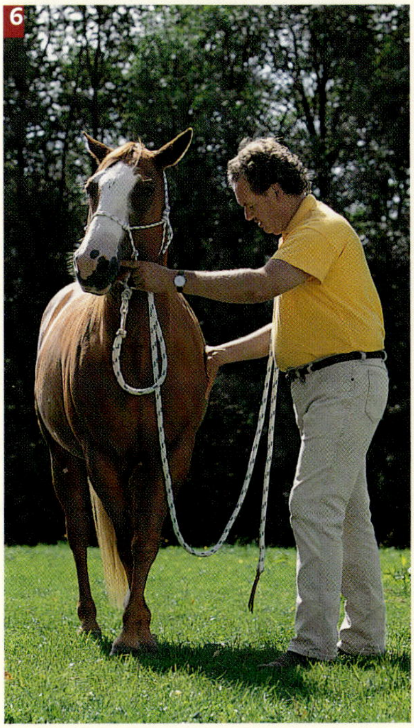
6

7

8

es richtig machen, werden Sie (am Ende des Trainings) einen Kreisbogen gehen, der parallel zu dem verläuft, den die Hufe des Pferdes beschreiben, wenn Sie einander überkreuzen.

Auch in diesem Fall möchten wir, dass der Ihnen am nächsten stehende Huf des Pferdes *vor* dem weiter wegstehenden auffußt. Zu Beginn fangen Sie wieder nur mit Ihrem Gefühl für den Versuch des Pferdes an, dann erst kommt *ein* Schritt. Respektieren Sie wiederum jeglichen Versuch des Pferdes, Sie zu verstehen.

Wenn Sie den Druck Ihrer Hand an Schulter oder Gurtlage *konsequent* verstärken wollen, dann tun Sie das so wie bei der Hinterhand bereits erläutert: Stufe für Stufe mit Ihrer flachen Hand drücken. Oder Sie erhöhen den Druck stufenweise dadurch, dass Sie die Fingerspitzen zunehmend wie Krallen schließen; oder aber – wenn's gar nicht anders geht – nehmen Sie einmal kurz einen härteren Gegenstand zu Hilfe. Achten Sie aber unbedingt darauf, Ihr Pferd auch hier immer für die richtige Antwort zu belohnen, indem Sie den Druck wegnehmen.

Indirektes Gefühl: Die Vorgehensweise

Wenn es Ihnen *leicht* gelingt, die Vorhand des Pferdes mit *körperlicher* Energie zu verschieben, also mittels eines direkten Gefühls, sollten Sie den nächsten Übungsschritt unternehmen: die Vorhand *ohne* physische Energie zu bewegen, nur mittels Zeichen, also mit indirektem Gefühl. Hierbei kommt es noch mehr als zuvor auf Ihre *Konzentration*, Ihre innere *Einstellung* und Ihren *Körperausdruck* an. Denn jetzt steht Ihnen ja (fast) keine direkte Einwirkungsmöglichkeit mehr zur Verfügung.

▸ Ihr Standort:

Sie stehen jetzt wieder ein wenig seitlich, links vom Pferd, diesmal aber etwas weiter weg, etwa 80 Zentimeter entfernt (Abb. 1 und 2, S. 105).

Achten Sie auf die geöffnete linke Hand und auf die rechte Hand, die das Seil hält.

▸ Ihre Seilhaltung:

Das Seil liegt in Ihrer geöffneten linken Hand in der Kuhle zwischen Zeigefinger und Daumen. Sie können die Hand öffnen, ohne dass das Seil hinunterfällt. Ihre rechte Hand (wenn Sie auf der linken Körperseite des Pferdes stehen) hält das Seil so, dass Ihr Daumen nach rechts weist und sie das Seil schwingen lassen können (Abb. 1 und 2, S. 104).

„Spritzen" und „pumpen" – die ersten beiden Energiestufen, um die Vorhand des Pferdes zu bewegen.

2. Übung: Kopf und Schulter verschieben

Beginnen Sie zunächst wieder mit Streicheln an Kopf und Hals. Statt wie beim direkten Gefühl nun die Nase mit Ihrer Hand von sich weg zu schieben, machen Sie jetzt einen Schritt zurück, heben Ihre linke Hand mit dem Seil etwa auf die Höhe zwischen Nüster und Auge des Pferdes, schauen es scharf an (ja, hier dürfen, ja sollen Sie Ihrem Pferd ins Auge schauen!) und beginnen mit Ihren Fingern so zu wackeln, als ob Sie dem Pferd Wasser ins Gesicht spritzen oder einem Freund in der Ferne winken wollten (Abb. 1, Energiestufe 1).

Macht es den *Versuch* auszuweichen oder verlagert es das Gewicht der Vorhand etwas nach außen, dann lassen Sie Ihre Hand sinken und schauen Sie auf den Boden – oder sonst wohin, nur nicht weiter ins Auge des Pferdes. Bewegt es sich nicht, gehen Sie über zu Stufe 2: Diesmal beginnen Sie mit derselben Hand Richtung Pferdekopfseite zu *‚pumpen'*. Statt Ihrer fünf ‚spritzenden' Finger aus Stufe 1 vermittelt jetzt Ihre ganze geöffnete Hand dem Pferd Energie zum Weichen, und zwar so, als ob Sie jemandem in der Ferne mit Ihrer flachen Hand bedeuten wollten „Da bleiben!" (Abb. 2 und 3).

Weitere Bewegung der Vorhand auf Energiestufe 2.

Sollte auch das nicht ausreichen (natürlich haben Sie wieder den kleinsten Versuch des Pferdes beachtet und mit Nachgeben belohnt!), so lassen Sie Ihre linke Hand *oben* und heben zusätzlich Ihre rechte Hand, die das Seilende hält. Ihre linke Führhand sollte dabei etwas höher sein als die Hand, die die Bewegung mittels Seil fordert (Abb. 1, S. 106). Durch die erhöhte Führhand kann das Pferd sein Gewicht ein

Bewegen der Vorhand auf Energiestufe 3: Meine linke Hand ist etwas höher als meine rechte, die das Seil schwingt (Abb. 1 und 2). Ich bewege mich parallel zu dem Radius, den die Vorderbeine des Pferdes beschreiben (Abb. 3).

wenig nach hinten verlegen (eventuell sogar einen Schritt zurück machen) und somit mit der Vorhand besser herumkommen. Wirbeln Sie das Seil nun Richtung Halsansatz/Schulterseite (von oben nach unten, wie schon beschrieben). Das ist Energiestufe 3 (Abb. 2).

Stufe 4 bedeutet: Sie lassen – wenn das Pferd auch in Stufe 3 keinen Versuch unternommen hat, auszuweichen – das Seilende gegen den Pferdekörper klatschen, seitlich an die Schulter. Hier müssen Sie wieder selbst herausfinden, wie viel Gefühl das Pferd jetzt braucht um auszuweichen.

Bei allen vier Stufen sollten Sie sich bewusst konzentrieren und Schrittfolge wie Ergebnis klar vor Ihrem inneren Auge vor sich haben. Wenn dies gut klappt, treten Sie einen weiteren Schritt zurück, lassen noch mehr Abstand zwischen sich und dem Pferd und starten einen neuen Versuch.

Sobald das Pferd in der Lage ist, mehr als einen Schritt zu überkreuzen, müssen Sie Ihren Standort natürlich verlassen und mitgehen (Abb. 3). Achten Sie darauf, dass Sie (im Idealfall) eine Kreisbahn laufen. Denn wenn Sie sich vorstellen, dass Ihr Pferd mit der Vorhand herumtritt, dann beschreibt sie ja einen Radius, das Pferd geht also mit der Vorhand einen Kreisbogen – von der Stelle aus, wo es startete, bis da hin, wo es wieder stehen bleibt.

Sie selbst müssen, immer parallel zu den Vorderhufen, mit Ihren Füßen ebenfalls einen Bogen gehen (oder eben den Kreis, den das Pferd vorgibt, parallel zu seinen Hufen). Tun Sie das nicht, weichen also zu sehr nach links oder rechts ab, so geraten Sie *vor* oder *hinter* seine Bewegung, wie Reiter sagen. Das heißt: Sie sind nicht mehr im *Gleichgewicht.* Ihr Gefühl wird an einer Körperstelle des Pferdes entweder zu stark, oder Ihre Energie trifft das Pferd überhaupt nicht mehr.

Das Ergebnis

Am Ende (das heißt: nach einigen Wochen Training) kann eine 360-Grad-Wendung dabei herauskommen. Verlangen Sie aber erst dann mehr Schritte, wenn Sie in der Lage sind, Ihr Pferd leicht auf Energiestufe 1, maximal Stufe 2 zu bewegen. Solange Sie sich der 3. und 4. Stufe bedienen müssen, um das Pferd von sich weg zu bewegen, sind Sie noch nicht so weit, mehr zu verlangen. Der Maßstab für Fortschritt ist also Stufe 1 oder 2. Natürlich sollten Sie sich auch dann noch *Zeit lassen*, wenn alles gut funktioniert. Jedem Lernschritt sollte eine Pause folgen, damit das Pferd und Sie das Vorausgegangene verarbeiten können.

3. Übung: Ihre Position verändern

Mit zunehmender Übung verändern Sie Ihre Position, indem Sie immer weiter *vor* das Pferd treten. Haben Sie anfangs in einem Winkel von etwa 90 Grad zum Pferdekopf gestanden, so beginnen Sie nun, nach und nach den Winkel so zu verändern und Bewegung zu fordern, dass Sie am Ende direkt *vor* dem Pferd stehen.

Das geht freilich nur, wenn Ihr Pferd schon auf Energiestufe 1 oder 2 mit Kopf und Hals auszuweichen beginnt. Gelingt Ihnen das, dann beginnen Sie, Ihre Position derart zu verändern, dass Sie nicht mehr – wie

Aus der annähernd rechtwinkligen Position zum Pferdekopf (Abb. 1) wechseln Sie nach und nach in eine Position vor dem Pferd (Abb. 2 und 3), um es direkt von vorne zu bewegen (Abb. 4).

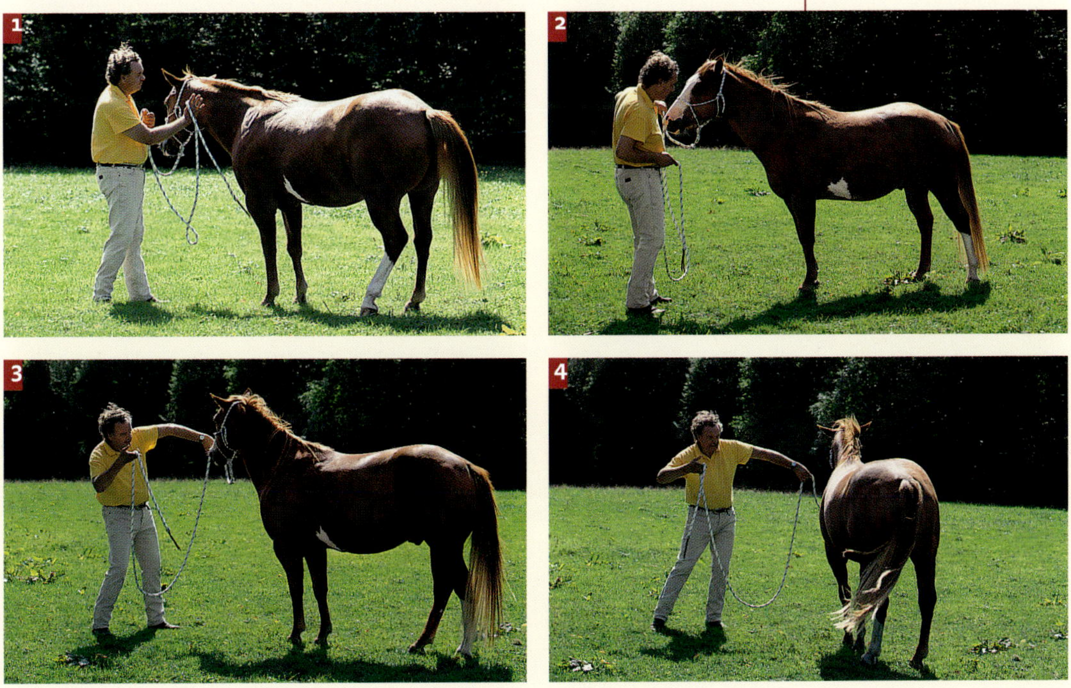

1

2

Kleine Fehler, die sich eingeschlichen haben: In Abb. 1 zeigt meine linke Führhand zu weit nach unten. Sie müsste geradeaus nach links oben zeigen, knapp am rechten Pferdeohr vorbei. In Abb. 2 verstärke ich den Fehler noch, indem ich den Pferdekopf zusätzlich zu mir hinziehe.

zuvor – parallel zu seinen Hufen mitgehen, sondern Sie beginnen den Winkel zu verändern.

Stehen Sie (wie immer in diesen Übungen) links vom Pferd, dann gehen Sie, das Pferd dabei weiter anschauend, ein paar Schritte nach links außen, vor seine Nase, und halten die Energie, die Sie dem Pferdekopf mit Ihrer Hand vermitteln, aufrecht (Abb. 2 und 3, S. 107).

4. Übung: Schrittweiser Seitenwechsel

Sollte das Pferd seine Bewegung unterbrechen, steigern Sie Ihre Energie wieder mit dem Seil (Stufe 3), indem Sie dessen Ende Richtung Pferdeschulter schwingen. Achten Sie darauf, dass Sie das Seil dabei möglichst genau Richtung Bugspitze schwingen. Und knicken Sie wieder in der Hüfte etwas nach rechts ab. Indem Sie nach links außen gegangen sind, haben Sie zugleich den Abstand zum Pferdekopf etwas vergrößert, so dass Sie am Ende rund einen Meter vom Pferd entfernt vor ihm stehen könnten. Von hier aus beginnen Sie nun erneut, die Bewegungsrichtung des Pferdes zu beeinflussen, doch diesmal *wechselseitig*: Mal lassen Sie es nach links wenden, mal nach rechts (Abb. auf S. 110 u. S. 111). Am Ende steht das Pferd jeweils wieder nach ein, zwei Schritten zur Seite mit der Vorhand schräg vor Ihnen.

Wenn Sie möchten, dass Ihr Pferd (von Ihnen aus gesehen) nach links geht, ist Ihre *linke* Hand die Führhand. Heben Sie diese Hand und schauen Sie dem Pferd auf seine linke Schulterseite. Das ist die Seite, die von Ihnen wegstrebt, wenn das Pferd mit den Beinen überkreuzt. Und es ist Energiestufe 1. Knicken Sie dabei wieder so übertrieben deutlich in der Hüfte zur Seite ab, wie Sie das schon beim Bewegen der Hinterhand durch indirektes Gefühl getan haben. Dadurch, dass Sie die Führhand heben, sollte der Kopf des Pferdes mittels Halfter (direktes Gefühl) ein wenig in die Bewegungsrichtung gestellt werden (Abb. 1 auf S. 109 bei der Bewegung in die Gegenrichtung). Wenn sich das Pferd nicht bewegt, heben Sie zur Unterstützung Ihre rechte Hand mit

Die rechte Führhand in Abb. 1 weist idealerweise etwa auf 14 Uhr, wenn man sich vorstellte, dass sich oberhalb und hinter der Pferdekruppe eine große Uhr befände. Allerdings müsste mein Arm hier deutlicher gestreckt sein.

dem Seilende bis auf Ihre Schulterhöhe (Stufe 2) – siehe dazu Abb. 2, S. 108. Strecken Sie Ihren Arm seitlich von sich, *nicht* zum Pferd hin (Abb. 1 oben). In Stufe 3 beginnen Sie, das Seilende ein paar Mal von der Seite Richtung Pferdeschulter zu schwingen (Abb. S. 110). In Stufe 4 treffen Sie die Schulter, bis sich das Pferd bewegt.

5. Übung: Fließender Richtungswechsel

Wenn Sie ein *Reitpferd* wünschen, das *zuverlässig* ist und *leicht* an der Hand, ist es wichtig, dass Sie Vorhand und Hinterhand des Pferdes *unabhängig* voneinander beeinflussen können, bevor Sie ihm beibringen, auf Ihr Geheiß hin die *Richtung* zu wechseln. Der Richtungswechsel ist dann ein Zusammenspiel verschiedener Bewegungsabfolgen, ausgelöst an unterschiedlichen Energiepunkten und aufgrund unterschiedlicher Gefühle, die Sie dem Pferd vermitteln.

Die Leichtigkeit und der Respekt, den Sie ihm beim Bodentraining unter anderem mit dieser nun folgenden Übung beigebracht haben, werden Ihnen helfen, auch unterm Sattel leichter zu besseren Ergebnissen zu kommen. Diese Übung setzt die vorherige fort und ist eine wichtige Vorübung fürs Longieren (Lernschritt 8).

Wie in der vorausgegangenen Übung bereits beschrieben, stehen Sie auch jetzt *vor* dem Pferd. Eben ließen Sie es mit der Vorhand wechselweise mal nach links, mal nach rechts weichen. Jetzt verknüpfen wir beide Bewegungsabläufe zu einem fließenden, so dass Sie Ihr Pferd zunächst mit der Vorhand zu einer Seite schicken, es ein paar Schritte in diese Richtung gehen lassen und es dann zu Ihnen wenden, um es *aus der Bewegung heraus* in die andere Richtung weitergehen zu lassen.

Stellen Sie sich so hin wie beim Kreuzenlassen der Vorderbeine. Wir beginnen wieder damit, dass das Pferd (von Ihnen aus betrachtet) zunächst nach links geht. Heben Sie dazu Ihre linke Führhand mit dem Seil deutlich in *die* Richtung, in die das Pferd gehen soll (direktes

Wechsel der Vorderhand des Pferdes zur einen Seite …

Gefühl durch Druck des Halfters) und schauen Sie (indirektes Gefühl durch Ihren Blick) auf seine Ihnen zugewandte Schulter (Stufe 1).

Wenn das Pferd losgeht, prima. Dann sorgen Sie nur dafür, dass Ihre Führhand sich öffnet, damit Sie Ihr Pferd nicht am Fortgehen hindern. War das Gefühl auf Stufe 1 nicht deutlich genug für Ihr Pferd, so gehen Sie über zu Stufe 2: Lassen Sie Ihre linke Hand oben und Ihren Blick auf der Pferdeschulter, heben Sie aber zusätzlich Ihre rechte Hand, die das Seilende hält. Ihre linke Führhand sollte dabei wieder etwas höher sein als die Hand, die jetzt die Bewegung mittels Seil fordert. Sie erinnern sich: Durch die erhöhte Führhand kann das Pferd sein Gewicht ein wenig nach hinten verlagern (evtl. sogar einen Schritt zurück machen) und somit mit der Vorhand besser herumkommen.

Wenn immer noch keine Bewegung erfolgt (was jetzt allerdings nicht mehr zu erwarten ist), dann sollten Sie flugs zurückgehen zu den Vorübungen aus Lernschritt 5. Wenn es sich indes nur um eine kleine Unaufmerksamkeit Ihres Pferdes gehandelt hat, können Sie zu Stufe 3 übergehen: Wirbeln Sie das Seil dazu Richtung Halsansatz/ Schulterseite – und zwar wieder von oben nach unten.

In Stufe 4 treffen Sie das Pferd. Spätestens jetzt müsste die Unaufmerksamkeit beendet sein und das Pferd sich in Bewegung setzen. Lassen Sie es ein paar Schritte tun, indem Sie das Seil weich durch Ihre Hand gleiten lassen und es ihm sozusagen auf seinen Weg mitgeben.

Jetzt kommt die *Einleitung des Richtungswechsels aus der Bewegung heraus*: Schließen Sie dazu Ihre Führhand fest, drehen Sie Ihre Faust ein und führen Sie sie ein Stück auf Ihren Bauch zu, so als wollten Sie etwas zu sich ziehen. Diese Bewegung soll dem Pferdekopf das Gefühl geben, sich zu Ihnen zu wenden.

... und der Wechsel der Vorderhand zur anderen Seite.

Gleichzeitig mit dieser Bewegung knicken Sie deutlich in der Hüfte nach rechts ab und schauen auf die Ihnen zugewandte Hinterhandseite des Pferdes – etwa dorthin, wo sich der Brand eines Pferdes befindet. Das Pferd müsste sich Ihnen nun zuwenden und stoppen.

Reagiert das Pferd nicht durch Ausweichen der Hinterhand, dann erhöhen Sie wieder stufenweise die Energie: Seilende heben, Seilende Richtung Hinterhandseite wirbeln, Hinterhandseite mit Seilende treffen. Mit dem Seil in Ihrer linken Führhand *fixieren* Sie unterdessen den Kopf des Pferdes, so dass es nicht davonrennt.

Da Sie gut vorgearbeitet haben, wird sich das Pferd Ihnen zuwenden, sobald Sie den Kopf leicht zu sich nehmen und auf seine Hinterhand schauen. Sobald das Pferd sich Ihnen zugewendet hat und auf Entfernung gerade vor Ihnen steht, wechseln Sie das Seil in Ihren Händen: Ihre bislang linke Führhand *übergibt* das Seil der rechten, bislang unterstützenden Hand, die nun die Führhand wird.

Die neue (rechte) Führhand greift das Seil wieder wie Zügel, indem sie sich von oben drauflegt, der Daumen zeigt nach links unten oder auf Ihren Bauch (siehe Abb. oben). Ihre neue unterstützende linke Hand ergreift das restliche Seil, das hinunter hängt, nicht von oben, sondern von unten, um es später eventuell wirbeln zu können. Der Wechsel mit dem Seiltausch sollte fließend geschehen.

Am besten üben Sie das wiederum erst einmal ohne Pferd (wie alle anderen Handgriffe übrigens auch). Befestigen Sie das Seilende dazu an Ihrem Partner, an einem Zaun oder im Wohnzimmer an einem Stuhl oder am Fenstergriff und üben und erfühlen Sie die Bewegungsabfolge von Arm heben, Faust drehen, Seil anziehen, Hüftknick, Seil wirbeln, Handhaltung und Seiltausch.

Probleme?

In diesem mittlerweile fünften Trainingsschritt, das Pferd mithilfe von Gefühl zu bewegen, erübrigt es sich, mögliche Probleme und deren Lösungen zu beschreiben. Wer bis hierhin gekommen ist, ohne zu eilen, wer die Arbeit Schritt für Schritt erledigt hat, wird hier höchstens ein paar Anpassungsprobleme haben, die aus der wiederum anderen Position zum Pferd und dem veränderten eigenen Bewegungsablauf rühren. Wer darüber hinaus Schwierigkeiten hat, kann mit Gewissheit davon ausgehen, dass das Problem in einem der vorherigen Schritte liegt und dort gelöst werden muss.

... mit der Pferdeschulter

Am ehesten taucht in dieser Übungsphase das Problem auf, dass sich ein Pferd weigert, mit der Schulter zu weichen. Darüber sprachen wir bereits im Abschnitt über das Rückwärtsrichten: Wenn ein Pferd seine Vorderhufe in den Boden stemmt, statt sie zu bewegen, dann ist es in der Vergangenheit mit Sicherheit mit wenig Gefühl behandelt worden.

Vom Trainingsablauf her betrachtet, bedeutet das, was ich oben gesagt habe: Überprüfen Sie, wie gut Ihre Vorarbeit war. Dazu kommt: Von der Natur des Pferdes her gehört diese Übung sicher zu den schwersten. Vermutlich spielt bei rund 80 Prozent der Rangordnungsauseinandersetzungen von Pferden die Schulter eine wichtige Rolle. Sie ist sozusagen die pferdische Energiestufe 2, wenn es gilt, einen Artgenossen zu vertreiben: Wenn die Drohung per scharfem Blick und angelegten Ohren nicht fruchtet (Stufe 1), kommt als nächstes bekanntlich die Schulterbewegung hin zum Rivalen.

... und mit den Händen

Wichtig ist auch, dass Sie üben, mit beiden Händen *unabhängig voneinander* zu agieren. Wenn Sie beispielsweise auf Stufe 2 mit Ihrer rechten Hand das Seilende heben oder es auf Stufe 3 schwingen, um das Pferd zu seiner Bewegung nach links (von Ihnen aus gesehen) zu animieren, dann müssen Sie jederzeit bereit sein, Ihre linke Hand in dem Augenblick zu *öffnen*, wenn das Pferd sich zur Bewegung anschickt.

Und das gilt nicht nur für die letzte Übung, sondern für alle bisherigen Trainingsschritte. Denn, mit oder ohne Gefühlstraining: Pferde sind schon von Natur aus so *fein*, dass sie ein paar Gramm Energie mehr oder weniger auf dem Seil *fühlen*. Wenn *Sie* Ihre Hände nicht schnell genug koordinieren (und dazu bedarf es der Übung!) und dem Gefühl des Pferdes angemessen antworten, wird Ihre Ungeschicklichkeit dem Pferd unter Umständen das gegenteilige Signal senden, und es wird verweigern.

Ich betone das deshalb, weil der Umgang mit dem *Führseil* dem Umgang mit *Zügeln* entspricht. Mit die ärgsten Kommunikationspannen zwischen Mensch und Pferd zeigen sich in ungeschickter Zügelführung. Wer mit dem *Seil* Schwierigkeiten hat, wird auch Probleme mit den *Zügeln* haben. Wer lernt, mit dem Seil fein und geschickt umzugehen, der wird bald auch feiner und geschickter mit den Zügeln hantieren können.

Dasselbe gilt für die Positionierung des Menschen am Boden: Wer am *Boden* nicht weiß, wo er zu stehen hat, wer leicht unsicher wird und aus der Balance kommt, der wird auch im *Sattel* schnell vor oder hinter die Bewegung seines Pferdes geraten. Bodentraining kann hier sehr viel helfen. Denn unten am Boden ist es logischerweise viel leichter sich zu korrigieren, Bewegungsabläufe zu trainieren und Ungeschicklichkeiten zu beheben als oben im Sattel.

6. Schritt: **Rückwärts richten auf Distanz**

In diesem Kapitel lernen Sie zwei Methoden kennen, um Ihr Pferd ein paar Meter rückwärts von sich wegzuschicken. Sie erfahren außerdem, warum es so wichtig ist, dass Sie Ihr Pferd rückwärts gehen lassen, und wie Sie die Kontrolle über jeden einzelnen Huf gewinnen.

Eine alte Erfahrung sagt: „Je besser ein Pferd rückwärts geht, desto besser macht es alles andere." Das mag der tiefere Grund dafür sein, warum manche Ausbilder Pferde gerne durch Rückwärtsrichten „strafen", wie sie sagen. Doch Rückwärtsrichten darf niemals als *Strafe* angewendet werden (wie wir ein Pferd überhaupt niemals strafen sollten), sondern im extremen Fall, wie es auch in der Natur vorgesehen ist, höchstens als Beweis für Ranghöhe – und zwar ohne Wutausbruch. Das Rückwärts ist unter Pferden vor allem in Hengstauseinandersetzungen zu beobachten, wenn der Rangtiefere nach hinten ausweicht. Für das Durchschnittspferd handelt es sich also um eine äußerst seltene Aktion. Der normale Grund sollte deshalb sein, dass uns das Pferd, wenn es auf unser Geheiß rückwärts ausweicht, *Vertrauen* beweist. Denn ein Pferd sieht nicht, was direkt hinter ihm vorgeht, wenn es geradeaus nach hinten läuft – zumal wenn es, wie gefordert, seinen Kopf dabei auch noch gerade gerichtet hält.

Dazu kommt physisch: Ein Pferd, das rückwärts geht, verlagert sein Gewicht vermehrt auf die Hinterhand, wird also, wie bereits erläutert, mit der Hinterhand aktiv(er). Es wird damit verlässlicher und in seinen

Bewegungen leichter und genauer. Schließlich, ganz praktisch: Ein gutes Rückwärts ist zugleich die unabdingbare Voraussetzung für einen guten Stopp, für ein verlässliches Anhalten.

In Ausbildungsschritt 3 haben Sie und Ihr Pferd bereits gelernt, wie es geht, und dass ein gutes Rückwärts Sie und Ihr Pferd schult, auf jeden einzelnen Huf so zu achten, dass Sie wissen, wann das Pferd ihn wohin setzt, und Sie haben die diagnonale Fußfolge kennengelernt. Das Rückwärts verschafft Ihnen also zusätzlich *Kontrolle* über jeden einzelnen Huf.

1. Übung: Rückwärts durch indirektes Gefühl

In diesem 6. Trainingsschritt üben Sie nun, Ihr Pferd durch ein *indirektes* Gefühl rückwärts zu bewegen.

▸ Ihr Standort:

Stellen Sie sich gerade und aufrecht vor das Pferd, in etwa einem Meter Abstand.

Die ersten beiden Energiestufen, um das Pferd ein paar Schritte rückwärts zu richten.

▸ Ihre Seilhaltung:

Das Seil nehmen Sie anders in die Hand als in den vorangegangenen Übungen: Ihre Führhand – egal welche – liegt jetzt zwar wieder auf dem Seil, diesmal allerdings so, dass Ihr Zeigefinger direkt auf das Pferd weist, wenn Sie ihn strecken.
Die andere Hand hält das Seilende wieder zur Unterstützung, und zwar so, dass Sie das Seil in Richtung Pferd schwingen lassen können. Das Seilende ragt ein wenig aus dieser Hand heraus, wie auf den beiden Abbildungen oben zu sehen ist.

Achten Sie auf Ihre Körpersprache

Sie gehen auch hier wieder in vier Stufen vor. In Stufe 1 stehen Sie frontal vor dem Pferd. Ihre Körpersprache signalisiert deutlich: „Verschwinde hier!“ Holen Sie dazu Luft, strecken Sie Ihr Kinn in seine Richtung und schauen Sie ihm konzentriert in die Augen. Ihre Führhand mit dem gestreckten Zeigefinger ‚stößt‘ deutlich nach vorn Richtung Pferd (Abb. 1, S. 114).

Wenn Ihr Pferd aufgrund dieser geballten Ladung Körperenergie dennoch nicht ausweicht – in 80 Prozent ist dies am Anfang der Fall – dann heben Sie zusätzlich Ihre unterstützende Hand, richten Sie auf das Pferd und beginnen mit dem Seilende zu wackeln (Stufe 2: Abb. 2, S. 114). Vergessen Sie nicht Ihren starken Körperausdruck. In Stufe 3 wird aus dem Wedeln ein Schwingen – wiederum Richtung Pferdenase (Abb. unten); und auf Stufe 4 haben Sie das Seil so verlängert, dass Sie das Pferd mit dem schwingenden Seil an der Brust treffen können.

Energiestufe 3, um das Pferd zum Rückwärtstreten zu animieren.

2. Übung: Rückwärts durch direktes Gefühl

Wenn Sie ein Führseil verwenden *ohne* Metallhaken (am besten besorgen Sie sich eines, bei dem Sie den Haken bei Bedarf abnehmen können (Abb. S. 116), dann können Sie auch eine Variante von Parellis „Jojo“-Verfahren anwenden (aber, wie gesagt: nur *ohne* Eisenhaken!).

Stellen Sie sich dazu mit dem Rücken an eine Wand. Seilführung, Körperhaltung und Stufe 1 sehen genau so aus wie oben im ersten Verfahren beschrieben, nur dass Sie dafür ein wenig mit dem ausgestreckten

Mit direktem Gefühl sollten Pferde nur rückwärts gerichtet werden, wenn Sie ein Seil ohne Haken verwenden.

Zeigefinger hin und her *wackeln* (Abb. 1). Dadurch bewegt sich das Seilhalfter auf der Nase des Pferdes. Ganz feine (und trainierte) Pferde beginnen auf diese Bewegung hin schon zu weichen. Wenn Sie daran zweifeln, dann probieren Sie es doch wieder mit einem menschlichen Partner aus. Er wird mit geschlossenen Augen fühlen, wenn Ihr Finger wackelt. Auf Stufe 2 drehen Sie Ihr *Handgelenk* so, als hätten Sie eine Pistole in der Hand und beginnen, das Seil aus dem Handgelenk heraus zu bewegen (Abb. 2). Auf Stufe 3 drehen Sie Ihre Hand wieder in die Ausgangsposition, doch jetzt bewegen Sie das Seil mit Ihrem gesamten *Unterarm*. Der Schwung wird dadurch deutlich stärker (Abb. 3). Haben Sie damit immer noch keinen Erfolg, dann gehen Sie über zu Stufe 4, drehen Ihre Hand wieder zum Pistolengriff und schwenken das Seil nunmehr aus Ihrem *Schultergelenk* heraus (Abb. 4).

Wieder: den Versuch achten

Welches der beiden Verfahrensweisen Sie auch verwenden: Sobald Ihr Pferd eine *Reaktion* zeigt zu weichen, reduzieren Sie Ihre Bewegungsenergie auf Null, erst recht, wenn es gewichen *ist*. Ob Sie es richtig gemacht haben, merken Sie am durchhängenden Seil. Später, wenn Sie ein Gefühl füreinander bekommen haben, legen Sie wiederum präzise Bewegungsziele fest: einen Tritt, einen Schritt, zwei Schritte oder mehr, bis zum Ende des Seils vielleicht.

Alle 4 Stufen des Rückwärtsschickens mit direktem Gefühl. Ab Stufe 3 beginnt das Pferd, sich zu wehren. Ich hatte seinen Versuch zuvor nicht geachtet.

Überprüfen Sie Ihre Leistung durch das Feedback, das Ihr Pferd Ihnen gibt – ob es genau *die* Schritte gemacht hat, die *Sie* (hoffentlich) geplant hatten. Denken Sie wieder daran: Weniger ist mehr. Gehen Sie langsam vor. Lassen Sie sich und Ihrem Pferd Zeit. Und achten Sie die ersten Versuche Ihres Pferdes, Ihnen zu antworten. Wenn Sie das JoJo-Verfahren angewendet haben, sollte Verfahren 1 als nächster Übungsschritt angeschlossen werden, denn es geht ja letztlich immer darum, Ihr Pferd mit *indirektem* Gefühl zu bewegen – so leicht wie möglich.

3. Übung: Hereinholen

Ist das Pferd ein paar Schritte zurückgetreten, dann können Sie es wieder hereinholen. Dazu verändern Sie Ihre Körperhaltung komplett: Wechseln Sie von der Konfrontationshaltung zu einer einladenden Körperhaltung. Dazu drehen Sie Ihren Körper ein wenig, so dass Sie mehr oder weniger schräg vor dem Pferd stehen. *Lächeln* Sie und legen

Hereinholen des Pferdes durch veränderte Körperposition. Das Seil liegt in den geöffneten Händen.

Sie Ihren Kopf ein bisschen schief. Nehmen Sie das Seil jetzt so in beide Hände, wie wenn Sie es einholen wollten. Das Seil sollte bei *geöffneten* Händen in Ihren Handflächen liegen.

Holen Sie das Seil nun ein, Hand über Hand. Die Hände bleiben dabei, zwei, drei Handwechsel geöffnet. Das fühlt sich für Sie an, wie wenn Sie das Seil streichelten. Bewegt sich Ihr Pferd auf Sie zu – o.k. Bleibt es allerdings stehen, dann schließen Sie beim Über-die-Hand-Einholen zusätzlich Ihre Hände, *Finger für Finger*. Beginnen Sie mit dem kleinen Finger und warten Sie auf die Reaktion Ihres Pferdes. Wenn das Pferd schon reagiert, wenn Sie nur einen Finger geschlossen haben – umso besser. Wenn es erst kommt, wenn Ihre beiden Händen geschlossen sind, ist es auch in Ordnung.

Wenn es sich allerdings wehrt (was in diesem Trainingsstadium freilich unwahrscheinlich ist), liegt das wahrscheinlich an Ihrer Körperhaltung: Schauen Sie ihm auf *keinen* Fall in die Augen. Und überprüfen Sie sich: Stehen Sie wirklich schräg? Ist noch Spannung in Ihnen (vielleicht, weil Sie zum xten Mal Stufe 4 anwenden mussten)? Experimentieren Sie, um die Lösung zu finden. Und *lächeln* Sie! Lächeln wirkt anziehend – Ihr Partner wird es Ihnen bestätigen.

7. Schritt: **Seitwärts**

In diesem Kapitel geht es darum, alle vier Hufe Ihres Pferdes seitwärts zu bewegen – und zwar sauber über Kopf, Schulter und Hinterhand. Außerdem vertiefen Sie Ihr Wissen um pumpende Hände.

Sie sind nun in der Lage, alle vier Beine Ihres Pferdes unabhängig voneinander vorwärts und rückwärts zu bewegen. Im folgenden Trainingsschritt geht es darum, sie *seitwärts* zu bewegen.

▸ Ihr Standort:

Stellen Sie Ihr Pferd dazu am besten mit der Stirn vor eine Wand. Positionieren Sie sich im rechten Winkel zu seinem Kopf in etwa 1,5 Meter Abstand. Wenn das Pferd nach rechts weichen soll, stehen Sie also an seiner linken Kopfseite. Handelt es sich um eine Reitbahn, dann stehen Sie jetzt auf dem Hufschlag in Laufrichtung.

▸ Ihre Seilhaltung:

Das Seil verläuft in dieser Position vom Halfter des Pferdes in Ihre linke Hand, und zwar wieder so, dass Ihre Hand geöffnet mit der Handfläche zum Pferdekopf zeigt und Ihr Daumen nach rechts weist (Abb. S. 118). Das Seil liegt wieder locker in der Vertiefung zwischen Zeigefinger und Daumen. Ihre rechte Hand hält das andere Ende des Seils mit dem Lederpopper so, dass Ihr Daumen nach vorn oder rechts weist und etwa ein Meter Seil runterhängt.

1. Übung: Winken Sie Ihrer Freundin

In Stufe 1 strecken Sie Ihren linken Arm ein wenig Richtung Pferdekopf aus und wedeln mit den vier Fingern Richtung Pferdeauge so, als wollten Sie einer Freundin winken. Dabei gehen Sie auf das Pferd zu. Das Seil liegt dabei locker in der Vertiefung zwischen Daumen und Zeigefinger. Ihre rechte Hand ist mit dem Seilende zunächst bis etwa auf Ihre eigene Hüfthöhe angehoben, Ihren Arm halten Sie dabei leicht angewinkelt (Abb. 1). Wenn sich das Pferd von Ihrer wedelnden linken Hand mit der *Vorhand* wegbewegt, wird die Hinterhand von selbst nachkommen, wenn Sie zusätzlich Ihre rechte Hand mit dem Seil rhythmisch rauf und runter bewegen (Abb. 2 und 3).

Wenn das nicht der Fall ist, erhöhen Sie Ihre Energie auf Stufe 2, das heißt: Sie beginnen, das Seil in Ihrer rechten Hand leicht zu schwingen. Wenn nun die Vorhand etwa zurückbleiben sollte, wird aus Ihren wedelnden Fingern der linken Hand eine in Richtung Pferdekopf *pumpende* Hand. Das heißt: Sie stoßen mit Ihrer ganzen Hand rhythmisch Richtung Pferdekopf (natürlich ohne ihn zu treffen). In Stufe 3 schwingen Sie das Seil in Ihrer rechten Hand schneller (Abb. 4), und in Stufe 4 treffen Sie das Pferd mit dem Seilende an der Hinterhand.

1
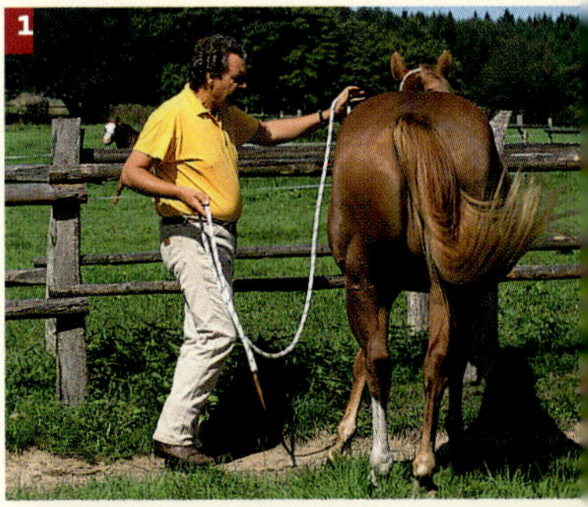

2
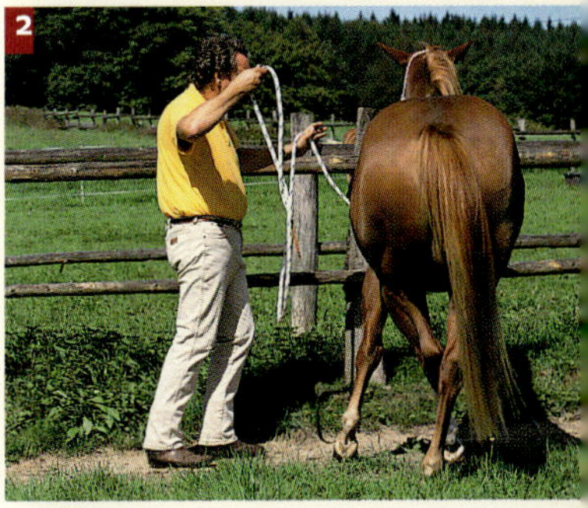

3
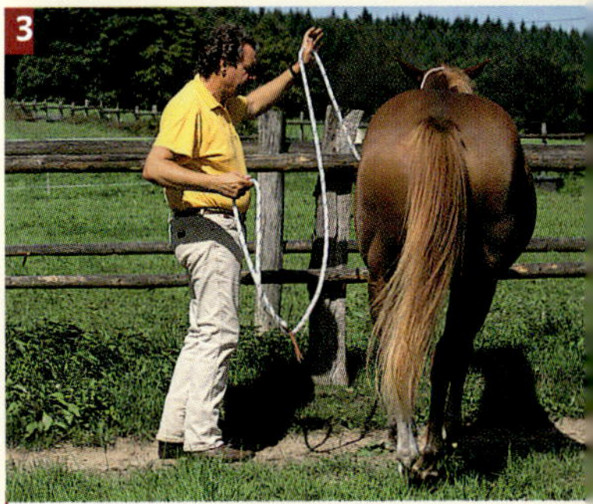

Beim Seitwärts des Pferdes ist es wichtig, sich selbst im Rhythmus mitzubewegen.

4

Wenn die Hinterhand des Pferdes nicht mitkommt, richten Sie die treibende Energie auf diesen Körperteil.

Vergessen Sie jedoch nicht, sich *mitzubewegen*, wenn das Pferd startet. Nichts wäre schlimmer, als dass Sie ihm seinen Versuch zunichte machten, auf Ihre Energie entsprechend mit Bewegung zu reagieren, nur weil Sie vergessen mitzugehen oder Ihre linke Hand zu öffnen und das Seil darin freizugeben (Abb. 1).

Wenn die pumpende Bewegung Ihrer linken Hand keinen Erfolg zeitigt, wechseln Sie mit Ihrem schwingenden Seil rhythmisch zwischen Vor- und Hinterhand. Anfangs wird das Pferd versuchen, seine Beine zu sortieren, und die unterschiedlichen Energieinformationen zu verarbeiten. Überstürzen Sie deshalb nichts. Lassen Sie Ihrem Pferd Zeit zu reagieren. Wenn Sie die vorangegangenen Trainingsschritte allerdings mit Erfolg geübt haben, wird auch das Seitwärtsgehen kaum Schwierigkeiten bereiten.

Sobald das Pferd flüssig im Wechsel mit Vor- und Hinterhand reagiert, reicht es, mit der rechten Hand das Seil nur noch Richtung *Schenkellage* (wenn ein Reiter auf dem Pferd säße) zu halten oder ein wenig zu schwingen. Ihre linke Hand schließt sich nur dann, wenn das Pferd mit der Vorhand *zu weit* ausweicht, so dass die Hinterhand nicht mehr nachzieht. In diesem Fall hält die geschlossene Hand das Seil so lange, bis die Vorhand eingefangen, die Hinterhand nachgekommen ist, und das Pferd sich wieder in der Seitwärtsposition befindet.

Probleme?

Sollte sich das Pferd anfangs wehren, indem es, statt seitwärts zu weichen, *rückwärts* zieht, ist es Ihre einzige Aufgabe, ruhig zu bleiben und Ihren Standort auf dem Hufschlag *nicht* zu verlassen. Halten Sie das Seil mit Ihrer linken Hand fest und schwingen Sie das Seilende aus

Abb. 1: Meine linke Hand gibt dem Kopf des Pferdes die Richtung, Seil und Arm sorgen für Bewegung. Meine Körperhaltung soll dem Pferd deutlich zeigen, dass ich seine linke Körperseite nach vorne rechts bewegen will.
In Abb. 2 ist die Position des Pferdes noch problematischer. Meine Energie geht Richtung Kopfseite des Pferdes (linke Hand) und Schulter (rechte Hand mit Seil).
Abb. 3: Ziel erreicht

dieser Position weiter *Richtung Pferd* (Abb. oben). Und zwar *so*, dass eine Verlängerung des Seils (oder eine gedachte Linie) ebenfalls etwa an der *Schenkellage* auf den Pferdeleib aufträfe, also *hinter* seiner Schulter. Das ist eine seitwärts-vorwärts treibende Hilfe, so dass das Pferd wieder im richtigen Winkel neben Ihnen auf dem Hufschlag ankommt.

Wohlgemerkt, Sie sollen das Pferd dort *nicht treffen*, sondern nur Energie dorthin schicken. Energie, die *an dieser Stelle* auftrifft, aktiviert in Verbindung mit dem Seil, das Sie fest in Ihrer Hand halten, eine Vorwärts-Seitwärts-Bewegung, wohingegen Energie, die *vor* oder *an* der Schulter ankäme, das Pferd tendenziell zum weiteren Rückwärtstreten animieren würde. Achten Sie also sehr gut darauf, *wohin* die Energie Ihres Seilendes geht.

Zieht das Pferd zu heftig zurück – was in diesem Lernstadium eigentlich nicht mehr zu erwarten ist – dann unterbrechen Sie einfach Ihre Energiezufuhr, halten aber weiter das Seil und geben sich beiden eine kleine Pause. Dann heben Sie Ihren linken Arm (wir befinden uns zu Übungszwecken in diesem Buch ja immer links vom Pferd) wie in Übung 6 und geben erneut Energie, so, als wenn Sie das Pferd um sich herum dirigieren wollten.

Achtung: Spielen Sie nicht mit dem Gedanken, eine dieser (oder eine der vorangegangenen) Übungen ohne ausreichende Vorbereitung durch die anderen Trainingsschritte auszuprobieren. Ohne gezieltes Bewegen von Vor- und Hinterhand und ohne gutes Handling-Training Ihrerseits könnte es passieren, dass ein Pferd sich in dieser Übung beispielsweise blitzschnell von Ihnen abwendet, und Sie mit seiner Hinterhand konfrontiert – eine Erfahrung, die Sie besser nicht machen sollten!

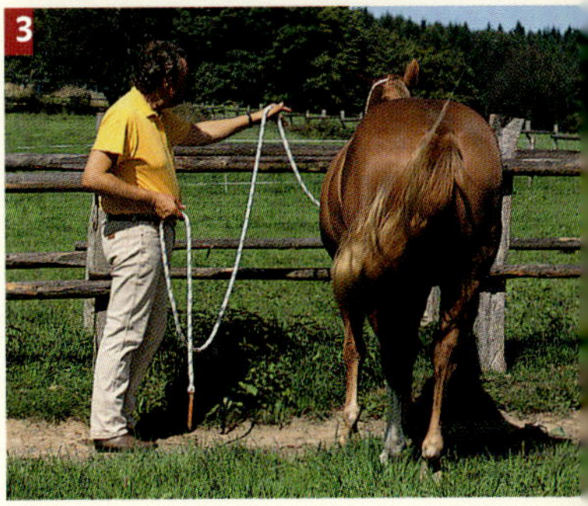

8. Schritt: **Zirkel – Jetzt geht's rund**

In diesem Kapitel geht es um das Bewegen des Pferdes vom Menschen weg und um ihn herum. Dabei werden mehrere der vorangegangenen Trainingsschritte zu einer fließenden Bewegung, ‚aus einem Guss', zusammengefügt. Außerdem erfahren Sie, warum so viel longiert wird, und was gutes Longieren mit guter Kommunikation zu tun hat.

Wie wird normalerweise longiert?

Longieren gehört zu den beliebtesten Umgangsformen mit Pferden. Wenn man fachgerecht nach den Regeln der Deutschen Reiterlichen Vereinigung vorgeht, wird das Pferd an einer sieben Meter langen Longe auf der Zirkellinie gearbeitet und bewegt. Das Pferd wird dabei mit speziellen Zügeln, die links und rechts im Trensenring eingehakt sind, so „ausgebunden", dass es sich – wenn das Ausbinden regelkonform angewendet wird – nach *vorwärts-abwärts strecken* kann. Der Kopf des Pferdes befindet sich leicht vor der Senkrechten und ist bisweilen durch die Verkürzung des inneren Zügels minimal nach innen gestellt.

So werden hierzulande in der Regel Pferde longiert.

Verschnallt werden die Zügel etwa auf Schulterhöhe seitlich am Bauchgurt des Pferdes. Die Longe sollte dabei – so die Vorschrift – nicht durchhängen, sondern vom Pferd in leichter Spannung gehalten werden. Die Peitsche, die der Longenführer in der Hand hält, ist mit ihrer Spitze auf Höhe der Sprunggelenke ausgerichtet. Die Peitsche ersetzt die treibende Wirkung von Kreuz und Schenkel. Ziel ist es, dass das Pferd sich in allen drei Gangarten „vertrauensvoll" nach vorwärts-abwärts streckt und im Rücken schwingt.

Warum wird longiert?

Longiert werden Pferde vor dem Anreiten und während der Ausbildung zum Lösen, ebenso aber auch rekonvaleszente und schonungsbedürftige Pferde sowie ausgebildete Pferde zur Erhaltung der Geschmeidigkeit. Longiert wird also (fast) immer. Kein Wunder: Einerseits kann Longieren tatsächlich Hilfe in Ausbildung und Korrektur eines Pferdes sein sowie zu seiner Gymnastizierung beitragen. Andererseits aber ist es auch die einzige Form der Bodenarbeit im herkömmlichen, hierzulande bevorzugten Umgang mit Pferden, wenn man von der (allerdings stark vernachlässigten) Handarbeit absieht, die Pferde auf höhere Lektionen vorbereiten soll.

Warum wird so viel longiert?

Mit Sicherheit wird deshalb so viel longiert, weil Longieren im Prinzip für so vieles von Nutzen sein kann. Nur, wird auch *richtig* und immer *zweckbezogen* longiert? Wer sich in Reitställen umschaut, der kommt zum Ergebnis: weder – noch. Eher wird *zu viel* longiert und es wird häufig *falsch* longiert.

Wer mir bis hierhin gefolgt ist, wird die Unterschiede bereits festgestellt haben: Ein Pferd, das regelmäßig bis zu 30 Minuten im Kreis bewegt wird, läuft nicht nur Gefahr, sich Beinschäden zuzuziehen (was im übrigen auch für regelmäßiges *extensives* Bewegen von Vor- und Hinterhand gelten würde, wie es in *diesem Buch* beschrieben wird und auch für das *Joining-Verfahren*), sondern es stumpft auch ab.

Wenn ein Pferd durch Longieren gymnastiziert werden soll, und das kann man unter anderem mithilfe von Cavalettis hervorragend, darf es dadurch aber nicht (psychisch) *abgestumpft* werden. Die *körperliche* Gymnastizierung darf der *geistigen* und *emotionalen* nicht entgegenarbeiten. Und das ist die Gefahr. Besser ist es, ein Pferd zur Gymnastizierung ‚frei' zu longieren, also im Longierzirkel, einem abgesteckten Stück Reitplatz oder im Round Pen und – wenn überhaupt – immer nur für kurze Passagen ausgebunden. Auch sollte die Peitsche nicht ständig auf Höhe der Sprunggelenke gehalten werden. Das stumpft ebenfalls ab. Diese Peitschenhaltung entspricht etwa unserer Energiestufe drei, also fast dem Maximum.

Qualifizierte Round Pen-Arbeit macht das Pferd geistig und emotional fit und bereitet es optimal auf Longenarbeit vor.

Warum hierzulande so intensiv longiert wird, das hat also mehrere Gründe. Zum einen liegt es, wie oben beschrieben, an den vielfältigen Zielsetzungen, die in den „Richtlinien Reiten und Fahren" mit dem Longieren verknüpft werden. Andererseits ist Longieren für viele Reiter aber auch die einzige Möglichkeit, ihrem Pferd vor dem Aufsitzen die Möglichkeit zur *Bewegung* zu geben. ‚Ablongieren' heißt das dann, also aus Sicherheitsgründen ein bisschen Dampf rausnehmen, bevor es losgeht.

Letztlich steckt hinter diesem „Ablongieren" genannten ‚Sicherheitslongieren' aber auch nichts anderes als der unausgesprochene

Eine Mischung aus verschiedenen Fehlern: Dieses Pferd hat weder Vertrauen zu den direkten noch zu den indirekten Gefühlen, die der Mensch ihm vermittelt. Aus Unwissen scheint die Frau Freude an der Not des Pferdes zu haben.

und unbewusste Wunsch, ein *Gefühl* fürs Pferd *zu bekommen*, und dem Pferd ein Gefühl für die Bedürfnisse seines Reiters *zu vermitteln*. Leider kennt die vorherrschende Kultur des Umgangs mit Pferden und der Ausbildung von Reiter und Pferd aber kaum Wege dahin. Deshalb wird dann aus Longieren bisweilen dieses Kampfspiel zwischen davonspringenden Pferden und hilflosen Menschen, oder dieses von Monotonie geprägte Ritual zwischen ausgebundener Hilflosigkeit und sinnlos-fröhlichem Kreiseldrehen, das sich meist im Reiten fortsetzt.

Longieren und Reiten

Diese aus der (verständlichen) Unsicherheit geborene Gewohnheit des Ablongierens hat mancherorts zu dem bösen Verdikt geführt, dass „wo viel longiert wird, schlecht geritten" werde. Oft sind es genau diejenigen, die dieses Urteil fällen – in einer kruden Mischung aus Arroganz und mangelndem Wissen um die Psyche des Pferdes – die auch umfassendere *Bodenschulung* ablehnen.

Der Verhaltensforscher und Journalist Horst Stern, der die weltweit meistgelesene Reitlehre verfasst hat, kam schon in den siebziger Jahren zu dem Schluss: „Seit ich mich mit dem Pferd beschäftige, erstaunt es mich immer wieder zu sehen, wie das Kentaurenhafte vieler Reiter, das ihre *Stärke* in der Pferde*beherrschung* ist, zugleich auch ihre *Schwäche*

Mangelndes Gefühl, ein erschreckendes Maß an Unwissenheit über die Psyche von Mensch und Pferd sowie Angst, die mit Härte kompensiert wird, führen dazu, dass viele Reiter unsinnig an den Zügeln ziehen.

in der Pferde*beobachtung* ausmacht." (Kentauren sind Fabelwesen aus der griechischen Mythologie mit menschlichem Oberkörper und dem Unterkörper und den Beinen eines Pferdes). Und er zitiert den Freiburger Verhaltensforscher Prof. Klaus Zeeb mit dem Bonmot: „Reiter erkennen ein Pferd doch nur dann als Pferd, wenn ein Sattel draufliegt."

Beherrschen statt Beobachten, Funktionieren statt Erkennen – diese Zweiteilung im Umgang mit Pferden ist offensichtlich ein Dauerbrenner. Wer beherrschen will ohne zu beobachten, wer auf Funktion pocht, ohne *verstehen* zu wollen, der wird über kurz oder lang *Zwang* und *Gewalt* ausüben. Ergebnis? Der Schwächere gibt nach. Manche Charaktere mag dies durchaus befriedigen. Wen es befriedigt, der sollte sich allerdings über seinen Charakter und seine Reife Gedanken machen.

Beherrschen und Gehorchen

Ein weiser Satz, auf dem mein gesamtes ‚Dominanz'-Training beruht, nennt die Alternative: „Wer die Natur *beherrschen* will, der muss ihr *gehorchen.*" Gehorchen statt Beherrschen, das fällt unsicheren und ungeduldigen Menschen schwer – arroganten erst recht. Die *Weisheit* des Satzes liegt freilich auch in seinem Ergebnis: Es läuft ja auch auf *Beherrschen* hinaus, nur eben *ohne* Gewalt.

Wie ist der Satz nun zu verstehen? Pferd und Mensch, beide sind Natur. Der Natur zu gehorchen bedeutet nichts anderes, als sie zunächst einmal *kennen zu lernen*, ihre Gesetze und Regeln, Bedürfnisse und Eigenarten, und *dann* zu handeln – nach *deren* Regeln. Stattdessen neigen *wir* dazu, Pferde nach *unseren* Regeln zu behandeln. Das Ergebnis? Noch einmal sei Horst Stern zitiert, dessen scharfsinnige Anmerkungen (leider) auch heute noch Aktualität besitzen: „So steigert man", beschreibt er das Verhältnis Mensch/Pferd, „im nutzlosen *Kampf gegeneinander* die *Erregung* über und unterm Sattel. So lebt man, nach 5000 Ehejahren, noch immer aneinander vorbei."

Und warum? Weil die Reiterei „das Pferd zwar für ihre Zwecke in allen seinen Muskeln und Gelenken genauestens analysiert hat, um die Tiere so besser *gymnastisch* formen zu können, dass sie aber vom genotypischen (erbmäßigen) Verhalten ihrer Tiere wenig oder nichts methodisch Gesichertes zu berichten hat."

Ein paar hundert Kilo Gefühl

Ein Armutszeugnis fürwahr. Und der Grund? Weil wir uns weigern, ein Pferd als das *wahrzunehmen*, was es ist: ein Pferd – *ein paar hundert Kilo Gefühl auf vier Beinen*. Würden wir das Pferd als das wahrnehmen, was es ist, dann müssten wir nämlich von vielem Abschied nehmen, was uns lieb geworden ist:

- von unserem Größenwahn beispielsweise, der uns selbst als „Krone der Schöpfung" sieht, und der sich alles untertan machen möchte, was auf der Erde kreucht und fleucht;
- von unserem *Körper-Kult*, der sich nur auf ‚Gymnastizierung' konzentriert und glaubt, das *psychische* und *emotionale* Befinden von Pferden (und Menschen) vernachlässigen zu dürfen;
- von unserem *Erwerbsstreben*, das auch vor der Kreatur Pferd als Handelsware nicht Halt gemacht hat;
- von unserer *Eitelkeit*, die auf hohem Ross nach sportlichen Erfolgen strebt, ohne das hohe Ross nach seiner Meinung zu fragen;
- aber auch von unseren geliebten *Subjektivierungen* des Pferdes, die es entweder lyrisch in die Sphären des ‚besseren Menschen' rückt oder es aber zum ‚blöden Bock' oder ‚Verbrecher' abstempelt.

(Ge-)horchen und *Hinhören*, *Beobachten* und *Wahrnehmen* beschreiben also ein und dasselbe: jemand anderen *in all seinen Facetten* und Eigenarten wahrzunehmen. Und w*ahr-nehmen* heißt in seiner ursprünglichen Bedeutung nicht anderes als: die *Wahrheit mit allen Sinnen in sich aufzunehmen*.

Die Psychologie weiß, dass dies der einzige Weg von *Führung ohne Gewalt* ist. Denn diese Wahrnehmung bewirkt zweierlei. Erstens: Wir lernen den anderen (Pferd oder Mensch) in seinen *Fähigkeiten* und mit seinen *Grenzen* kennen und können dadurch eine angemessene Führungsstrategie entwickeln. Zweitens: Durch die Wahrnehmung bauen wir die notwendige *Vertrauens*basis auf, denn der andere fühlt sich auf diese Weise angenommen und verstanden. Beide entwickeln ein Gefühl füreinander. Und beide können ihre Fähigkeiten und Grenzen auf diese Weise ausweiten.

Gegenseitiges Vertrauen

Unsere beiden methodischen Praxisstufen – Joining und Halftertraining – bauen auf ständiger Wahrnehmung auf – das eine mehr durch *indirektes*, das andere mehr durch *direktes* Gefühl. Sie helfen Mensch und Pferd, ein *Gefühl füreinander* zu entwickeln und *schaffen* somit gegenseitiges, zuverlässiges Vertrauen.

Wenn die Idee des Longierens auf diesen beiden Praxisstufen aufbauen würde – wenn das oben skizzierte Longieren also das *Ergebnis* vorangegangenen Pferdetrainings wäre –, käme es voll zur Entfaltung, zum Vorteil von Mensch und Pferd. Und es wäre zudem die ideale Grundlage für ein anschließendes Training an der Hand für höhere Lektionen – egal, um welche Reitweise es sich handelt, und für eine Reiterei, die auf *Zwang* und *Gewalt* verzichten könnte, weil sie wirkliches Gefühl entdeckt hätte.

Joining – wie hier zu sehen – und Halftertraining sind die idealen Voraussetzungen für gekonntes und effizientes Longieren.

Longieren, wie oben beschrieben, ist also Bewegung mittels (hauptsächlich) direkten Gefühls. Wenn man auf diese Weise wirklich erfolgreich sein will (also ohne davonstürmende, über die Schulter oder mit der Hinterhand ausbrechende Pferde) und die Zielsetzung guten Longierens optimal erreichen will, dann macht es Sinn, frühzeitig mit der Bodenarbeit, wie sie in meinen beiden Büchern beschrieben ist, zu beginnen. Also zunächst mit dem *Joining*, um ein Gefühl für die Bewegungen des Pferdes *auf Distanz* zu bekommen, für seine eigenen Bewegungen und Energien, und dann mit den hier in diesem Buch beschriebenen Schritten des Trainings mit Seil und Halfter. Das Ergebnis wird sein, dass Pferd und Mensch ein Gefühl füreinander *in* jeder Bewegung und *für* jede Bewegung bekommen – am Boden wie unter dem Sattel.

Gefühl und Beobachtung beim Longieren

Der renommierte Ausbilder und ehemalige Leiter der Landesreitschule Rheinland, Albert Brandl, stellt in seiner Reitlehre „Perfekter Reiten – Dressur, Springen, Military" fest, dass richtiges Longieren die Ausbildung des Pferdes wesentlich erleichtert, dass dafür die Anforderungen an den Ausbilder aber auch entsprechend hoch seien. Als Hauptqualifikation nennt Brandl dabei ebenfalls die Fähigkeit zur *Beobachtung*.

Christoph Hess, Chef des Bundesleistungszentrums des Deutschen Olympischen Komitees für Reiterei (DOKR), Ausbildungsleiter der Deutschen Reiterlichen Vereinigung (FN) und Richter bis Klasse S und Grand Prix in Dressur, Springen und Vielseitigkeit, unterstrich in einem Interview, dass er sich als Richter den „feinfühligen Reiter" wünsche. Und er bekannte: „Ich bin immer ganz glücklich, wenn ich so einen im Viereck sehe.“ *Gefühl*, so der oberste deutsche Ausbilder, sei die unabdingbare Voraussetzung dafür, dass ein Reiter mit seinem Pferd das Ideal erreiche, die höchste Wertnote 10.

Beobachtung und Gefühl kann man *lernen*. Wie, das stand im Zentrum dieses und des letzten Buches. Doch was genau heißt denn *Beobachten*? In seiner ursprünglichen Bedeutung heißt es, einem Lebewesen oder einer Sache *Aufmerksamkeit schenken*. Wissenschaftlich steht Beobachten für zweierlei:

- Allgemein versteht die Wissenschaft Beobachten als eine zielgerichtete Tätigkeit, bei der Umweltinformationen *systematisch* gesammelt werden.
- In Pädagogik und Psychologie steht Beobachten aber auch für „Lernen am Modell“ – eines der wichtigsten Lernprinzipien in der *Entwicklungspsychologie* und im Rahmen der *Erziehung*.

Beobachten beinhaltet also einiges, das weit über simples Hingucken hinausgeht. Wer beobachtet, der lässt sich für eine gewisse Zeit auf jemanden ein, der *beschenkt* den anderen mit seiner Aufmerksamkeit. Er tut das nicht umsonst. Denn er bekommt viel zurück. Das Wichtigste ist *Gefühl*, *Erkenntnis* und *Erfahrung*.

1. Übung: Longieren – einmal anders

Wenn Sie mit Ihrem Training bis hierhin gekommen sind, wird Ihnen das ‚Longieren‘ Ihres Pferdes kein Rätsel mehr sein, und auch nicht, wie man ein junges Pferd anlongiert. Dann brauchen Sie keinen Helfer, der das Pferd führt und niemanden, der von außen die Peitsche schwingt, auf dass Ihr Pferd nicht das Weite sucht.

▶ Ihr Standort:

Sie stehen zunächst vor dem Kopf Ihres Pferdes, eine Armeslänge von ihm entfernt.

▶ Ihre Seilhaltung:

Die Seilhaltung wechselt, je nachdem in welcher Phase des Longierens Sie sich befinden.

Die Phasen des Longierens

1. Als erstes nehmen Sie das Seil mit Ihrer Führhand auf und *streicheln* Ihr Pferd. Wenn Sie mit einem Zirkel links herum (auf der linken ‚Hand‘ des Pferdes also) beginnen wollen, ist Ihre linke Hand auch die Führhand. Ihre Führhand liegt so auf dem Seil, dass Ihr Zeigefinger direkt auf das Pferd weisen würde, wenn Sie ihn streckten

(siehe Lernschritt 6: Rückwärtsrichten auf Distanz). Die andere Hand hält das Seilende zur Unterstützung – und zwar so, dass Sie es in Richtung Pferd schwingen lassen können. Das Seilende ragt aus Ihrer Hand und hängt nach unten.

2. Schicken Sie Ihr Pferd wie in Lernschritt 6 ein paar Tritte rückwärts (Abb. 1).
3. Nun greifen Sie mit Ihrer linken Hand *um*, indem Sie sie wieder von oben auf das Seil legen (Ihr Daumen zeigt jetzt *zu* Ihnen hin), und heben Ihre linke Führhand mit dem Seil deutlich in *die* Richtung, in die das Pferd gehen soll. Würden Sie jetzt Ihren kleinen Finger strecken, so wiese der dem Pferd den genauen Weg. Schauen Sie gleichzeitig auf die Ihnen zugewandte Schulter des Pferds (das ist Energiestufe 1 – wie in den Lernschritten 5 und 6 geübt – Abb. 2). Wenn das Pferd losgeht, prima. Dann sorgen Sie nur dafür, dass Ihre Führhand sich

Abb. 1–5: Longieren ist zu Beginn nichts anderes als die Kombination der Lernschritte 5 und 6.

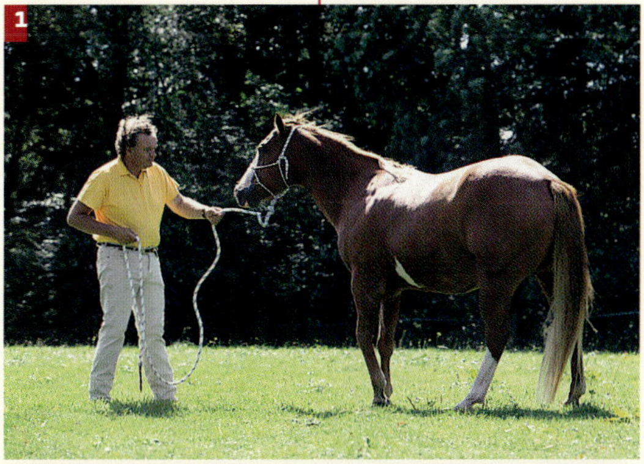

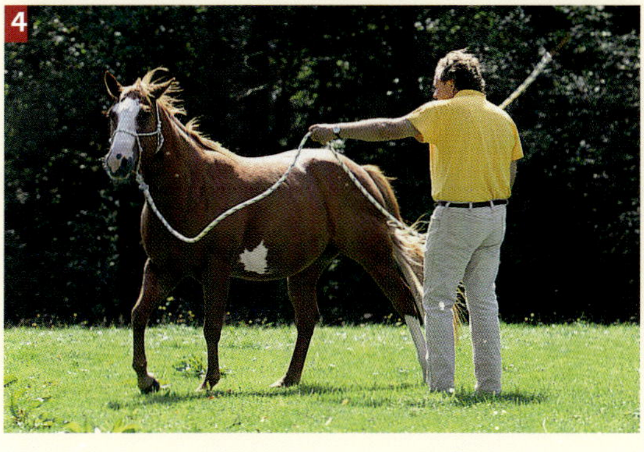

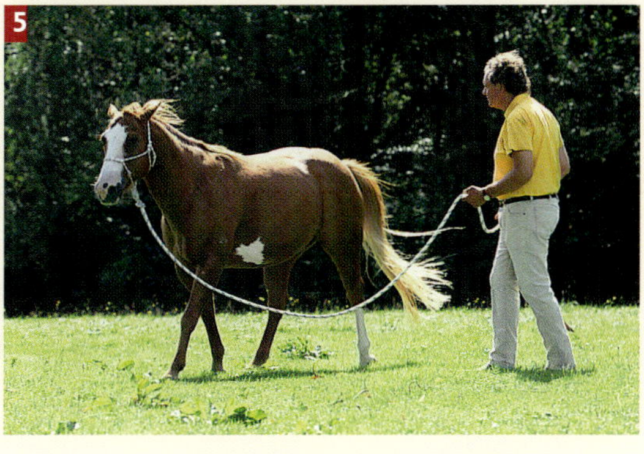

öffnet, damit Sie Ihr Pferd nicht am Fortgehen hindern. War das Gefühl auf Energiestufe 1 nicht deutlich genug für Ihr Pferd, so gehen Sie über zu Stufe 2 und evtl. 3 (Abb. 3) und 4. Sie haben gemerkt: Bis hierhin haben Sie die Lernschritte 5 und 6 in flüssiger Abfolge miteinander kombiniert.

4. Wenn das Pferd sich erfolgreich in Bewegung gesetzt hat, gehen Sie anfangs so mit wie beim Joining: genau im rechten Winkel zu seiner Längsachse (Abb. 4, S. 129 und Abb. oben, S. 130). Sie gehen also parallel zum Pferd mit, und Ihr Blick richtet sich genau auf die Stelle, an der beim Reiten Ihr Schenkel liegen würde.

Wenn Sie das Pferd später um sich herumlaufen lassen, ohne dass Sie sich selbst mit bewegen, wechselt Ihre Führhand jeweils.

1

2

3

Sie erinnern sich: In dieser Position und in diesem Winkel ist Ihre Energie, das indirekte Gefühl, das Sie dem Pferd vermitteln, am größten. Sinnvollerweise beginnen Sie mit der Gangart *Schritt*. Die Aufgabe des Pferdes ist es nun, so lange im Schritt zu gehen, wie Sie das wünschen, also so lange, wie Sie kein anderes Signal geben. Später, mit zunehmender Übung, gehen Sie nicht mehr mit, sondern lassen das Pferd um sich herum laufen (Abb. 1-3). Aber wirklich erst später, wenn alles andere gut ‚sitzt', sonst handeln Sie sich mit Sicherheit Scherereien ein, weil das Pferd dann hinter Ihrem Rücken garantiert Ihre Aufmerksamkeit oder Ihre Führungsfähigkeit testen wird ...

Schneller: ja, langsamer: nein

Sollte das Pferd in den Trab fallen, dann wissen Sie, dass Sie beim nächsten Mal Ihre Energie überprüfen müssen, denn womöglich waren *Sie* es, der das Pferd zum höheren Tempo animiert hat. Lassen Sie das Pferd in diesem Fall aber ruhig laufen, denn hier gilt, was auch schon beim Joining galt: Das Pferd darf alles *schneller* machen als gewünscht, nur nicht *langsamer*, *weniger* und in eine *andere Richtung*.

Wenn Sie sich allerdings sicher sind, dass *Sie* der Verursacher des Tempowechsels waren, dann geben Sie ihm die Chance, das Tempo wieder zu verringern, indem Sie leicht mit dem Seil schlenkern (direktes Gefühl). Und zwar wieder stufenweise – hin und her, *von links nach rechts* also, auf keinen Fall von oben nach unten (denn diese Bewegung würde den Kopf Ihres Pferdes nach außen treiben).

Zunächst wackeln Sie dazu wieder nur mit dem Finger, dann aus dem Handgelenk, wenn es sein muss auch mit dem Unterarm – genau so wie in Lernschritt 6, als es darum ging, Ihr Pferd *rückwärts* zu bewegen. Mehr Energiestufen müssen dem Pferd in der Regel nicht präsentiert werden, um es langsamer zu machen oder um es anzuhalten.

Umgekehrt: Wenn das Pferd die Gangart unterbricht (oder gar die Richtung ändert, indem es sich Ihnen zuwendet), obwohl Sie ihm keinerlei Signal gegeben haben, dann holen Sie es mit einem kräftigen Zug *zu sich rein* (ein, zwei Schritte genügen) und schicken es in der gleichen Bewegungsabfolge mit dem schwingenden Seilende wieder *hinaus*.

Das Pferd hat ohne äußeren Anlass eigenmächtig die Richtung geändert. Ich hole es zur Korrektur mit einem deutlichen Zug ein, zwei Schritte zu mir herein und schicke es mit Seilschwung sofort wieder hinaus.

Die Verbindung von direktem (Zug auf sein Halfter) und indirektem Gefühl (Wegschicken mit dem schwingenden Seil) lehrt das Pferd nachdrücklich, seine Gangart nicht zu unterbrechen. Um den deutlichen (!) Zug auszuüben, schließen Sie Ihre Führhand fest, drehen Ihre Faust ein und führen sie ein Stück auf Ihren Bauch zu, so als wollten Sie etwas zu sich ziehen, oder nach hinten und gehen nötigenfalls selbst ein, zwei Schritte schnell rückwärts.

Jetzt kommt der Richtungswechsel nach rechts

5. Wenn Ihr Pferd die angestrebten Runden absolviert hat, leiten Sie den Richtungswechsel ein, wie es in Lernschritt 5 („Fließender Richtungswechsel") bereits vorbereitet wurde. Nur, dass *Ihre* Bewegung jetzt – angesichts der stärkeren Bewegung des Pferdes – möglicherweise ebenfalls etwas deutlicher ausfallen muss.

- ▶ Als erstes schließen Sie Ihre (hier: linke) Führhand. Dann drehen Sie Ihre linke Faust ein und führen sie ein Stück auf Ihren Bauch zu, so als wollten Sie etwas zu sich ziehen. Diese Bewegung soll dem Pferdekopf das Gefühl geben, sich zu Ihnen zu wenden. Wenn

das noch nicht ausreicht, dann tun Sie so, als ob Sie einen Bogen spannen wollten. Ihre Führhand hielte dann den Bogen und Ihre unterstützende rechte Hand spannte ihn, indem sie das Seil nach hinten zieht. Hierbei müssen Sie Ihre Führhand natürlich geöffnet halten (Abb. links).

- Gleichzeitig mit dieser Bewegung knicken Sie ein wenig mit dem Oberkörper nach rechts vorne ab und schauen konzentriert auf die Ihnen zugewandte Hinterhandseite des Pferdes (Abb. 1–3).

6. Wenn das Pferd sich Ihnen mit einer schwungvollen Bewegung zuwendet, entspannen Sie und holen es zu sich. Streicheln Sie es (Abb. 4) und wechseln Sie dann die Führhand nach rechts.

Erst wenn Ihre Kommunikation im *Schritt* stimmt, sollten Sie zum *Trab* übergehen. *Wann* Sie es wagen können, das Pferd an der knapp vier Meter langen Leine *galoppieren* zu lassen, werden Ihnen dann mit Sicherheit Ihr Gefühl und Ihre Erfahrung sagen.

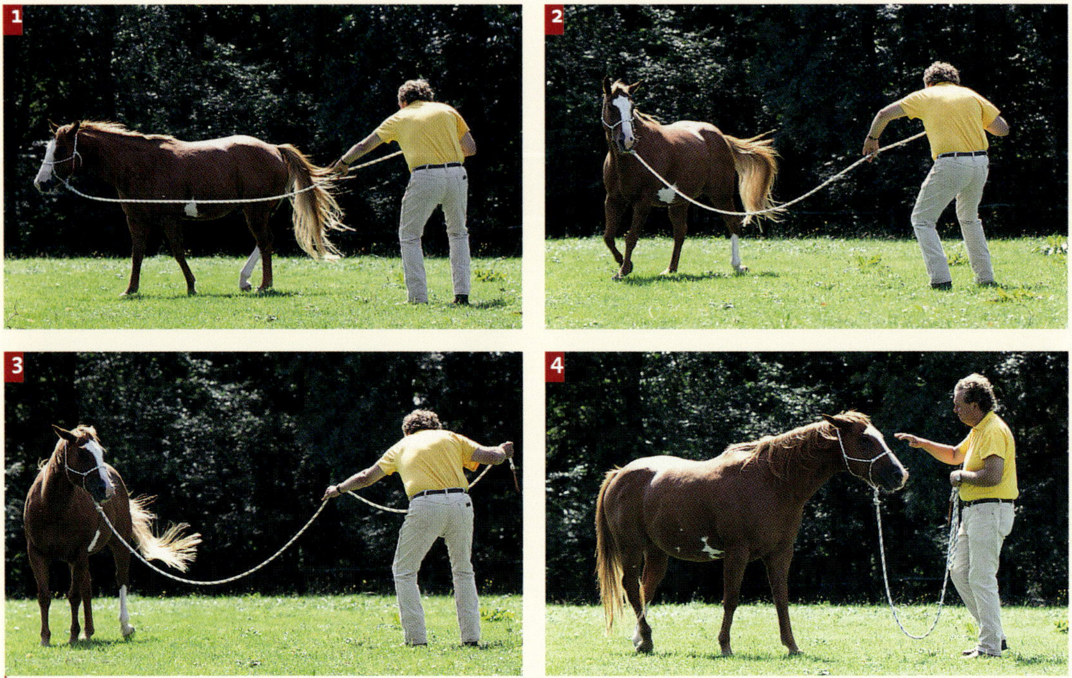

Das Hereinholen des Pferdes aus dem Zirkel am 4-Meter-Seil.

Die Krux mit der Longierpeitsche

Möglicherweise stellt sich in diesem Lernschritt heraus, dass Ihr Seil etwas zu *kurz* ist – etwa, wenn Sie die Hinterhand mit der notwendigen Energie versorgen wollen, um sie nach außen zu verschieben, auf dass sich Ihr Pferd Ihnen zuwendet (Abb. 1–3).

Der Fiberglasstab in Aktion: Wenn sich das Pferd bewegt, zeigt er nach unten (Abb. 1). Um die Hinterhand des Pferdes wegzutreiben, brauche ich mit seiner Spitze lediglich auf sie zu zeigen (Abb. 2). Würde das nicht ausreichen, könnte ich die Hinterhand mit dem Seilende des Stocks berühren.

Besorgen Sie sich dann einen der Fiberglasstäbe (siehe Ausrüstung, S. 33) mit dem Seilchen am Ende. Diese Stäbe besitzen die ideale Länge für unsere Arbeit, sind unzerbrechlich und sie sind vielseitig verwendbar. Im Unterschied zur herkömmlichen Longierpeitsche ist der Fiberglasstab durch seinen Aufbau, seine Länge, seine Festigkeit auch genauer zu bewegen. Die Informationen, die Sie Ihrem Pferd damit übermitteln, kommen somit weitaus präziser an.

Natürlich können Sie es auch mit einer Longierpeitsche probieren. Aber ich sage Ihnen schon jetzt voraus, dass Sie mit dem Ding garantiert entweder im Sand hängen bleiben, oder aber Ihnen bleibt nichts anderes übrig, als die Peitsche wieder in Sprunggelenkhöhe zu halten – oder (wie oft zu sehen) Sie halten sie wie einen Regenschirm aufrecht neben sich.

Beide Arten, die Peitsche zu halten sind allerdings kontraproduktiv, weil sie das Pferd unbeabsichtigt mit *zuviel Energie* zum falschen Zeitpunkt versorgen (indirektes Gefühl!) und es dadurch zunächst möglicherweise beschleunigen, weswegen *Sie* es dann wieder bremsen müssen. Oder aber Sie desensibilisieren das Pferd damit auf Dauer. Und das wiederum wollen wir in dieser Ausbildungsphase auf jeden Fall vermeiden, denn dann müssen Sie irgendwann wieder besonders treiben.

Auf keinen Fall sollten Sie in dieser Trainingsphase ein längeres Seil benutzen (es sei denn, Ihr Longieren sei sowieso problemlos und Sie üben diesen Trainingsschritt nur, um *noch* mehr Gefühl zu bekommen und noch präziser zu werden). Mit dem längeren, sieben Meter langen Seil, wie wir es für das Joining (und fortgeschrittenes Halftertraining) benutzen, oder auch mit einer herkömmlichen Longe, werden Sie sich höchstwahrscheinlich nur in den Schlingen verheddern. Das macht keinen guten Eindruck – weder auf das Pferd, noch ist es gut für Ihre eigene Motivation. Am besten ist es, wenn Sie auch nur das kleinste Problem mit der Seilführung haben, alles zunächst mal wieder – wie immer – mit einem menschlichen Dummy zu üben.

In der Kommunikation mit dem Pferd auf dem Zirkel geht es darum, jeden Körperteil des Pferdes kontrolliert zu bewegen – von der Nüster bis zum Schweif.

Kommunizieren statt Longieren

Anders als das herkömmliche Longieren dient diese Zirkelübung nur der weiteren *Verfeinerung* Ihrer Kommunikation mit dem Pferd. Von Lernschritt 1 an bis hierhin haben Sie gelernt, jeden einzelnen Körperteil des Pferdes (und seine Hufe) allein und in der Kombination von mehreren *mit Gefühl* zu bewegen – vom Kopf bis hin zur Hinterhand – und zwar in alle Richtungen, vorwärts und rückwärts.

Die Wege, die Ihr Pferd dabei ging, waren allerdings verhältnismäßig kurz. Den längsten Weg beschrieben bislang (wenn Sie mit dem Training schon weit gekommen sind) die Vorder- oder Hinterbeine des Pferdes bei einer 360-Grad-Wendung oder alle vier Beine auf dem Weg nach hinten, fort von Ihnen, jedoch nicht weiter als bis zum Ende des Seils.

Mit diesem Lernschritt geht's rund. Allerdings sollten es anfangs jeweils kaum mehr als vier Runden (ununterbrochen) sein und nicht weniger als zwei – und zwar jeweils ohne jede Gangartenunterbrechung. Parelli ist der Auffassung, dass ein Pferd, wenn es weniger als zwei Runden auf den Zirkel geschickt wird, gar nicht richtig mitbekommt, worum es geht. Werden es mehr als vier Runden, beginnt es sich zu langweilen und wird unkonzentriert.

Meine Erfahrung bestätigt das. Allerdings trifft dies meines Erachtens noch mehr auf den Menschen in der Mitte zu. Diese Art des Longierens, wie sie hier empfohlen wird, ist demnach außer Bewegung, Gymnastizierung und Korrekturvor allem *Kommunikationstraining*. Zugleich ist sie aber auch die *ideale Vorbereitung* auf qualifiziertes Longieren.

Das waren die Basis- und die Kombinationsbewegungen. In den Lernschritten 9 bis 11 kommt es nun darauf an, das Fluchttier Pferd zu sensibilisieren und zu desensibilisieren, und es an die tatsächlichen und vermeintlichen Gefahren des Lebens heranzuführen und zu gewöhnen.

9. Schritt: **Gelassenheit erreichen**

In diesem Kapitel geht es um die (De-)Sensibilisierung von Pferden gegenüber Optik, Bewegung, Geräuschen und Berührung. Und zwar durch die Hände, durch das Seil oder durch andere Gegenstände.

Der *Anblick* eines parkenden Traktors kann für ein Pferd ebenso bedrohlich sein wie das *Geräusch*, wenn er angelassen wird. Der Traktor in *Bewegung* kann aus der Sicht des Pferdes wiederum eine wesentliche Bedrohung darstellen. Doch nicht nur Großgeräte sind für Pferde bedeutsam, im Grunde kann alles, was kreucht und fleucht, sich bewegt oder nicht bewegt, ein Pferd von Natur aus in Schrecken versetzen.

Seine Sinne sind darauf ausgerichtet, all dies wahrzunehmen und darauf zu reagieren. In der Natur hängt sein Überleben davon ab. Domestizierte Pferde sind wahrscheinlich an weit mehr Reize gewöhnt als wild lebende. Auf jeden Fall sind sie an andere Reize gewöhnt. Um einen sicheren Umgang zu gewährleisten, ist es Aufgabe des Menschen, das Pferd an *möglichst viele* Reize, direkte und indirekte, zu *gewöhnen*.

Die *Joining*-Arbeit ist die ideale Grundlage dafür, Pferd und Mensch an ungewohnte oder gefürchtete Optik und Bewegungen zu gewöhnen. Wenn Ihr Pferd beispielsweise vor Regenschirmen, Plastikplanen oder Fahnen scheut, macht es Sinn, ein Joining mit diesen Gegenständen zu machen. (Natürlich erst dann, wenn das Joining als solches gut funktioniert.) Ziel dabei ist es, dass sich Ihr Pferd Ihnen anschließt und Ihnen *folgt, obwohl* Sie einen Regenschirm in der Hand halten, eine Fahne schwenken oder mit knisternden Plastiktüten hantieren, und dass es sich am Ende mit diesen Gegenständen berühren lässt.

Wer diese Vorbereitungen getroffen hat, wird kaum Schwierigkeiten bei und mit den nun folgenden Sensibilisierungs- und Desensibilisierungsübungen haben. Möglicherweise aber haben Sie ein Pferd, das zu den zehn Prozent gehört, für die das Joining-Verfahren nicht erste Wahl ist. Oder Sie haben nicht die Gelegenheit im Round Pen zu üben. Dann sollten Sie mit den Übungen zur (De-)Sensibilisierung an der Hand zu beginnen.

Sensibilisierung und Desensibilisierung

Ob ein Pferd den *Anblick*, die *Berührung*, die *Geräusche* und die *Bewegungen* bedrohlicher Objekte und Ereignisse in seiner Lebensumgebung ertragen kann, hängt vom Grad seiner *Sensibilisierung* ab. Oder aber, umgekehrt: vom Maß seiner *Desensibilisierung*. Sensibilisierung bedeutet *allgemein* das Hervorrufen bzw. die Steigerung einer (Sinnes-) Empfindlichkeit, Desensibilisierung umgekehrt: das Absenken der (Sinnes-)Empfindlichkeit. Desensibilisierung will also unempfindlich machen, Sensibilisierung empfindlich.

Obwohl Sensibilisierung und Desensibilisierung rein sprachlich also das Gegenteil darstellen, arbeiten sie dennoch für unsere Zielsetzung Hand in Hand. In der Medizin spricht man beispielsweise von Desensibilisierung, wenn es darum geht, die allergische Reaktionsbereitschaft eines Patienten dadurch aufzuheben oder zumindest zu schwächen, dass man seinem Organismus zunehmend *den* Reizstoff zuführt, der die Allergie verursacht. Simpel gesagt, auf unseren Bereich bezogen: Wenn ein Pferd also Angst vor flatternden Fahnen hat, bedeutet Desensibilisierung in diesem Fall: dem Pferd zunehmend den ‚Reizstoff' Fahne zuzuführen. Das Pferd wird dadurch ‚empfänglich' für alle Art von Nähe und Berührung.

Dazu freilich braucht man erst einmal die *Aufmerksamkeit* und *Bereitschaft* des Pferdes. Von Natur aus würde es nämlich den ‚Gefahrenbereich' Fahne grundsätzlich meiden. Sensibilisierung muss unter Umständen also der Desensibilisierung voraus gehen. In unserem Beispiel: Ehe Sie Ihr Pferd gegen Fahnen ‚immun' machen (desensibilisieren)

Ein Pferd zu verladen setzt voraus, es ausreichend desensibilisiert zu haben gegenüber Anblick, Berührung, Geräuschen und Bewegungen.

können, müssen Sie seine Bereitschaft wecken und entwickeln (sensibilisieren), sich überhaupt der Fahne stellen zu wollen.

Beides sollte tunlichst *nicht* durch Medikamente gelingen (wie das bisweilen geschieht, wenn Menschen wenig Wissen über Pferde besitzen), sondern durch *einfühlsames* Lernen. Und genau das ist der Weg, der hier im gesamten Buch beschrieben ist: Sie und Ihr Pferd für einander zu sensibilisieren, und Sie beide gegen alles, wogegen Sie ‚allergisch' sind, auf Dauer zu ‚immunisieren'.

Direktes und indirektes Gefühl

Alles, was bislang beschrieben wurde, bezog sich darauf, Mensch und Pferd ein *direktes* und ein *indirektes* Gefühl zu vermitteln. Auf das indirekte Gefühl richten wir auch zunächst unseren Blick, wenn es um Sicherheit geht. Denn mit dem indirekten Gefühl können wir solange *auf Distanz* arbeiten, bis wir sicher sind, dass wir zum direkten Gefühl übergehen können.

Anders also als bei den vorangegangenen Bewegungsübungen beginnen wir bei diesem Lernschritt „Gelassenheit herstellen" deshalb zunächst mit dem indirekten Gefühl. Wenn wir uns beispielsweise scheuen, den Huf eines Pferdes anzufassen (direktes Gefühl), tun wir gut daran, das Pferd zunächst auf die *Annäherung* (indirektes Gefühl) unserer Hand vorzubereiten.

- Mit dem indirekten Gefühl arbeiten wir im Sicherheitsbereich immer dann, wenn wir eine Bewegung *fürchten* bzw. wenn wir uns vor einer Bewegung *schützen* wollen.
- Parallel dazu ist das indirekte Gefühl aber auch die *feinste* Form der Kommunikation mit dem Pferd, wenn wir eine Bewegung *wünschen.*

Das *direkte* Gefühl ist dagegen simpler gestrickt: Wenn wir eine Bewegung *wünschen,* ist das direkte Gefühl vergleichsweise plump: Schenkel anlegen oder Zügelziehen ist nun mal weniger elegant, als das Pferd durch Gedanken oder Atem zu bewegen. Wenn wir eine Bewegung *fürchten,* ist das direkte Gefühl völlig fehl am Platz: Wenn wir fürchten, dass uns ein Pferd tritt, sollten wir unsere Hände tunlichst von seinen Hufen lassen. Dies nicht zu beachten, könnte schmerzlich werden. Wenn ein junges Pferd die Satteldecke noch nicht kennt, wäre es töricht, sie ihm ‚mir nichts Dir nichts' auf den Rücken zu schwingen. Stattdessen würde man ihm die Decke zunächst zeigen, es daran riechen lassen, und die Decke eine Zeitlang hin- und herbewegen.

Andererseits ist das direkte Gefühl unverzichtbar. Irgendwann muss die Decke drauf und auch der Reiter, denn niemand hat bislang das Reiten aus fünf Meter Entfernung erfunden. Und selbst der Kutscher hat immer noch direkten Kontakt zum Pferd, auch wenn er einen Meter hinter der Pferdekruppe auf dem ‚Bock' sitzt. Und auch Streicheln funktioniert bekanntlich nicht ohne Berührung.

Zum *Reiten* und *Fahren* wie zum alltäglichen *Umgang* gehört also das direkte ebenso wie das indirekte Gefühl. Allerdings sollte das direkte Gefühl nur der *erste* Schritt sein auf dem Weg zu *Feinheit*. Umgekehrt sollte das indirekte Gefühl nur der erste Schritt sein auf dem Weg zu *Sicherheit*.

Am Ende des Wegs zur Feinheit steht dann das indirekte Gefühl, wenn Bewegung erlangt wird, *ohne* das Pferd zu berühren; und am Ende des Wegs zur Sicherheit steht das direkte Gefühl, wenn das Pferd mit allem Möglichen optisch, akustisch und taktil konfrontiert und berührt werden kann, ohne um sein Leben fürchten zu müssen.

Wie schon zu Beginn des Buches betont, könnte dieser Lernschritt genauso gut am Anfang des Buches (und Ihres Trainings) stehen. Mit der folgenden 1. Übung „Streicheln" sollten und können Sie auf jeden Fall *immer* beginnen. Ob Ihr Pferd allerdings die weiteren, fortgeschrittenen Desensibilisierungsübungen sofort erträgt, steht dahin. Deshalb kann es notwendig sein, die vorangegangenen Lernschritte zuvor gut geübt zu haben, um Sicherheit in den Bewegungen zu haben.

1. Übung: Streicheln mit den Händen

▸ Ihr Standort:

Sie stehen zunächst an der linken Seite des Pferdes, an seinem Kopf. Dann verändern Sie jedoch Ihren Standort je nach Bedarf.

▸ Ihre Seilhaltung:

Wenn Sie auf der linken Seite des Pferdes stehen, dann liegt das Seil in Ihrer linken Armbeuge, damit Ihre linke Hand frei ist, um das Pferd zu streicheln. Das Seil ist am Halfter des Pferdes festgemacht und führt von links über die Armbeuge entweder zu Ihrer rechten Hand (Abb. links) oder es liegt ‚zusammengefaltet' (ohne eine Schlinge zu bilden) in der linken Beuge; oder, von der linken Beuge kommend, mit seinem Ende in Ihrer rechten Armbeuge. In allen drei Varianten können Sie – falls nötig – das Seil schnell mit beiden Händen fassen.

Beginnen Sie zunächst wieder mit Streicheln. Streicheln Sie Ihr Pferd zunächst mit den Händen *an allen akzeptierten Körperstellen*. Lassen Sie sich Zeit dafür. Zunächst tun Sie's nur – wie immer – zu Ihrem Vergnügen und dem des Pferdes (Sensibilisierung für die Feinheit und Weichheit Ihrer Hände). Dann aber versuchen Sie *Problemstellen* und Lieblingsstellen Ihres Pferdes herauszufinden.

Desensibilisierung des Mauls: Vorbereitung für Vieles: trensen, entwurmen, Zahnpflege sind nur einige Beispiele.

Schon der griechische Historiker und Schriftsteller Xenophon (um 430 bis 355 v. Chr.), der die erste Reit- und Ausbildungslehre verfasste, meinte, dass zum Putzen von Sattel- und Gurtlage des Pferdes nichts anderes benutzt werden dürfe als die Hand. Wenn Sie sich dies zur Gewohnheit machen, Ihr Pferd während des Putzens (möglichst auch

Manche Pferde sind besonders berührungsempfindlich. Frühzeitige Desensibilisierung erspart auch dem Tierarzt manche Sorge.

schon vorher und erst recht danach) mit den Händen zu streicheln, werden Sie sehr viel sicherer Druck- oder Scheuerstellen oder andere körperliche Auffälligkeiten, die bei Ihrem Pferd Schmerz auslösen könnten, ausfindig machen.

Legen Sie Ihr Herz in Ihre Hände

Achten Sie beim Streicheln auf Ihren *Atem* und auf Ihre *Körperspannung*. Denken Sie auch daran, mit Ihren Händen dem Pferd etwas *schenken* zu wollen. Mit anderen Worten: Legen Sie Ihr *Herz* in Ihre Hände. Wie das geht? Ganz einfach: Konzentrieren Sie sich beim Streicheln bewusst aufs *Geben* und aufs *Schenken*. Streicheln Sie so, wie Sie sich wünschen, selbst gestreichelt zu werden: Mit ein wenig Druck oder weicher? Mehr massierend oder sanft gleitend? Mit dem Haarstrich oder dagegen? Am besten, Sie lassen Ihr Pferd antworten. Beobachten Sie seinen Körperausdruck. Wenn es davonläuft, dann kann etwas nicht gestimmt haben, bleibt es dagegen mit gesenktem Kopf und Hals stehen, können Sie davon ausgehen, dass es sich wohl fühlt.

2. Übung: Streicheln mit Seil und Stab

Als Nächstes streicheln Sie Ihr Pferd mit dem Seil: am Maul, am Hals, am Rücken, an den Beinen, am Kopf – einfach überall, wo Sie mit dem Seil hingelangen. Dafür nehmen Sie es aus Ihrer linken Armbeuge und fassen es wieder so, dass es zwischen dem Daumen und dem Zeigefinger Ihrer linken Hand liegt, und Ihr Daumen nach rechts weist. Ihre rechte Hand hält die Verlängerung des Seils ebenso, nur dass deren Daumen umgekehrt nach links weist. Im Grunde halten Sie das Seil jetzt wieder ähnlich in der Hand wie Zügel. Sie können die Hände öffnen, ohne dass das Seil hinunterfällt, weil es zwischen Daumen und Zeigefinger liegt.

Das Streicheln mit dem Seil bereitet das Pferd auf die Berührung mit anderen *Materialien vor*, die es später an seinem Körper (er)tragen muss: Zügel, Gebiss, Sattel, Decke, Gurt. Aber auch auf Hilfsmittel, die der Hufschmied oder der Tierarzt benutzen. Wenn Sie mit einem *Fiberglasstab* arbeiten, dann gewöhnen Sie das Pferd jetzt ebenfalls an die Berührung – durch den Stab selbst und durch das Seilchen an dessen Ende – an seinen Anblick und seine Bewegung (Abb. links). Vergessen Sie nicht, dass *alle Materialien* für das Pferd nichts anderes sein sollen als *Ersatz* oder Verlängerung Ihrer

Hände, Arme oder Beine, und dass sie folglich für das Pferd auch so *angenehm* wie Ihre Hände sein müssen. Sie sind es, der dafür zu sorgen hat. Und es beginnt mit Ihren *Händen*!

Fortgeschrittene Desensibilisierung: Ein Pferd, das sich seine Ohren derart einwickeln lässt, macht sicher keine Schwierigkeit beim Halftern und Trensen.

Bewegung des Seils

Wenn das Pferd die *Berührung* mit dem Seil hinnimmt (was anders nicht zu erwarten ist, wenn Sie es anfangs nur mit wenig Seil streicheln), stellen Sie sich ein *wenig* seitlich vor das Pferd und lassen Ihr Seil – ohne die Hand zu wechseln – über den Pferderücken schwingen. Achten Sie darauf, dass Sie dabei keine hektischen, sondern fließende Wurfbewegungen machen (Abb. S. 142). Sorgen Sie für einen stetigen *Rhythmus*. Rhythmische Bewegungen haben den Vorteil, dass sie vom Pferd *vorhersehbar* sind, und dass es sich deshalb leichter daran gewöhnt. Schauen Sie dem Pferd nicht in die Augen, sondern gucken Sie dorthin, wo das Seil landen soll.

Anforderungen reduzieren

Wenn das Pferd vor dieser Bewegung (oder vor der Berührung oder auch Optik) scheut, *reduzieren* Sie die Bewegung: Gehen Sie einen Schritt näher an das Pferd heran und werfen Sie mit *weniger* Schwung und mit *kürzerem* Seil (siehe Abb. 2, S. 142).

Achten Sie auf Ihren Atem. Wenn Sie dazu neigen zu verspannen, *singen* oder *pfeifen* Sie ein Liedchen, dadurch lassen Sie Luft ab. Tun Sie so, als sei dies die unwichtigste Sache der Welt. Dadurch verändert sich das indirekte Gefühl für das Pferd, und es kann womöglich ein direktes Gefühl zulassen. Wenn es die Bewegung akzeptiert, können Sie das Seil peu à peu verlängern und sich beim Werfen weiter weg stellen.

Idealerweise sollte Sie das Pferd bei allen Bewegungen und Berührungen und bei jeglichem Lärm, den Sie machen, anschauen und stehen bleiben. Wenn es anfangs ein paar Schritte geht, ist das nicht weiter schlimm. Gehen Sie dann einfach mit und machen Sie weiter wie bisher.

Das *Prinzip des Reduzierens* der Anforderungen, wenn das Pferd sich scheut, gilt für alle weiteren Lernschritte innerhalb dieses (De-)Sensibilisierungsverfahrens. Sie reduzieren die *Bewegung* eines Objekts, seine

Desensibilisierung gegenüber Bewegung und Berührung durch das Seil und mit dem Stock (Abb. unten). Wenn das Pferd kleine Bewegungen akzeptiert, können Sie zu größeren Bewegungen übergehen.

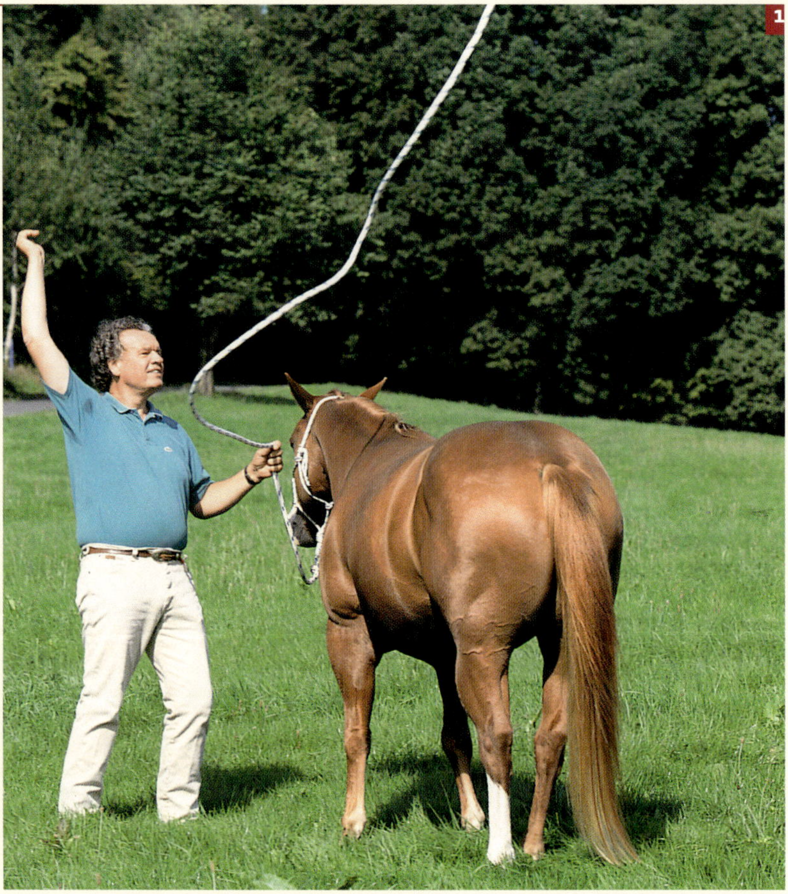

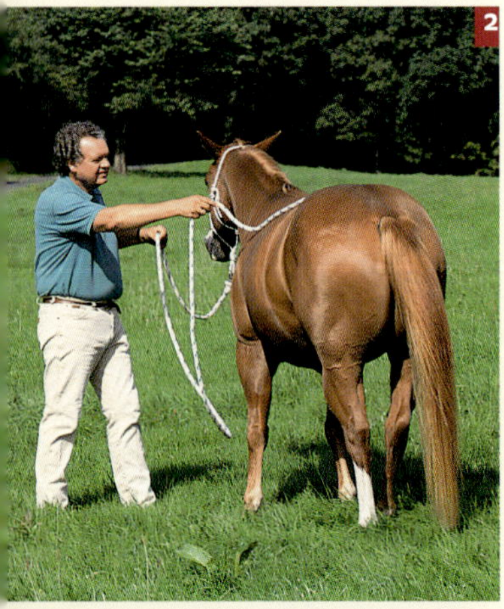

Größe, seine *Lautstärke*, sein *Gefühl* so lange, bis es das Pferd akzeptieren kann. Erst wenn diese Basisgewöhnung eingetreten ist, gehen Sie einen Anforderungsschritt weiter und das Angst auslösende Objekt wird *lauter, größer, schneller*. So gehen Sie in Zukunft immer vor. Damit machen Sie es sich und dem Pferd so einfach wie möglich.

Anforderungen steigern

Wenn das Pferd das flott schwingende Seil auch auf Entfernung akzeptiert, wenn es das Sirren des Seils über und neben seinem Kopf erträgt, dann nehmen Sie eine leichte *Decke* oder eine *Jacke*. Akzeptiert es eine leichte Decke, dann machen Sie mit einer schweren Decke weiter. Akzeptiert es *gelassene* Bewegungen, fahren Sie mit *schnelleren* Bewegungen fort; akzeptierte es *leise* Geräusche, dann kommen die *lauteren* dran. Bis hin zum Knistern und Knattern wehender Plastiktüten.

Die Basis von allem ist natürlich, dass das Pferd einen Gegenstand erst im Ruhezustand zu akzeptieren lernt, seinen bloßen *Anblick* also – ob es sich um ein Seil handelt, eine Jacke, eine Fahne, eine Plastiktüte oder sonst etwas. Auch hier gilt das Prinzip: Das Training in möglichst *kleine Einzelschritte* zu zerlegen, und den Schwierigkeitsgrad *sukzessive zu erhöhen*. Wann immer eine Bewegung oder Berührung Gefahr für Sie bedeuten könnte, sollten Sie am indirekten Gefühl arbeiten und den Anblick, die Bewegung, den Lärm oder die Berührung *reduzieren*. Sie können sich auch des Fiberglasstabes bedienen. An dessen Ende befindet sich eine Lederlasche, an der Sie alles Mögliche befestigen können: ein Seilchen, eine Plastiktüte (Abb. S. 144), eine leichte Regenjacke oder einen Handschuh. So können Sie die notwendige Distanz zwischen sich und dem Pferd herstellen und dennoch effektiv arbeiten. Auch hier erfüllt der feste Fiberglasstab gute Dienste. Mit einer weicheren Gerte können Sie die Bewegungen schlechter kontrollieren.

3. Übung: Weitere Desensibilisierung

Um das Pferd desensibilisieren zu können, müssen Sie seine *Aufmerksamkeit* beständig auf das Objekt der vermeintlichen Gefahr richten beziehungsweise dafür *sorgen*, dass das Pferd seine Aufmerksamkeit darauf richtet (lesen Sie dazu auch Lernschritt 2).

▸ Ihr Standort:

Sie stehen (zunächst wieder) an der linken Seite des Pferdes, in ausreichender Entfernung von seinem Kopf, so dass Sie das Material zeigen, heranführen oder auflegen können. Ihren Standort müssen Sie dazu je nach Bedarf *verändern*.

▸ Ihre Seilhaltung:

Ihre Seilhaltung ist so wie in anderen Lernschritten, wenn Ihre Seilhand *aktiv* sein musste: Stehen Sie auf der linken Seite des Pferdes, dann verläuft das Führseil vom Kopf des Pferdes zwischen dem Daumen und dem Zeigefinger Ihrer linken Hand wiederum so hindurch, dass Sie, wenn Sie Ihre Hand öffneten, mit der offenen Handfläche zum Pferdekopf weisen könnten. Sie öffnen und schließen Ihre Hand je nach Notwendigkeit.

Ihre rechte Hand hält das Material, für das Sie Ihr Pferd (de-) sensibilisieren wollen und auch – wenn's geht – das Seilende. Wenn nicht: Stören Sie sich nicht daran, dass das Seil auf dem Boden liegt. Ein gutes Seil ist aus Segelleine, unverwüstlich und waschbar. Achten Sie nur darauf, dass das Seil, wenn es runterhängt, sich nicht bei Drehbewegungen um Ihre Beine schlingt.

Nähern Sie sich dem Pferd mit unbekannten Objekten immer von schräg vorne. Lassen Sie es daran riechen und selbst Berührung aufnehmen.

Je erfahrener Sie sind, desto geschickter werden Sie darin werden, noch während Sie mit dem Pferd arbeiten, gleichzeitig das Seil an Ihren Füßen im Blick zu halten und es von Zeit zu Zeit mit den Füßen zu sortieren. Schreien Sie jetzt nicht auf: „Was verlangt der Kerl denn sonst noch von mir an Artistik. Dann kann ich ja gleich zum Zirkus gehen!" Denken Sie dran: Wenn Sie auf dem Pferd sitzen, haben Sie eine mindestens so große Koordinationsleistung mit Händen, Füßen, Materialien zu erbringen – und gleichzeitig müssen Sie auch noch das Gleichgewicht halten (was zu Fuß bekanntlich weitaus einfacher ist). Wenn Sie dennoch fürs erste auf ‚Nummer Sicher' gehen wollen, legen Sie das Seil als saubere Schlaufe in Ihre Ellbogenbeuge. Aber achten Sie darauf, dass sich keine Schlinge bildet, die sich zuziehen kann. Grundsätzlich sollten Sie sich dem Pferd mit einem unbekannten Objekt immer *von schräg vorne nähern*. Lassen Sie zunächst immer *ein* Auge des Pferdes das Objekt wahrnehmen. Wechseln Sie das Objekt dann in Ihrer Hand und lassen Sie das *andere* Auge des Pferdes die Wahrnehmung machen. Die Desensibilisierung gegenüber dem Anblick eines Objektes ist immer der erste Akt. Lassen Sie beide Augen des Pferdes wechselweise daran teilnehmen.

Das Ziel

Um Pferde zu desensibilisieren, ist es wichtig, sie das mögliche Gefahrenobjekt mit jedem Auge einzeln wahrnehmen zu lassen.

Um die Aufmerksamkeit Ihres Pferdes zu erlangen, haben Sie dafür gesorgt – siehe Lernschritt 2 –, dass es seinen Kopf zu Ihnen (oder dem Objekt) wendet. Optimal ist bei *allen* (De-)Sensibilisierungsübungen, wenn das Pferd stehen bleibt, sich komplett Ihnen zuwendet und Sie anschaut. Das wollen wir erreichen.

Der Weg

Aber bis dorthin ist es womöglich ein längerer Weg. Weicht es zurück, dann stellen Sie selbst ein wenig *mehr Abstand* zwischen dem Objekt und dem Pferd her. Finden Sie die Distanz, aus der heraus Ihr Pferd das Objekt akzeptieren kann, und lassen Sie es eine Zeitlang anschauen. Wechseln Sie dann die Seite. Wenn das Pferd den *Anblick* des Gefahrenobjekts akzeptiert, können Sie es daran *riechen* lassen. Mit dem Riechen einher geht zugleich die *Berührung*. Lässt das Pferd zum Riechen die Berührung an der Nüster zu, dann können Sie versuchen, auch andere Körperteile damit zu berühren. Lässt es sich berühren und streicheln, dann ist es Zeit zu überprüfen, ob es auch den *Lärm* erträgt, den das Objekt möglicherweise macht, Energie und heftigere *Bewegungen* im Umfeld von Kopf und Körper (Abb. S. 145, S. 146 o.).

Ein Schirm kann besondere Anforderungen an ein Pferd stellen: Wenn er aufschnappt, sich dem Pferd nähert, über das Pferd gehalten wird und wenn er sich über dem Pferd bewegt.

Die Gefahr verfolgen

Scheut das Pferd jedoch schon vor dem Anblick einer Sache zurück, dann lassen Sie es zunächst seinen Sicherheitsabstand finden. Sorgen Sie nur dafür, dass das Pferd den Gegenstand aus der Distanz so lange anschaut, bis es (dem Pferd, nicht Ihnen!) langweilig wird. Ist das erreicht, dann ist es sehr effizient, das Pferd das Objekt der (vermeintlichen) Bedrohung *verfolgen* zu lassen.

Drehen Sie sich also um und gehen Sie mit dem Objekt in der Hand einfach davon, so dass das Pferd die ‚Gefahrenquelle' sehen kann. Das

Das Pferd muss schon ausreichend desensibilisiert sein, ehe es heftige Bewegungen über Kopf und Hals ertragen kann.

Pferd führen Sie hinter sich am Strick. Achten Sie nur weiterhin auf die ‚kritische' Distanz zwischen Pferd und Objekt, dass es also nicht näher kommen muss, als es will, oder dass Sie sich unbeabsichtigt damit nähern (Abb. unten links). Effizient ist diese Übung deshalb, weil sie sich einen Grundsatz zunutze macht: nämlich den, dass ein Fluchttier niemals Angst vor etwas haben kann, das es *selbst* verfolgt.

Wenn das Pferd eine Zeitlang willig hinter Ihnen und der ‚Gefahr' hergetrottet ist, können Sie die *Distanz verkürzen* (Abb. unten rechts). Finden Sie auch hierzu heraus, wie nah Sie mit dem Furcht erregenden Objekt herangehen können und setzen Sie Ihren Weg dann fort. So lange das Pferd den Anblick nicht erträgt, macht es wenig Sinn, die anderen Stufen der (De-)Sensibilisierung erreichen zu wollen. Erst wenn das Pferd beim *Anblick* und bei der *Annäherung* stehen bleibt, können Sie im Training, wie oben geschildert, fortfahren, und das Pferd der Berührung, der Bewegung und der Akustik aussetzen.

Fluchttier verfolgt potenzielle Gefahr. So desensibilisieren Sie auch das ängstlichste Pferd.

Um es sich selbst leichter zu machen, sollten Sie zunächst allerdings mit wenig Furcht erregenden Gegenständen operieren. Erst wenn *Sie* die Technik beherrschen und eine gewisse Geschicklichkeit im Umgang mit dem Seil entwickelt haben, sollten Sie sich daranmachen, es mit wirklich Angst einflössenden Gegenständen zu konfrontieren. Welche das für Ihr Pferd sind, wissen Sie selbst am besten. Beginnen Sie auch hier wieder mit *dem* Gegenstand, der weniger problematisch ist, und arbeiten Sie sich nach und nach zu den wirklichen ‚Monstern' hinauf. Machen Sie ihm das Schwere so leicht wie möglich!

Was flößt Ihrem Pferd besondere Angst ein? Bauen Sie sein Vertrauen Schritt für Schritt auf.

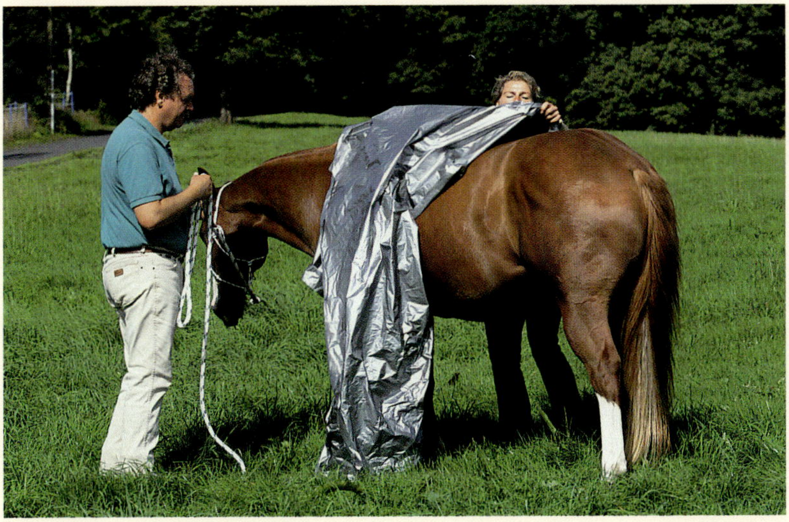

Wunderbare Plastiktüte

Sicherlich können Sie Ihr Pferd im Training nicht mit *allen* Gefahren, denen es im Leben begegnen kann, konfrontieren. Sie können in ihm aber *grundsätzlich* die (gute) Gewohnheit aufbauen, auf Unbekanntes nicht mit Weglaufen oder Widerstand zu reagieren, sondern zumindest mit skeptischer Neugier, Überprüfenwollen und ‚Nachfragen'. Dieses Nachfragen bedeutet, dass das Pferd beim Heraufziehen einer möglichen Gefahr zumindest stehen bleibt und dann, wenn *Sie* das Objekt ignorieren, es ebenfalls ignoriert.

Als sehr hilfreich für die generelle (De-)Sensibilisierungsarbeit haben sich *Plastiktüten* erwiesen. Erstens können sie mittlerweile im wirklichen Leben überall auftauchen, zweitens sind sie billig, bunt und in allen Größen zu bekommen. Und außerdem können Sie mit Plastiktüten annähernd alles Schreckliche imitieren, was Pferden auf ihren Wegen in die Quere kommen kann. Vor allem aber machen Plastiktüten in allen Varianten Krach: Ob Sie sie in Ihrer Hand zerquetschen, sie wie Orchesterblech gegeneinander schlagen oder sie heftig im Wind flattern lassen – immer geben sie Geräusche ab, sind leicht zu bewegen und schnell ersetzbar.

Möglicherweise hat das Pferd den *Anblick* des Objekts gut ertragen, ist aber beim Versuch, es daran riechen zu lassen, bei der *Berührung* mit der Nase davongesprungen. In diesem Fall lassen Sie es das Objekt wieder eine Zeitlang verfolgen und verkürzen nach und nach die Distanz. Und dann bleiben Ihnen nur noch zwei Wege: Entweder Sie legen das Objekt auf den Boden und stellen sich mit Ihrem Pferd dazu. Oder aber Sie berühren das Pferd in einem ‚Überraschungscoup' ganz plötzlich damit.

Ein Pferd, das sich mit einer solch leichten Plastiktüte berühren lässt, macht wahrscheinlich wenig Probleme – weder beim Anreiten noch beim Ausritt oder wenn Sie seine Hufe aufheben wollen.

Zunächst Variante 1, Objekt auf den Boden legen: Sorgen Sie jetzt mithilfe des Seils dafür, dass das Pferd seine *Aufmerksamkeit* nicht vom Objekt wegnimmt. Führen Sie seinen Kopf immer wieder hin zum Objekt (Lernschritt 2). Zwingen Sie es aber nicht, sondern sorgen Sie mit der richtigen Seilführung nur dafür, dass es das Furcht einflößende Ding *im Auge behält* – erst in einem, dann im anderen. Lassen Sie es also die Seite wechseln (Lernschritt 5). Irgendwann wird es sich der Sache *annähern* und daran *riechen*. Wenn es das Objekt auf diese Weise selbst

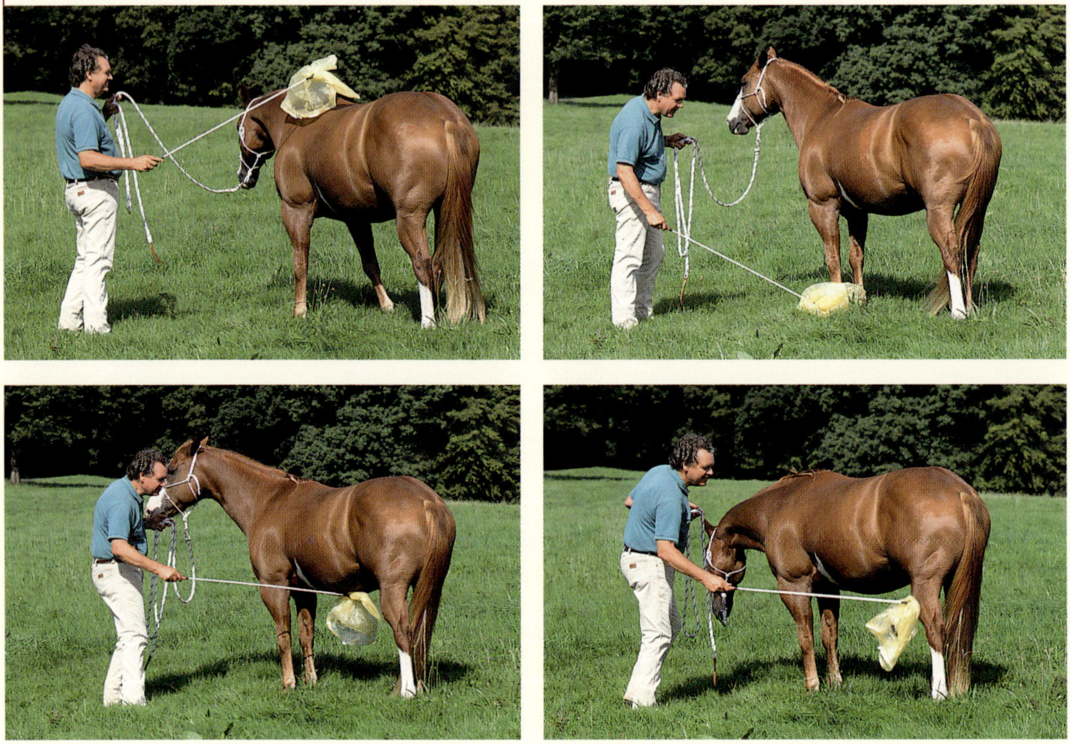

erobert hat, können Sie – nach einer Pause – mit der Arbeit fortfahren und die Berührung an anderen Stellen seines Körpers fortsetzen.

Für Variante 2, den ‚Überraschungscoup', braucht es nicht sehr viel. Nähern Sie sich selbst nur seitlich so mit dem Objekt an, dass das Pferd den Gegenstand gar nicht wahrnimmt. Dann heben Sie es in einer fließenden Bewegung – ohne übertriebene Vorsicht, aber auch ohne jede Hektik – zum Pferd hin, um es aus der gleichen Bewegung heraus damit zu berühren. Sollte es sich die Berührung gefallen lassen, beginnen Sie, es sanft damit zu streicheln. Bewegt es sich weg, dann gehen Sie einfach mit, halten aber Körperkontakt. Bekommt es einen ‚Panikanfall', dann gehen Sie besser zu Strategie 1 über.

Desensibilisieren in alle Richtungen

Sorgen Sie dafür, dass Ihr Pferd ein Objekt, das es von vorne akzeptiert hat, nun an *allen* Körperstellen zulässt – als Geräusch, Berührung und Bewegung. So können Sie zum Beispiel zunächst das *Seil* ein wenig um seine Ohren und über seinem Kopf bewegen, dann mithilfe des Stocks (und daran hängendem schmalen Seilchen) das sirrende Geräusch über Kopf und Ohren *steigern* und *schließlich* noch die Plastiktüte hinter seinen Ohren, Richtung Rücken, rotieren lassen. Das ist eine Übung, die ich *immer* mache, bevor ein Pferd angeritten (oder ein verdorbenes Pferd korrigiert) wird. Natürlich gehen Sie wieder *systematisch* vor, indem Sie Ihre Anforderungen stufenweise – je nach Lernfortschritt oder Lernhemmung – steigern oder senken.

Noch einmal: Aufmerksamkeit herstellen

Das ist jetzt der richtige Zeitpunkt über die *dritte* Energiestufe von „Aufmerksamkeit herstellen" zu reden (siehe Lernschritt 2). Wenn Sie bis hierhin seriös geübt haben, brauchen Sie diese Stufe, das *Höchstmaß an Energie,* wahrscheinlich gar nicht mehr. Dennoch sollen Sie erfahren, wie Sie sie im Notfall – möglicherweise müssen Sie einmal jemand anderem zu Hilfe eilen – anwenden können.

Wenn Sie alles richtig gemacht haben (also Ihre Energie und den Schwung reduziert, weniger Seil genommen und dem Pferd Zeit gelassen haben, sich in kleinen Portionen an die Ereignisse zu gewöhnen), wenn Ihr Pferd aber dennoch die Flucht ergreift (vor allem dann, wenn es die Sache zuvor bereits akzeptiert hat) – wenn es Sie also womöglich nur *testen* will, dann *rucken* Sie *einmal kurz* am Seil, so dass das Pferd seinen Kopf zu Ihnen wenden *muss.*

Die Bewegungsrichtung Ihres Arms beim Ruck sollte hierbei *waagerecht* sein und *zu Ihnen* hinführen. Der Sinn der Sache: Sie haben dem Pferd damit blitzschnell eine *Grenze* gesetzt. Mit anderen Worten: Ihr Pferd war mit mehr Gefühl bei den anderen Sachen als bei Ihnen. Es fehlte ihm das Gefühl für *Sie*. Sein Gefühl, seine Sinne und sein Körper schweiften in die Ferne und es machte dabei seinen Hals fest.

Durch die Zehntelsekunden schnelle Seitwärtsbegrenzung lösen Sie nun *impulsartig* die Festigkeit in seinem Hals und stoppen seine Flucht. Rucken Sie aber *nur einmal* und wirklich nur *kurz*. Und bleiben Sie vor allem ganz *gelassen*. Jede einzelne der genannten Komponenten ist wichtig. Vor allem, dass *Sie* ruhig bleiben und lächeln. Das ist gar nicht so einfach, da auch bei uns Menschen das psychologische Gesetz gilt: „Physis verändert Gefühle", und das heißt: Wenn Sie sehr gespannt sind, fällt es Ihnen schwer, nicht ärgerlich oder aufgeregt zu sein. Wenn Sie sich jedoch darauf konzentrieren, trotz des spannenden Augenblicks, sofort wieder zu entspannen, wird es Ihnen auch gelingen.

Der ärgste Fehler, den Sie machen können, ist der, dass Sie, wenn Sie ein davon stürmendes Pferd stoppen wollen – statt einen wohldosierten Ruck zu geben – das Seil *gespannt halten*, das Pferd also *festhalten* wollen. Kein Wunder und verständlich, denn *Sie* sind ja auch gerade gespannt. Derlei Ziehen ist jedoch nicht nur der *ärgste Fehler*, es ist auch der *häufigste* Fehler. Und es geht mit Sicherheit schief, weil Dauerdruck den Widerstandsinstinkt des fliehenden Pferdes garantiert aktiviert (Lesen Sie dazu noch einmal S. 70–72, „Eine Grenze setzen" und „Dringende Warnung" nach). Arbeiten Sie für eine solche Notfallsituation deshalb mit kurzen, schnellen Impulsen, bis das gewünschte Ergebnis erzielt ist, und denken Sie an Entspannung. Das heißt auch: Sobald Sie den Ruck gesetzt haben, lächeln Sie wieder.

Interessant ist es, die *Ursache* für diesen Dauerdruck näher zu beleuchten. Außer der Tatsache, dass Sie in diesem Augenblick selbst höchst gespannt sind, handelt es sich dabei dennoch auch um typisches *Raubtierverhalten*! Auch wenn am Ende des Stricks ein armseliges Menschlein ums Überleben zu kämpfen scheint. Aber es ist die Eigenart von Raubtieren, ihr Opfer *festhalten* zu wollen.

Menschliche Fluchttiere würden hingegen schon loslassen, wenn das Pferd nur seinen Kopf mit etwas Schwung höbe. Der Ruck ist stattdessen das Verhalten einer *Autorität* in der Notsituation (natürlich sorgt eine wahre Autorität dafür, dass derlei Notsituationen so gut wie nie auftauchen): Sie begrenzt die unerwünschte Bewegung mit dem notwenigen Maß an Energie und lässt im gleichen Augenblick los (gibt also Freiheit), wenn die gewünschte Reaktion erfolgt ist.

Dieser Ruck ist aber wirklich nur im Notfall einzusetzen. Ansonsten gehen Sie *besser* immer den langsamen Weg. Und das bedeutet: Gewöhnen Sie Ihr Pferd *geduldig* an Furcht einflößende Dinge. Lassen Sie *jedes* seiner Augen das Objekt lange genug wahrnehmen, bis es ihm geradezu langweilig wird. Führen Sie es mal von links heran, mal von rechts. Lassen Sie sich Zeit, plaudern Sie von mir aus währenddessen mit jemandem, hören Sie Musik dabei (Ihre Lieblingsmusik wird Sie entspannen). Und unterstellen Sie niemals, dass Sie Ihr Pferd wieder einmal nur ‚verar...' wolle. Aber, wie gesagt: Wenn Sie mit Ihrem Training tatsächlich schon bis hierhin gelangt sind, sind Sie wahrscheinlich bereits eine *Autorität* und Sie brauchen den begrenzenden Ruck sowieso nur noch im Notfall.

Lange bevor Sie die Beine eines Pferdes anfassen, sollte es an die Bewegung und Berührung durch Materialien wie Seil, Stock oder Reifen gewöhnt sein.

Hufschmied und Tierarzt

Zur Sensibilisierung und Desensibilisierung gehört in dieser Phase auch die frühzeitige Gewöhnung des Pferdes an alle möglichen Aktionen und Gerätschaften, die der Tierarzt zu Diagnose und Therapie verwendet oder die zur regelmäßigen Pflege oder Gesundheitsvorsorge gehören. Das Pferd sollte sich dazu jederzeit an und im *Maul, Nüstern, After* und *Geschlechtsteilen* berühren lassen, auch mit Hilfsmitteln wie etwa Fieberthermometer.

Es sollte Sie willig an Auge und Ohren heranlassen und an Geräusche wie das von Sprühdosen gewöhnt werden. Das haben Sie bereits geübt. Das Wichtigste bei diesem Training (und erst recht bei der Anwendung im Ernstfall) ist jedoch Ihre innere *Einstellung*, Ihre *Körperspannung* und die *Sicherheit* Ihrer Bewegungen. Der Rest ist Technik.

Zwei grundsätzliche Vorgehensweisen sind im folgenden Abschnitt beschrieben.

- **Annäherung und Rückzug**
  Monty Roberts und andere beschreiben für die (De-)Sensibilisierung von problematischen Zonen das Prinzip von *Annäherung und Rückzug*.

Das Prinzip ist einfach: Suchen Sie zunächst eine Stelle (eine Distanz, eine Lautstärke, eine Geschwindigkeit), die das Pferd akzeptiert. Von dort aus arbeiten Sie sich stetig vor, bis Sie an der Problemzone, sei es Lärmpegel oder Geschwindikgeit, angekommen sind.

Gesetzt den Fall, ein Pferd ließe sich nicht gerne an den Ohren anfassen: Suchen Sie sich dann eine Stelle in der *Nähe* der Ohren, die das Pferd akzeptiert. Streicheln Sie das Pferd dort ausführlich. Wenn sich Ihr Pferd entspannt, streicheln Sie sich immer weiter voran, Richtung Problemzone. Sobald das Pferd Unruhe zeigt, ziehen Sie Ihre Hand (oder den Stock, mit dem Sie das Pferd zuvor natürlich ausführlich gestreichelt haben) zurück. Und zwar bis zu der Stelle, wo sich das Pferd zuvor entspannte.

Wenn Sie mit Geduld vorgehen, wird Ihr Pferd Ihnen irgendwann gestatten, seine Ohren zu berühren. Auch hier gilt: Wann immer das Pferd sich an etwas gewöhnt hat, erhöhen Sie die Intensität, je nach Zielsetzung: Gehen Sie *näher* heran, werden Sie *lauter*, bewegen Sie sich *schneller*, doch gehen Sie dabei *langsam* vor, lassen Sie sich und dem Pferd *Zeit*.

- Beharrlichkeit

Viel Erfolg habe ich auch mit dem (gegenteiligen) Prinzip der *Beharrlichkeit*. Dazu gehört allerdings schon eine Portion Erfahrung. Dieses Prinzip anzuwenden ist noch einfacher als Annäherung und Rückzug. Im Grunde bedeutet es nichts anderes, als dem Pferd ein eindeutiges, direktes Gefühl zu geben. Ich wende dieses Prinzip allerdings nur dann an, wenn ich mit Annäherung und Rückzug nicht weitergekommen bin.

Beim Ohren-Beispiel bedeutete das nichts anderes, als das Pferd einfach am Ohr anzufassen und nicht mehr loszulassen. Schon dieser Satz macht Ihnen deutlich, dass dieses Prinzip nur in besonderen Fällen angewendet werden sollte und kann. Wenn das Pferd anfängt, heftig mit dem Kopf zu schlagen, haben sie kaum noch Chancen, dranzubleiben, zumal wenn es sich um ein großes Pferd handelt.

In solch einem Fall kann allerdings die Kombination mit Annäherung und Rückzug Sinn machen. Ich beginne damit, das Pferd mit dem Fiberglasstab ausführlich zu streicheln. Nach und nach nähere ich mich der kritischen Zone bis hin zum Ohr. Auch das kann eine Zeit lang dauern. Mithilfe des langen Stabes kann ich dem Pferd ziemlich punktgenau an der kritischen Stelle das bislang verschmähte Gefühl vermitteln.

Wenn man dem Pferd nun ausreichend Zeit lässt, sich an dieses Gefühl zu gewöhnen, ist das Problem bald gelöst. Wichtig ist die Rückmeldung für das Pferd. Auch hier gilt: Sobald das Pferd seinen Widerstand nur im Ansatz aufgibt, Zeichen gibt, sich *weniger* zu erschrecken, nicht mehr ganz so hektisch davonzuhüpfen, geben Sie nach. Erst recht geben Sie nach, wenn sich das Pferd Ihnen *zuwendet*.

Am eigenen Gefühl arbeiten

Aber, wie gesagt: Dazu gehört eine große Portion Erfahrung und Geschicklichkeit, um nicht noch mehr Schaden anzurichten. Denn ein Pferd, das sich nicht an den Ohren berühren lässt (und andere unangenehme Sensibilitäten aufweist), dem fehlte bislang mit Sicherheit der *Mensch*, der ihm ein sicheres Gefühl vermitteln konnte. Daher die Probleme. Wenn es *Ihr* Pferd ist, tun Sie deshalb gut daran, zunächst mit den anderen, bereits beschriebenen Techniken an Ihrem Gefühl für Pferde zu arbeiten, statt gleich an die großen Problemlösungen heranzugehen, die unter Umständen zu noch mehr Problemen führen.

Außerdem hängt Ihre Vorgehensweise auch vom Pferd ab: Üben Sie mit einem gelassenen, erfahrenen Pferd? Prima! Haben Sie eines, das von seinem Temperament her Sie auch beim Reiten bisweilen vor schwere Aufgaben stellt? Dann hängt es von Ihrer Erfahrung mit Pferden überhaupt ab. Dasselbe gilt für die Arbeit mit jungen Pferden. Und auch da gibt es den Unterschied, ob Sie mit einem ‚Baby' arbeiten, einem Jährling oder einem ‚pubertären' Zweijährigen.

Ganz problematisch wird es, wenn Sie ein so genanntes ‚Problempferd' im Stall haben. Wenn es schon länger Ihr Pferd ist, sollten Sie sich auf jeden Fall die Hilfe eines erfahrenen Ausbilders sichern, der sich in dieser Art Umgang mit Pferden auskennt. Was für Sie freilich nicht die Arbeit ausschließt, die bislang in diesem Buch in den vorangegangenen Schritten erläutert wurde.

4. Übungen für zwischendurch

Die (De-)Sensibilisierung, inklusive *Streicheln*, ist eine wichtige Basisübung zum Aufbau eines guten *Beziehungsfundaments* zwischen Mensch und Pferd. Diese Übungen (deren Möglichkeiten nur von Ihrer Fantasie begrenzt werden) haben den Vorteil, dass man sie *jederzeit* und *immer mal zwischendurch* einlegen kann.

Sie können sie machen, wenn Sie gerade mal nur eine viertel oder halbe Stunde Zeit haben, sie können sie statt einer Reitstunde praktizieren. Sie können sie im Paddock, in der Box, auf dem Platz, in der Halle, in Feld, Wald und Flur machen. Und jede Minute, die sie in diese Arbeit investieren, wird sich auszahlen: im (noch) sichereren und vertrauensvolleren Umgang mit Ihrem Pferd.

Hufe und Beine des Pferdes hochheben

Bis hierhin werden Sie – wenn Sie geübt haben – schon ein paar wesentliche Veränderungen an Ihrem Pferd feststellen können. Unter anderem wird es gelernt haben, still zu stehen, konzentriert und aufmerksam zu sein.

Wenn Sie an diesem Punkt angekommen sind, ist es der richtige Zeitpunkt, damit zu beginnen, seine *Hufe* zu heben und es daran zu gewöhnen, dass sich jemand daran zu schaffen macht. Fangen Sie jedoch nicht damit an, bevor Ihr Pferd wirklich *still* steht. Sollte das noch nicht der Fall sein, ist irgendetwas zwischendurch schief gelaufen, und Sie sollten ein paar Übungsschritte zurückgehen, bis das Thema erledigt ist.

Die Vorbereitung des Pferdes

Aus gutem Grund ist das Anfassen der Hufe für manchen ein heikles Unterfangen, zumal für jemanden, der nicht viel Erfahrung mit Pferden hat. Aber auch erfahrene Pferdeleute tun gut daran, fremde Pferde erst zu *testen*, ehe sie sich an deren Hufe wagen. Das Problem beim Hufeanheben besteht darin, dass es für das Pferd einen großen *Vertrauensbeweis* darstellt. Denn sobald das Pferd einen Huf vom Boden hebt und ihn in Ihre Hand gibt, macht es sich immobil. Es ist dann nicht mehr in der Lage zu fliehen.

Wer glaubt, das Problem des Hufegebens liege (wie kurioserweise oft behauptet wird) am mangelnden *Gleichgewicht*, sollte sich mal ein Pferd anschauen, das sich mit dem Hinterhuf am Ohr kratzt. Krummer und schiefer kann ein Vierbeiner nicht dastehen, und dennoch – oh Wunder! – er fällt nicht um. Gleichgewicht? Ein Pferd gerät in der Regel nur dann aus der Balance, wenn der Mensch dafür sorgt. Deshalb ist es unser Ziel, das Pferd mit *Gefühl* daran zu gewöhnen, dass es uns von sich aus seine Hufe *anvertraut*. Dann ist die Balance auch nicht gefährdet.

In jedem Fall geht es am Anfang immer darum, das Pferd auf die *Berührung* durch die menschliche Hand *vorzubereiten*. Dazu bedient man sich klugerweise wieder einiger praktischer Hilfsmittel. Am besten ist ein langes Seil und/oder der Fiberglasstock, der nicht so biegsam ist wie eine Gerte und nicht so hart wie Holz und dabei unzerbrechlich. Der Fiberglasstock hat an seinem Ende noch das Seilchen, das bei dieser Arbeit ebenfalls nützliche Dienste leisten kann.

Worum es bei dieser Übung ebenfalls geht, ist, dass *Sie* sich *sicher* fühlen und dass Sie Ihrem Pferd ein sicheres Gefühl geben können. Dazu gehört, dass Sie wissen, *wann* und *wie viel* Druck Sie ausüben müssen und wann und wie viel Sie nachgeben sollten. Und Sie müssen bereit sein, sich *jederzeit* auf ein verändertes Verhalten Ihres Pferdes *einzustellen*.

Das dauert seine Zeit, und Sie müssen üben. Auch hier gilt wieder: Scheuen Sie sich nicht, von neuem anzufangen und – wenn nötig – andere Wege auszuprobieren. Das Wichtigste ist, dass Ihr Pferd *entspannt* und *zuversichtlich* bleibt bei allem, was Sie tun. Dann kommen Sie weiter. Regt es sich auf, so müssen Sie wieder (mindestens) einen Lernschritt zurückgehen.

Viele Leute verlassen sich lieber auf andere und schieben die Verantwortung dafür, dass ihr Pferd die Hufe gibt, gerne dem *Hufschmied* zu. Dabei ist es immer die Aufgabe des Besitzers und von niemand anderem, sein Pferd schmiedefromm zu machen – und zwar schon geraume Zeit *bevor* der Hufschmied zum ersten Mal kommt.

Wie oft hört man Klagen von erbosten Besitzern über Brutalität oder

So bereiten Sie Pferde darauf vor, ihre Hufe zu geben: Ehe Sie selbst Hand anlegen, berühren Sie das Pferd sicherheitshalber mit einem verlängerten Arm. Das gilt nicht nur für die Hinterbeine, sondern auch für die Vorderbeine!

Rohheit von Schmieden. Andere werfen ihrem *Tierarzt* unnötige Härte oder übertriebene Ängstlichkeit vor und wundern sich, dass ihr Pferd beim Anblick des Veterinärs ‚durchdreht'. Fakt ist: Jeder Schmied und jeder Arzt, Heilpraktiker, Osteopath oder Hufpfleger kann nur so erfolgreich sein, wie Ihr Pferd es zulässt. Und *was* es zulässt, dafür sind *Sie* verantwortlich.

Leider lernt man viel zu selten, richtig mit Pferden umzugehen. Viele Menschen denken anscheinend immer noch, dass dies grundsätzlich Sache von *Fachleuten* sei. Sie interessieren sich einfach nicht dafür, weil sie meinen, besseres zu tun zu haben: Reiten zum Beispiel. Fakt ist: Jeder (Miss-) Erfolg unterm Sattel oder auf dem Kutschbock, jeglicher Energieaufwand, Frust oder Freude, hängen eng damit zusammen, wie ein Pferd dafür *am Boden* vorbereitet worden ist.

5. Übung: Die Beine desensibilisieren

Fangen wir zunächst bei den *Vorderbeinen* an. Beim *Joining*, bei der *Begrüßung* und bei der vorausgegangenen *Desensibilisierung* haben Sie schon damit begonnen, Ihr Pferd zu streicheln – zunächst mit Ihren Händen, dann mit dem Seil in Ihrer Hand. Die Berührung als solche wird dem Pferd also nicht mehr fremd sein. Was nun dazu kommt, ist die Bewegung des leicht schwingenden Seils an den Beinen und der Druck, den Sie mit dem Seil ausüben.

▸ Ihr Standort:

Um die *Vorderbeine* zu heben, stehen Sie schräg vor seiner Nase. Für die Bewegung der *Hinterbeine* postieren Sie sich etwa an seiner Schulter, dort wo der Rippenbogen beginnt, mit Blickrichtung zur Hinterhand.

Wenn das Führseil lang genug ist (also ca. vier Meter), brauchen Sie für die Arbeit an den *Vorderbeinen* kein extra Seil. Sie müssen allerdings darauf achten, nicht ungewollt Druck auf das Halfter auszuüben, wenn Sie sich bewegen (Abb. 1). Dies würde das Pferd nur unnötig irritieren (und es seinerseits in Bewegung bringen). An den *Hinterbeinen* arbeiten Sie entweder mit einem weiteren Seil oder mit dem Fiberglasstock, so dass Sie das Führseil lang genug werden lassen können, um entsprechenden Abstand vom Pferd zu halten.

Gewöhnung durch das Seil

Die erste Übung besteht darin, die Pferdebeine an die *Bewegung* des Seils zu gewöhnen. Das entspricht dem späteren Griff der Hand Richtung Röhrbein oder Sprunggelenk. Es desensibilisiert das Pferd zugleich aber auch für Bewegungen, die von anderswoher kommen: Blätter, die vom Wind getrieben werden, Vögel, die plötzlich auffliegen, Astwerk, das dem Pferd ans Bein schlägt.

Falsch und richtig:
***Abb. 1:** Hier straffe ich das Führseil, so dass das Pferd zur Bewegung aufgefordert werden könnte – ein großer Fehler. In Abb. 2 stimmt die Seilhaltung.*

1

2

Schwingen Sie dazu das Seil rhythmisch Richtung Pferdebein, zuerst an ein Bein, dann an beide. Beginnen Sie mit den *Vorderbeinen* und gehen Sie erst nach hinten, wenn die Übungen an den Vorderbeinen problemlos auszuführen sind.

Ob Vorder- oder Hinterbeine – keine Körperpartie des Pferdes ist wirklich gefährlicher als die andere. Ich erwähne das, weil sich manch einer unbekümmert den Vorderbeinen nähert, aber einen Heidenrespekt vor den Hinterbeinen hat. Diese Einschätzung kann fatal sein, denn, Tatsache ist: Ein Pferd kann Sie mit den Vorderbeinen genauso verletzen wie mit den Hinterbeinen. Ihr Gefühl muss sich deshalb gleichermaßen auf *beide* Körperpartien des Pferdes richten und beide gleich ernst nehmen. Bedenken Sie: Ein Pferd kann jedes seiner vier Beine jederzeit in jede Richtung bewegen – und zwar unabhängig voneinander.

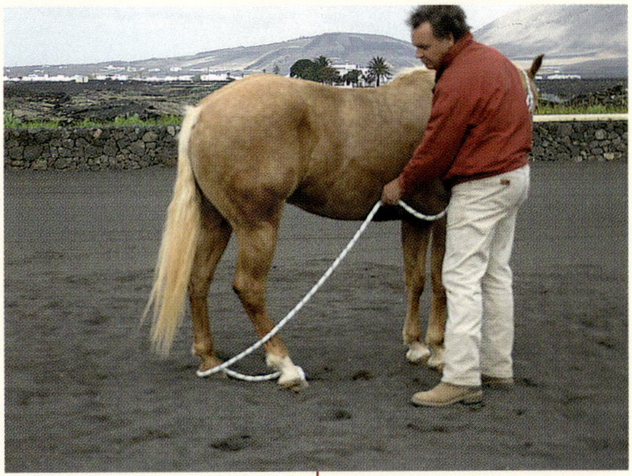

Vorsicht! Der Kopf des Pferdes ist von mir abgewendet. So könnte es entweder die Flucht ergreifen oder aber sich weiter drehen und zum Tritt ansetzen.

6. Übung: Die Beine mit dem Seil bewegen

Wenn das Pferd diese Bewegungen und Berührungen willig annimmt, den Kopf senkt und still stehen bleibt, können Sie zum nächsten Übungsschritt weitergehen. Hierbei geht es darum, das Seil von vorn so um *eine* Fessel zu legen (nicht festbinden!), dass Sie das Seil nun in beiden Händen halten, als ob Sie Zügel führten. Durch ganz *leichten* Zug an beiden Seilteilen wird das Pferd nun dazu gebracht, mit dem *Vorderbein* in Ihre Richtung leicht *nachzugeben* (siehe Abb. S. 159).

Wieder gehen Sie so vor wie schon beschrieben: Sie belohnen den kleinsten *Versuch* des Pferdes nachzugeben dadurch, dass Sie Ihrerseits mit dem Druck *nachlassen*. Anfangs muss das Pferd seinen Huf gar nicht vom Boden heben. Schon der *Versuch* reicht, dass das Pferd eine Bewegung anbietet.

Lassen Sie *sich* und dem *Pferd* dann ein paar Sekunden Zeit zum Nachdenken und starten Sie einen neuen Versuch. Denken Sie bei *Ihrem* Nachgeben daran, dass es *sofort* erfolgen muss. Nur wenn das Nachgeben sofort stattfindet, nachdem das Pferd sein Verhalten geändert hat, kann dies von ihm als das richtige Gefühl erkannt werden.

Beobachten Sie *sich* und *Ihr Pferd* genau: Es muss nicht einmal eine Körperbewegung sein, die sich verändert. Vielleicht nehmen Sie in Ihren Händen wahr, dass Ihr Pferd an einem bestimmten Zeitpunkt beginnt, etwas anderes zu denken ... Wie gerade *Sie* dies bei Ihrem Pferd herausfinden können, kann ich Ihnen nicht sagen. Niemand

1

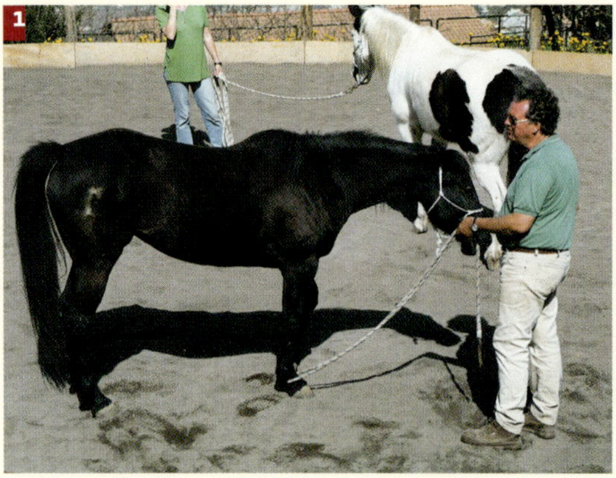

2

wird Ihnen das sagen können. Ich kann Ihnen allerdings eines garantieren: Sie werden es herausfinden!

Für die *Hinterbeine* ändern Sie nichts anderes als Ihren Standort. Stellen Sie sich an die Schulter Ihres Pferdes und achten Sie darauf, dass Ihre Bewegungen ruhig und gelassen bleiben, und wenden Sie *keinerlei* Kraft an. Gehen Sie auch *nicht zu schnell* vor.

Fordern Sie also nicht, dass das Pferd sein Bein *zur Seite* ausstreckt, bevor es dies auf Ihren Wunsch hin sicher *nach vorn* strecken und wieder auf den Boden setzen kann. Das ist eine Bewegung, als wenn es einen Schritt nach vorne machen wollte.

Zunächst respektieren Sie wieder seinen Versuch, verstehen zu wollen, was Sie wünschen. Dann sollte eine sichtbare Bewegung erfolgen: zum Beispiel, dass es sein Sprunggelenk etwas anwinkelt. Der nächste Fortschritt wäre das Anheben des Hufes.

Wenn Sie ein wenig weiter sind, achten Sie darauf, dass das Pferd den Huf *von selbst* ein wenig oben behält. Dehnen Sie dann die Zeit des Hochhaltens nach und nach aus (immer mit den entsprechenden Pausen dazwischen!), und dann beginnen Sie sanft, das Bein des Pferdes auch *leicht* nach außen zu heben.

Wenn Sie nachgeben, sollte dies auch hier immer mit einem *Versuch* des Pferdes verknüpft sein, Ihren Wunsch zu erfüllen. Das *Wann* entscheidet sich nach der Feinheit Ihrer sinnlichen Wahrnehmung. Denn das Pferd könnte tausend Versuche unternehmen, es Ihnen recht zu machen. Es würde nichts nützen, wenn Sie es nicht *merken* würden.

Je mehr Ihr Gefühl mit dem des Pferdes verknüpft ist, desto mehr übernimmt das Pferd die Aufgabe, seinen Huf *selbst* hoch zu halten. Es ist sehr wichtig, die Notwendigkeit und den Zeitpunkt dieses Übergangs zu beachten. Wenn Sie den Huf immer nur mit Ihrem Seil hochhalten, wird das Pferd sehr bald anfangen, *Widerstand* aufzubauen, und all Ihre

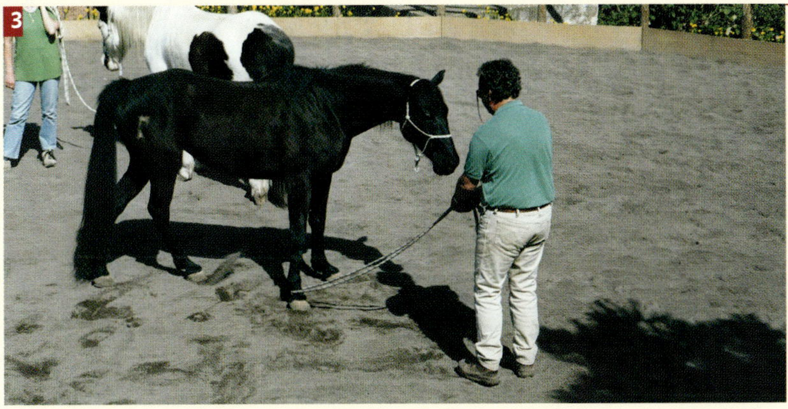

Mit leichtem Zug auf das Seil wird das Pferd veranlasst, sein rechtes Vorderbein ein klein wenig in meine Richtung zu bewegen. Besser ist es allerdings zu Beginn, das Pferd dabei mit einem zusätzlichen Seil am Halfter zu halten.

vorhergehende Arbeit wird zunichte gemacht: Es wird anfangen zu zappeln, sich ‚schwer machen' oder sich gegen Sie lehnen.

Dass es nicht dazu kommt, hat viel mit Ihrem ‚*Timing*' zu tun: mit dem *Zeitpunkt, ob* und *wann* Sie nachgeben und wie viel oder wie wenig Sie vom Pferd verlangen. Auch hier gilt der Grundsatz: „Weniger ist mehr". Übertreiben Sie nicht, gerade dann nicht, wenn's gerade gut läuft. Machen Sie lieber eine Pause. Die darf durchaus einen Tag dauern. Sie werden sehen: Das Pferd hat auch am nächsten Tag nichts vergessen. Im Gegenteil: Vielleicht bietet es von sich aus sogar etwas mehr an als gestern.

7. Übung: Berühren und Bewegen mit den Händen

Wenn Ihr Pferd an das Gefühl des Seils gewöhnt und jederzeit bereit ist, nachzugeben, dann können Sie beginnen, es daran zu gewöhnen, sich von Ihnen deutlich und bestimmt *mit den Händen* an den Beinen anfassen zu lassen. Fassen Sie *zunächst* Huf und Bein nur an, immer wieder. Erst *dann* beginnen Sie, den Huf aufzunehmen. Wenn Sie gute Vorarbeit geleistet haben, wird das Pferd seinen Huf heben, sobald Ihre Hand sein Bein so berührt, als wollten Sie den Huf hochnehmen.

Fahren Sie mit Ihrer Hand dazu zunächst von seiner *Schulter* (Vorderbein) oder *Hüfte* (Hinterbein) hinab Richtung Fesselbein (wo das Seil lag). Streicheln Sie die Stelle und lassen los. Tun Sie das außen und innen an den Beinen des Pferdes so lange, bis das Pferd Sie ohne Arg gewähren lässt. Dann fordern Sie mit etwas festerem Handdruck das Heben des Beins. Am Anfang reichen wiederum ein paar Zentimeter. Mehr muss das Pferd sein Bein nicht vom Boden heben.

Achten Sie darauf: Manches Pferd reißt zunächst ruckartig ein Bein hoch. Ihr *Gesicht* sollte deshalb möglichst außer Reichweite vom Huf oder den großen Gelenken des Pferdes sein. Jetzt gehen Sie wieder so vor wie mit dem Seil: Arbeiten Sie sich nach und nach an die gewünschte Bewegung heran. Bei guter Vorbereitung mit dem Seil wird dieser Vorgang mit den Händen kaum noch Zeit benötigen. Übereilen Sie aber auch hier nichts und gehen Sie bei Problemen wieder so viele Trainingsschritte zurück wie nötig.

8. Übung: Bewegen und Bearbeiten mit den Händen

Wenn Sie in Ihrem Programm gut vorankommen, können Sie den Huf *festhalten* und ihn nach vorn und hinten *bewegen*. Dann fangen Sie an, den Huf ein wenig zu *bearbeiten*: Beklopfen Sie mit Hand oder Hufkratzer leicht Strahl, Sohle, Tragrand und Außenwand, und verschieben Sie den Huf ein wenig nach links und nach rechts.

Überanstrengen Sie sich nicht und halten Sie den Huf nicht zu lange auf, denn dann *verspannen* Sie sich, und das wiederum übt Druck auf das Pferd aus. Zerlegen Sie auch diese Aufgabe in so kleine Schritte wie möglich.

9. Übung: Die Vorderbeine leichter heben

Ideal: Ich brauche die „Kastanie" neben dem Vorderfußwurzelgelenk nur berühren, und das Pferd hebt seinen Huf.

Wenn Sie so weit gekommen sind (aber erst dann!), können Sie sich die Arbeit erleichtern, indem Sie sich nicht mehr ganz nach unten zum Huf bücken, sondern an den Vorderbeinen (innen leicht oberhalb des Vorderfußwurzelgelenks) die *Kastanie* des Pferdes zwischen zwei

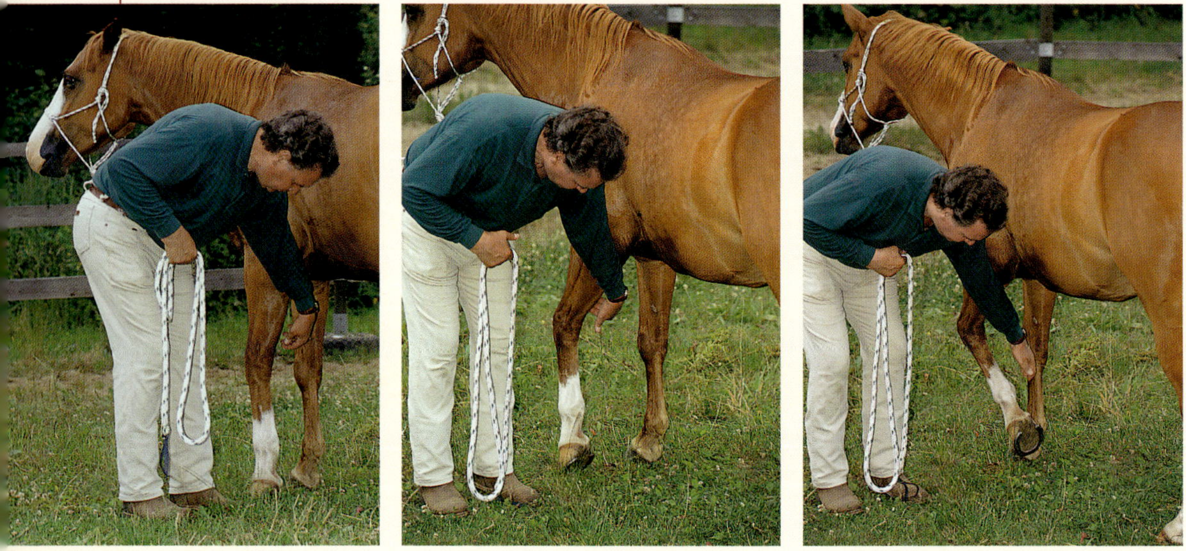

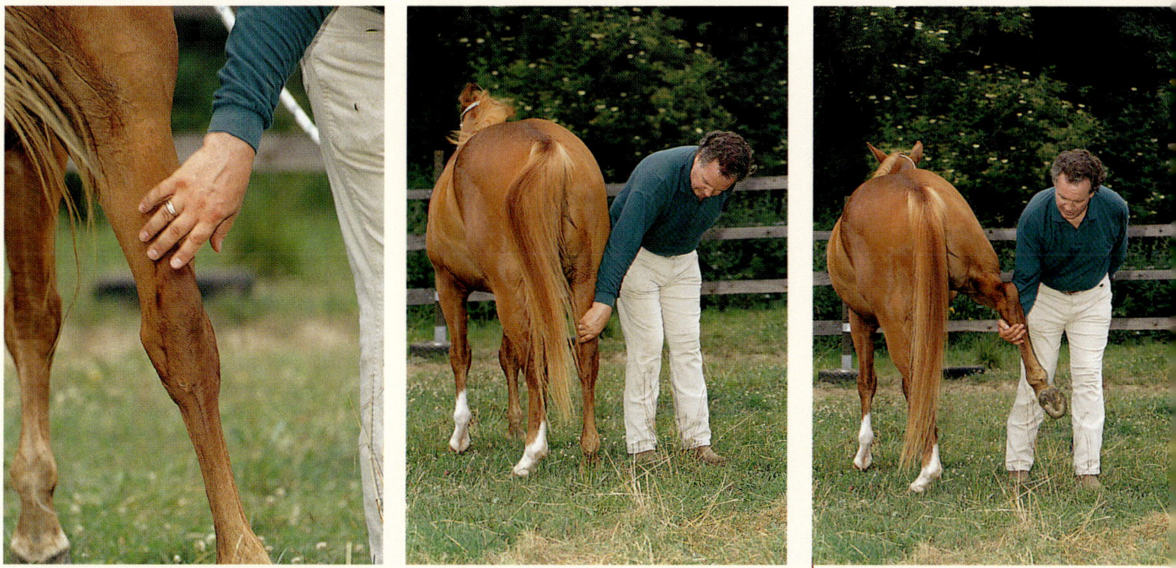

Am Hinterbein schließen Sie Ihren Daumen und Mittelfinger an der Sehne oberhalb des Sprunggelenks.

Fingern nehmen und sie drücken. Warten Sie kurz, und Sie werden sehen: Das Pferd nimmt seinen Fuß von selbst hoch. Im gleichen Augenblick lassen Sie die Kastanie los. Wenn das Pferd jedes Mal beim Berühren der Kastanie das Bein ausreichend anhebt, fassen Sie mit Ihrer Hand das Röhrbein des Pferdes. Wenn Ihr Pferd sein Gewicht auf das Bein verlagert, drücken Sie wieder die Kastanie. Wenn Sie merken, dass es das Gewicht auf die andere Seite verlagert, lassen Sie los.

10. Übung: Die Hinterbeine leichter heben

An den *Hinterbeinen* legen Sie Ihre Hand auf das Sprunggelenk des Pferdes (nachdem Sie sich von der Kruppe sanft nach unten gestreichelt haben) und schließen Ihre Finger. Der Effekt ist derselbe: Das Pferd hebt den Huf, ohne dass Sie sich ganz nach unten bücken müssen. Gehen Sie vor wie bei den Vorderbeinen, nur dass Sie das Gefühl dem Pferd hier nicht an der Kastanie geben, sondern unmittelbar oberhalb des Sprunggelenks.

Sie haben jetzt eine Vielzahl von Techniken und Wegen kennen gelernt, um Ihr Pferd zu (de-) sensibilisieren. Und Sie wissen jetzt auch, wozu das alles notwendig ist: zu Ihrer Sicherheit, zur Sicherheit Ihres Pferdes und aller, die mit ihm zu tun haben. Weil es aber so wichtig ist, denken Sie daran: Fangen Sie *rechtzeitig* an zu üben und nicht erst dann, wenn Sie die Fähigkeit des Pferdes gerade brauchen.

10. Schritt: ***Führen und Folgsamkeit***

Hier geht es darum, Ihr Pferd zur Folgsamkeit zu erziehen; wie Sie Ihr Führungsverhalten testen; und wie Sie nötigenfalls zum Vulkan werden.

Folgsamkeit etablieren

1. Übung: Promptes Folgen

Aus den vorangegangenen Lernschritten 1, 2, 4 und 5 entwickeln Sie jetzt auf einfache Art das *Führen* Ihres Pferdes und somit dessen *Folgsamkeit*. Natürlich könnte auch diese Übung schon ganz vorne stehen, weil sie zu den Alltäglichkeiten im Umgang mit Pferden gehört. Wenn Sie sie jedoch hier erst ausprobieren, werden Sie sehen, dass Sie keinerlei Probleme damit haben werden, weil Sie bereits alle Detailfragen, die mit Führen zu tun haben, mit dem Pferd ausdiskutiert haben.

Optimale Führposition: Leicht seitlich vor dem Pferd und in ausreichendem Abstand.

▶ **Ihr Standort:**
Etwa einen Meter seitlich *vor* dem Pferd. Führen wird hier grundsätzlich so verstanden, dass Sie in *der* Bewegungsrichtung stehen, in die Sie mit dem Pferd gehen wollen.

▶ **Ihre Seilhaltung:**
In der Ausgangsposition beim Führen (zunächst wieder von der linken Pferdeseite aus) nehmen Sie das Seil so in Ihre rechte Hand, dass Ihr Ellbogen *zum* Pferd hin weist und Ihr Daumen – wenn Sie ihn ausstreckten – in die Bewegungsrichtung, also nach *vorn*. Lassen Sie gut einen Meter Platz zwischen Ihrer rechten Hand und dem Pferd. Ihre (in diesem Fall) linke Hand hält das *Ende* des Führseils, während Sie in die Bewegungsrichtung schauen, in die Sie mit Ihrem Pferd gehen (siehe Abb. links). Legen Sie das Seil auf keinen Fall in nur eine Hand und auch nicht in dicken Schlaufen in Ihre rechte Hand. Im Ernstfall können Sie so nämlich nicht wirklich effizient einwirken.

Auf den Winkel kommt es an

Vielleicht haben Sie es schon selbst bei dem einen oder anderen Pferd erlebt: Sie möchten, dass es Ihnen folgt, stattdessen jedoch streckt es lediglich seinen Kopf und seinen Hals, seine Beine bewegt es jedoch keinen Zentimeter. Gehen Sie dann zügig in einem *Winkel* von etwa 45 Grad zur Seite von seiner Nase weg und halten Sie das Seil fest.

‚Fest' meint: Lassen Sie das zunächst durchhängende Seil sich kontinuierlich *straffen*. Das heißt: Das Seil soll sich *gleichmäßig* straffen, nicht ruckartig. Das ist ein Unterschied! Der gleichmäßige Zug steigert Ihre Energie *sukzessive*. Der heftige Ruck würde Ihre Energie sozusagen ‚von Null auf Hundert' in das Seil bringen. Das ist nur im Notfall gestattet (siehe S. 70, S. 149 f.).Erhöhen Sie stattdessen den Zug auf das Seil so, dass die Energiekurve stetig wächst. Nehmen Sie in dem Augenblick jede Energie aus dem Seil, wenn das Pferd nur *einen* Schritt auf Sie zu macht.

Je nachdem wie irritiert Ihr Pferd hinsichtlich des richtigen Gefühls zuvor war, müssen Sie den Winkel vergrößern, bis zu 90 Grad. Im *Extremfall*, wenn das Pferd jedes Gefühl für folgsame Bewegung vermissen lässt, drehen Sie sich so (hier: nach links), dass Sie in einem Winkel von annähernd 140 Grad von der Nase des Pferdes weggehen, also in einem kleinen Bogen Richtung Hinterhand (und daran vorbei). Das Pferd wird den deutlichen Zug am Halfter sowie die starke Biegung von Genick und Hals fühlen und kaum anders können als zu folgen.

Unterbrechen Sie Ihre Bewegung jedoch nicht, wenn das Pferd dagegenhält, sondern gehen Sie *zügig* weiter. Das allein bringt die gleichmäßige Energie ins Seil. Wann immer Sie Widerstand spüren, rucken Sie nicht, sondern vergrößern Sie einfach den *Winkel* zum Kopf des

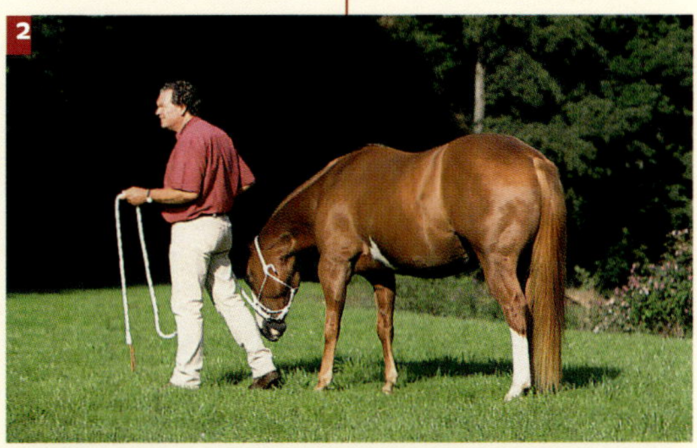

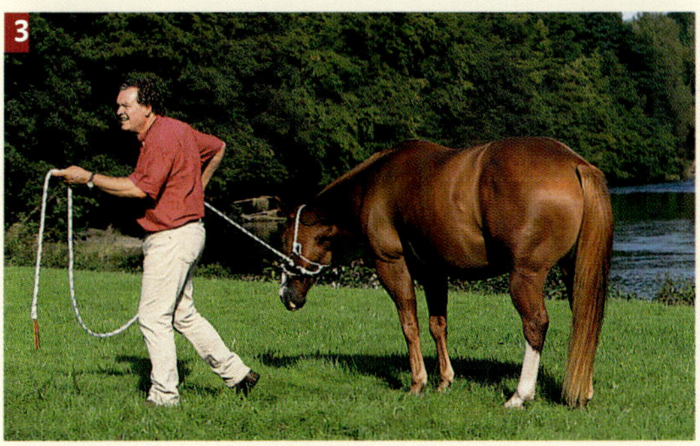

Um Gras zu fressen, zieht mein Pferd am Seil (Abb. 1). Ich drehe mich deshalb im 90-Grad-Winkel nach links (Abb. 2) und gehe zügig los (Abb. 3), ohne mit der Seilhand nachzugeben. In Abb. 4 beginnt das Seil sich aufgrund der Folgsamkeit des Pferdes zu lockern.

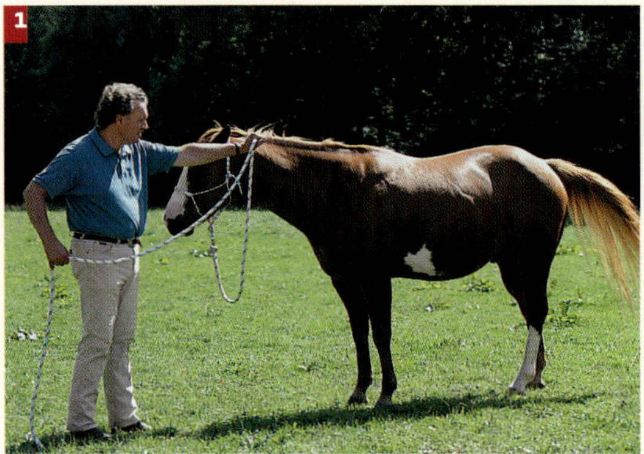

Diese Bildfolge zeigt Variante 1: sie nutzen den engsten Winkel, um Ihr Pferd zum Folgen aufzufordern.

Pferdes. Achten Sie allerdings darauf – welchen Winkel auch immer Sie wählen müssen –, dass Sie es ein paar Mal machen, bis Sie sicher sein können, dass Sie das Pferd mit Körper und Beinen tatsächlich so in Ihre Richtung zum Folgen bewegen können, wie Sie es wollen.

Wenn Sie so vorgehen, bereitet das dem Pferd keine Schmerzen, weder körperlich noch seelisch. Stattdessen wird es bald seinen Körper so positionieren, dass es Ihnen folgt (aufgrund eines indirekten Gefühls – Ihrem Weggehen), bevor das Seil sich strafft (direktes Gefühl).

Variante 1: Engster Winkel

Sie können diese Übung weiter abwandeln und *noch mehr Energie* auf das Seil legen, indem Sie sich – statt nach außen – nun nach innen zum Pferd hin wenden und dann *ohne zu zögern* und forschen Schritts an seiner Hüfte vorbei geradeaus gehen, also in die *Gegenrichtung* (Abb. 1–4). Wenn Sie (wie immer) links vom Pferd stehen, drehen Sie sich auf dem Absatz nach rechts um, wechseln das Seil in Ihrer Hand wie beim Seitenwechsel und gehen los. Das ist der engste Winkel, den Sie herstellen können, die stärkste Halsbiegung und somit die heftigste Aufforderung zu folgen. Achten Sie auch hier, wie bei allen anderen Übungen darauf, dass das Pferd sich hinter Ihnen gerade richtet und Ihnen mindestens eine Pferdelänge folgt.

Variante 2: Vorwärts auf Sie zu

Eine *Variante* dieser Übung (mit der Sie bei Problemen zunächst *immer* beginnen sollten) besteht darin, das Pferd nur zu sich herzuholen. Drehen Sie sich dazu zum Pferd hin und positionieren Sie sich in *einem* 45-Grad- Winkel. Nehmen Sie das Seil dazu in die Hand und positionieren Sie sich wieder so zum Pferd, wie es bereits in Lernschritt 6, Übung 3 beschrieben wurde – und *lächeln* Sie freundlich! Dann versuchen Sie, das Pferd zu sich hereinzuholen.

3

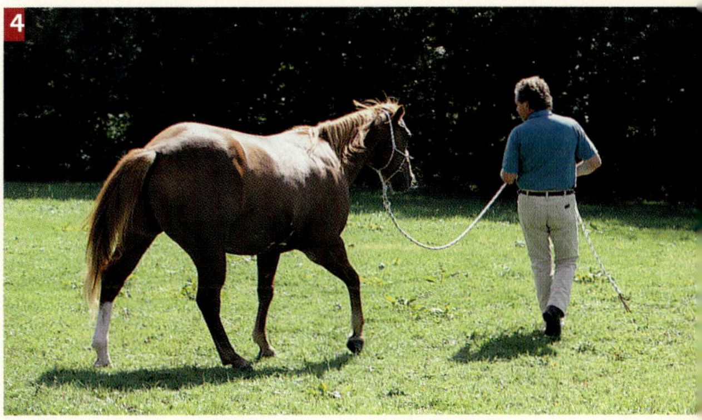
4

2. Übung: Mit dreifachem Gefühl abwenden

Diese Übung baut ebenfalls auf den vorangegangenen Lernschritten 1, 2, 4 und 5 auf.

▸ Ihr Standort:

Zur Vorbereitung stehen Sie an der Seite des Pferdes, etwa auf Kopfhöhe.

▸ Ihre Seilhaltung:

Das Seil halten Sie in beiden Händen, wie es schon in Lernschritt 4, beschrieben ist.

Stehen Sie links vom Pferd, dann führen (später: werfen) Sie das Seil jetzt mit Ihrer linken Hand über seinen Kopf auf seine rechte Körperseite.

Das Seilende, das Sie noch in Ihrer rechten Hand halten, führen Sie dann um die rechte Hinterbacke des Pferdes (ohne es loszulassen) und ziehen es um den Schweif herum auf die selbe Seite, auf der Sie stehen, so dass Sie es nun auch wieder mit Ihrer linken Hand fassen können (siehe S. 166, Abb. 1–4). Drehen Sie sich nun nach rechts (Ihre *linke* Hand wird jetzt Führhand) und gehen Sie im rechten Winkel von der Hinterhand des Pferdes weg.

Gehen Sie langsam, aber stetig. Optimal ist es, wenn das Pferd sich mit dem sich langsam spannenden Seil dreht und Ihnen ohne Widerstand folgt. Wenn Sie das Programm bis hierhin geübt haben, stehen die Chancen gut, dass Ihnen das schon bald gelingt. Auf jeden Fall wird Ihr Pferd (wenn Sie alles richtig machen) merken, dass es einem *dreifachen* Gefühl *nachzugeben* und zu *folgen* hat:

1. Als erstes wird es (in *diesem* Beispiel) Druck vom Halfter oberhalb seiner linken Nüster verspüren.

Die Bewegungsabfolge dieser Übung. Achten Sie darauf, dass das Pferd Ihnen mindestens eine Pferdelänge folgt.

2. Dann wird weiterer Druck seine rechte Hinterbackenseite nach links wegschieben wollen.
3. Und wenn es beiden (direkten) Gefühlen nachgekommen ist, wird es Sie weggehen sehen (indirektes Gefühl) und Ihnen folgen wollen, weil es nur so die Spannung im Seil vermeiden kann.

Das ist ein neuer Lernschritt für das Pferd: drei unterschiedliche Gefühle zu bekommen und diesen der Reihe nach zu folgen. Sie können es sich und dem Pferd leichter machen, wenn Sie beim Weggehen auf den richtigen *Winkel* achten und wenn Sie langsam vorgehen. Passen Sie jedoch auf: Zögern Sie nicht weiterzugehen, auch wenn Ihr Pferd zunächst dagegenhält. Denn wenn Sie zögern oder gar aufgeben, hat Ihr Pferd nur gelernt, *Ihnen* das ‚richtige' Gefühl zu geben, um sich selbst nicht weiter drehen zu müssen.

3. Übung: Testen Sie Ihr Führungsverhalten

Wenn Sie *Ihr Führungsverhalten* und die *Folgebereitschaft Ihres Pferdes* einmal testen wollen, also seine Wahrnehmung, seine Aufmerksamkeit und seinen Respekt, dann nehmen Sie es ans Seil und führen es ein Stück.

Gehen Sie dazu forschen Schritts von ihm fort, ohne sich umzuschauen. Ist es Ihnen prompt gefolgt, ohne dass das Seil in Ihrer Führhand sich straffte? Wenn ja: Nehmen Sie sich dann vor – während Sie gehen – anzuhalten, ohne dass Sie sonst etwas tun, außer: Denken Sie konzentriert an Anhalten und bleiben Sie dann stehen.

1. Was ist passiert? Ist Ihr Pferd ebenso prompt stehen geblieben oder ist es noch ein wenig ‚ausgelaufen'? Hat es Sie dabei vielleicht *überholt* oder gar *angerempelt*? Oder ist es sogar *weitergelaufen*, so dass Sie Ihren Standort verlassen mussten?

Gratulation, wenn Ihr Pferd ebenso prompt angehalten hat wie Sie. Wenn Sie diese Übung tatsächlich erst *nach* allen anderen Übungen absolvieren, wird es mit hoher Wahrscheinlichkeit stehen bleiben. Was geschah, als Sie diese Übung *zu Anfang* Ihres Trainingsprogramms absolvierten?

2. Machen Sie dasselbe jetzt aus dem Trab heraus. Wieder o.k?
3. Dann geht es vielleicht auch im Galopp. Muss aber nicht unbedingt sein. Wenn Sie unbedingt wollen, die Galoppsprünge Ihres Pferdes für Sie jedoch zu raumgreifend sind, dann können Sie es sich einfacher machen, wenn Sie die Übung aus dem Longieren heraus entwickeln.
   Beispiel: Das Pferd geht auf der ‚linken Hand'. Drehen Sie sich eine Runde nicht mit. Genau in dem Augenblick, da Sie Ihr Pferd im rechten Augenwinkel kommen sehen, verlassen Sie in einer Linksdrehung Ihren Longiermittelpunkt und gehen schnellen Schrittes Richtung Hufschlag. Am besten, Sie gehen in einem schön geschwungenen Bogen, denn wenn Sie statt geradeaus in einem Linksbogen gehen, haben Sie noch ein bisschen mehr Zeit. Wenn das Pferd hinter Ihrem Rücken ist (also so wie wenn Sie es führen würden), lassen Sie es noch ein zwei Sprünge machen und dann stoppen Sie.

4. Übung: Verlangsamen und Anhalten

Hat Ihr Pferd Sie permanent überholt? Dann stehen Sie entweder noch am Anfang der Übungen oder aber: Sie waren nicht ausreichend *konzentriert*, das heißt: Sie warteten – in sich selbst versunken – passiv auf das Ergebnis. Dann mangelte es Ihnen in diesem Augenblick nur an der notwendigen Energie. Oder: Sie wussten nur noch nicht, wie es geht. In allen drei Fällen helfen die folgenden Übungen.

► Ihr Standort:
Wieder etwa einen Meter seitlich *vor* dem Pferd, in der Bewegungsrichtung, in die Sie mit dem Pferd gehen wollen. Aus gutem Grund stehen Sie für diese Übung auch wieder links vom Pferdekopf.

► Ihre Seilhaltung:
Wenn Sie das Pferd *verlangsamen* oder *anhalten* wollen, dann wechseln Sie kurz vor der Aktion das Seil in Ihrer Führhand: Greifen Sie mit Ihrer rechten Hand so um, dass nun Ihr ausgestreckter Zeigefinger Richtung Pferdenase weist.

So stoppen Sie ein Pferd mit stetig steigender Energie: *Zunächst wackeln Sie am Führseil, um das Pferd aufmerksam zu machen (Abb. 1), dann wenden Sie sich zum Pferd (Abb. 2). Wenn das nicht ausreicht, wenden Sie sich ihm vollends zu und schütteln das Führseil (Abb. 3).*

Beginnen Sie wieder wie im Test unter Punkt 1. Sie starten bei dieser Übung zunächst mit Ihrer ‚starken' Seite. Für Rechtshänder sind das die rechte Hand, mit der Sie das Seil halten und der rechte Arm. Gehen Sie los. Das Pferd sollte schräg rechts hinter Ihnen sein. Will Ihr Pferd Sie gleich zu Anfang überholen, dann gehen Sie zunächst eine scharfe Linkskurve im 90-Grad-Winkel – und das Pferd befindet sich wieder hinter Ihnen. Gehen Sie von Beginn an ein klein wenig schneller als das Pferd gehen möchte, aber nicht zu lange und zu weit. *Konzentrieren* Sie sich diesmal aufs Anhalten.

1. Als erstes geben Sie Ihrem Pferd – ohne sich umzudrehen – ein Signal, dass sich gleich etwas tut: Wackeln Sie ein wenig mit dem Seil oder dem ausgestreckten Zeigefinger in Richtung Pferd, so als ob Sie einem anderen bedeuten wollten: „Nein, bleib', wo Du bist!" (Abb. 1) Sie geben ihm somit ein direktes Gefühl wie beim Rückwärtsrichten auf Distanz (siehe Lernschritt 6).
2. Stoppen Sie dann *abrupt* und drehen Sie sich gleichzeitig dabei

forsch um, und zwar nach rechts. Verlagern Sie Ihr Körpergewicht vom linken Standbein, das Sie ein wenig abdrückt, vermehrt auf das rechte Bein, das während der Drehung einen Schritt auf das Pferd zu macht (Abb. 2 und 3). Schauen Sie dem Pferd scharf in die Augen und lassen Sie Ihren (hier: rechten) Führarm mit ausgestrecktem Zeigefinger weiter Richtung Pferd *vorschnellen*, als wollten Sie ihm mit allem Nachdruck sagen: „Los, zurück auf Deinen Platz!" Sprechen Sie diesen Satz aber nicht mit dem Mund, sondern lassen Sie ihn von Ihrem Körper ‚aussprechen'. Legen Sie alle Energie, die Sie aktivieren können, in diesen Ausdruck hinein, wenn Sie sich umdrehen und der Arm vorschnellt. Und bleiben Sie stehen! Keinen Schritt nach vorn, hinten, links oder rechts. Einfach stehen bleiben.

Was passiert jetzt? Wenn Sie alles richtig gemacht haben, und Ihre Energie gebündelt zum Einsatz kam, wird Ihr Pferd verblüfft stoppen, vielleicht sogar ein, zwei Schritte rückwärts gehen. Gut so. Schießt es nachgerade zurück, dann haben Sie *zu viel* Energie reingelegt. Ihr Gefühl stimmte noch nicht. Bleibt's nur stehen – in Ordnung. Läuft's einfach weiter, dann haben Sie etwas falsch gemacht. Dann stimmte Ihr Gefühl für das Pferd nicht und seins nicht für Sie.

Wenn Sie nicht wissen, *was* Sie falsch gemacht haben, dann lassen Sie jemanden zuschauen. Ein anderer sieht mehr als Sie selbst. Wahrscheinlich gelang Ihnen das feste Stehen bleiben nicht: Irgendwie wollten Ihre Beine nicht an einer Stelle bleiben – sie wackelten; sie wichen ein, zwei Schritte zurück; sie kamen ins Schwanken, als hätten Sie zu viel getrunken. Machen Sie sich nichts draus, Sie haben nur mehr Respekt vor Ihrem Pferd als das Pferd vor Ihnen.

Der ausgestreckte Zeigefinger signalisiert geballtes indirektes Gefühl und bedeutet so viel wie „Zurück auf Deinen Platz!"

Wenn Sie bei dieser Übung allerdings Probleme bekommen, nachdem Sie alle vorangegangenen Trainingsschritte hinter sich gebracht haben, dann haben Sie mit Sicherheit vorher *gemogelt.* Fangen Sie dann besser wieder ganz vorn an und lassen Sie sich und Ihrem Pferd diesmal wirklich Zeit!

Vielleicht haben Sie sich aber auch nicht richtig schwungvoll umgedreht und mehr das 'Prinzip Hoffnung' walten lassen: „Hoffentlich bleibt er nur stehen." Wenn Sie als Bergführer die Haken fürs Sicherungsseil mit der Überzeugung in die Felswand schlagen würden, der ganze Berg bräche jetzt über Ihnen zusammen; wenn Sie Ihren Hammer schonen wollen oder der Meinung sind, der Haken würde schon von selbst den Weg in den Granit finden, dann werden Sie (oder Ihr Weggefährte) bald abstürzen.

Mit Pferden geht es uns nicht anders. Wir müssen schon lernen, die *notwendige Energie* aufzubringen, um unser Pferd zum Anhalten zu bringen, und das bedeutet nichts anderes als: unser indirektes Gefühl so zu *verdichten,* dass wir dem Pferd wie eine Felswand vorkommen, vor der man tunlichst abbremst.

Werden Sie zum Vulkan

Wenn es Ihnen schwer fällt, Ihre Energie zu aktivieren, dann üben Sie dieses Gefühl wieder mit einem menschlichen Partner. Lassen Sie sich von ihm erzählen, wie Sie als ‚Felswand' wirken. Vielleicht erlebt er Sie zunächst nur als Zeltwand (oder noch schlimmer: als Nebelwand). Wenn das so ist, dann treten Sie beim nächsten Mal, wenn Sie ihn zum Stoppen animieren wollen, richtig fest auf den Boden auf, wie wenn Sie die Erde unter Ihren Füßen erbeben lassen wollten.

- Lassen Sie Ihrem Partner (dem Ärmsten!) beide Hände mit gestreckten Armen entgegenfliegen, als hätten Sie gerade die Welt erobert, und schreien Sie dazu, als müssten Sie aus Ihrem Mund noch ein paar Lavabrocken ins Universum prusten. (Noch ein guter Rat: Wenn Sie im Stall üben, so tun Sie es am besten morgens vor acht Uhr, wenn noch niemand da ist. Man wird Sie sonst für bescheuert halten. Wenn Sie – was ja viel näher liegt – Ihren großen Auftritt daheim üben, weihen Sie Ihre Nachbarn in Ihr Vorhaben ein. Nur, üben Sie es wirklich!)
- Wenn es auf Ihrer starken Seite gut klappt, wechseln Sie die Seite und üben dort doppelt so viel (wenn Sie sich und Ihr Pferd in der Zwischenzeit nicht bereits ‚zweihändig' ausgebildet haben). Das war schon ein ‚Pfund' Energie, das Sie dem Pferd entgegengesetzt haben. Jetzt können Sie Ihren Energieaufwand reduzieren. Tun Sie es stufenweise:
- Auf der *nächsttieferen* Stufe machen Sie alles wie zuvor, nur drehen

Sie sich nicht mehr vollkommen um (also um 180 Grad), sondern vielleicht nur noch um 120 Grad (Abb. 1). Denken Sie aber an den ausgestreckten Arm Richtung Pferd, und an die Energie: Der Arm bleibt gehoben und weist Richtung Pferd.

- Funktioniert das ebenfalls, dann brauchen Sie sich gar nicht mehr zu drehen oder Sie deuten ein Umdrehen nur an. Funktioniert's allerdings nicht, dann müssen Sie sich wieder mehr umdrehen. Wichtig ist, dass Sie konzentriert sind und standfest, also mit beiden Beinen auf dem Boden stehen bleiben, wenn Ihr Pferd mit seinen vier Hufen unbeweglich sein soll. Manchmal hilft es auch, mit dem Schwungbein, das beim Drehen herumschwingt, im Moment des Stopps fest aufzutreten. Das Auftreten und das Ausfahren des Arms sind dann eins (Abb. 2).
- Eine *weitere Energiestufe darunter* bleiben Sie stehen, *ohne* sich umzudrehen und heben nur noch den Arm mit dem Seil (Abb. 3).
- *Wieder eine Stufe darunter* brauchen Sie vielleicht nur noch Ihre Schulter nach oben zu heben, das Handgelenk zu drehen, oder den Zeigefinger zu heben (Abb. 4).
- Am Ende sollte ein gut ausgebildetes Pferd anhalten, weil *Sie* anhalten, und von Ihrer Schulter nach hinten ausweichen, wenn Sie rückwärts auf das Pferd zugehen.

Varianten unterschiedlicher Energie, um ein Pferd zum Anhalten zu bringen: Meine Energie wird immer geringer.

1

2

3

5. Übung: Seitenwechsel aus der Führposition

▸ Ihr Standort:

Wie beim prompten Folgen (siehe S. 162)

▸ Ihre Seilhaltung:

Wie beim prompten Folgen (siehe S. 162)

Wenn Sie von der linken Pferdeseite auf die rechte wechseln wollen, dann kommt es darauf an, dem Pferd im Moment des Wechselns ein *indirektes* Gefühl zu geben – egal, ob Sie sich gerade gemeinsam bewegen oder nicht. Denn es geht darum, vor dem Pferd her zu wechseln, ohne dass das Pferd Ihnen dabei in den Weg tritt oder Sie gar *anrempelt*.

Stellen Sie sich vor, Sie führen Ihr Pferd gerade (von dessen linker Seite) über den Hof. In der Ferne sehen Sie den grünen Traktor des Bauern, vor dem Ihr Pferd jedes Mal zu Tode erschrickt (Gemach: wahrscheinlich wird sich Ihr Pferd – wenn Sie bereits bis hierhin gekommen sind – gar nicht mehr erschrecken). Sie wissen auch, dass Ihr Pferd dann gerne einen Sprung macht – irgendwo hin, manchmal Ihnen direkt auf die Figur. Da der Traktor rechts von Ihnen steht, könnte der Sprung Ihres Wotan durchaus in Ihre Richtung gehen, deshalb halten Sie es für klüger, die Führseite zu wechseln, damit Wotan, wenn er denn wegspringt, wenigstens von *Ihnen* wegspringt.

Damit die Kollision nicht jetzt schon stattfindet, machen Sie zunächst ein, zwei schnellere Schritte vorwärts, lassen das Seil dabei noch einen halben Meter länger werden, heben dann Ihre seilführende (rechte) Hand plus dazugehörigen Arm schnell, schwungvoll und mit Energie *Richtung Pferdenase* (die ja mindestens einen Meter von Ihnen entfernt ist) und drehen sich selbst schwungvoll mit. Ihre Hand und den Arm *lassen* Sie gehoben.

Sie wenden sich also in einer dynamischen Drehbewegung *gegen* Ihr Pferd, so wie in Übung 4 beschrieben. Diese ganze Aktion, vom Armheben bis zur Körperdrehung, vermittelt Ihrem Pferd das notwendige (indirekte) Gefühl, das ihm signalisiert: „Achtung, Vorsicht, der Kerl wächst gerade vor mir zu einem Feuer speienden Vulkan heran. Lieber mal Abstand halten". Das ist es, was Sie erreichen möchten: dass Ihr Pferd im Augenblick, da Sie sich genau *vor* ihm befinden, Abstand hält. Sie sollten mal sehen, wie das in Zukunft wirkt!

In genau *der* Sekunde, da Sie aus Ihrer Drehbewegung heraus frontal vor dem Pferd stehen, wechseln Sie das Seil in der Hand. Konkret: Die bislang führende rechte Hand drückt das Seil nun der Linken in die Hand, *ohne* dass Sie in Ihrer Bewegung abstoppen. Drehen Sie sich einfach weiter, bis Sie sich wieder in Fahrtrichtung befinden.

Gemerkt? Ich habe es geschafft, eine einfache 360-Grad-Drehung in vier langen Absätzen zu erklären. Könnte man auch kürzer erklärt haben? Stimmt. Das geschieht auch meistens so. Und deshalb machen es auch so viele Leute falsch. Andererseits, wo haben Sie schon in ein paar Zeilen gelernt, sich in einen Vulkan zu verwandeln?

Wahrscheinlich sind Sie mittlerweile mit Wotan am grünen Traktor angelangt und wundern sich, warum Wotan jetzt brav mit Ihnen an dem gefürchteten Gerät vorbeitrottet. Soll ich's Ihnen verraten? Wotan versteht die Welt nicht mehr. Dies ist – Sie haben es vielleicht gemerkt – nichts anderes als eine *Variante* vom Anhalten. Natürlich können Sie diese Übung auch im Stand üben, also ohne dass Sie und Ihr Pferd sich bewegen (Abb. 1–5). Später sollte es aber auf jeden Fall auch *mit* Bewegung klappen.

4

5
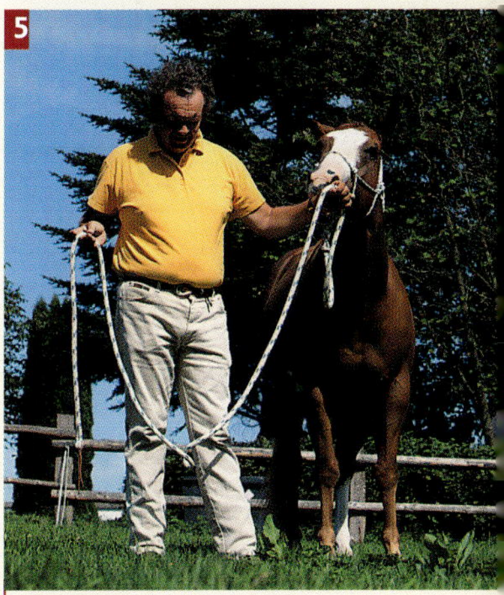

Der Bewegungsablauf beim Richtungswechsel aus dem Stand (Abb. 1–5). In Abb. 3 bekommt das Pferd die stärkste Energie.

11. Schritt: ***Hindernisse und Gefahren ertragen und bewältigen***

In diesem Lernschritt erfahren Sie an einem einzigen Beispiel, wie man alle vorherigen Schritte miteinander verknüpft und wie Sie einen extremen Problemfall wie ein echter Profi systematisch lösen.

Nun sind Sie auf jeden Fall soweit, Ihr Pferd durch alle Gefahren zu bewegen, die Ihnen auf Ihrem gemeinsamen Weg begegnen könnten. Sie haben gelernt, jeden Körperteil Ihres Pferdes – von seiner Nasenspitze bis zur Schweifrübe – dahin zu bewegen, wohin Sie ihn haben wollen. Nach der (De-)Sensibilisierung, bei der es darum ging, Ihr Pferd exemplarisch an jegliche Optik, Bewegung, Geräusche und Berührung zu gewöhnen (und vor allem darum, es zu einer *guten Gewohnheit* zu machen, sich an derlei Dinge gewöhnen zu *wollen* und zu *können*), *führen* und *schicken* Sie es jetzt *über* und *unter* Plastikplanen hindurch, durch *Engpässe* und in *Sackgassen* hinein, die Sie mit Planen, Stangen, Brettern oder sonstigen Hilfsmitteln errichten.

Alles Üben kann auch hier natürlich immer nur exemplarisch geschehen, weil wir gar nicht in der Lage sind, *alle* wirklichen Gefahren und Unwägbarkeiten, die in dieser Welt auf Mensch und Pferd lauern könnten, zu simulieren. Wir können jedoch in uns und im Pferd ein *Reaktionsmuster* für Gefahrenbewältigung etablieren. Und das geschieht mit diesen Übungen. Die Plane ist für unser Training, mit Ihrem Pferd Hindernisse und Gefahren zu bewältigen, quasi die Steigerung der Plastiktüte, die wir beim Desensibilisieren bereits benutzten.

Die folgende Übung ist nur die Kombination einer Reihe von Bewegungsfolgen, die Sie bereits in den vorangegangenen Trainingsschritten kennen gelernt haben. *Ziel* dieser abschließenden Übung ist es, Ihr Pferd über eine Plastikplane zu führen. Ich gehe dabei vom *größten anzunehmenden Problem* aus. Aber Achtung: Dieser Fall ist *konstruiert* und für Sie folglich sehr unwahrscheinlich, weil Sie ja bis hierhin schon ausreichend geübt haben. Ich skizziere ihn dennoch, weil ich Ihnen zeigen möchte, wie *detailliert* eine Problemlösung unter Umständen angegangen werden kann.

Das skizzierte Vorgehen beschreibt alle möglichen Techniken, ohne dass Sie jetzt glauben müssen, dies alles auf einmal anwenden zu sollen. Wenn Sie das *System* dahinter begriffen und durch zunehmende Praxiserfahrung *verinnerlicht* haben, können Sie es allerdings auf alle anderen potenziellen Übungen, die Sie mit Ihrem Pferd praktizieren wollen, anwenden. Oder Sie können anderen Menschen damit bei Problemen helfen. Sollten Sie jedoch einmal auf einen solchen Problemfall stoßen, so ist es unumgänglich, dass Sie das vorangegangene Programm zunächst ausführlich mit dem Pferd durchspielen.

Basisübung: Mit dem Pferd über eine Plastikplane

Beginnen wir also mit der Lösung des größten anzunehmenden Problems beim Überqueren einer Plastikplane (oder Kanaldeckels, Wassergraben o.ä.). Mit „Schritt“ ist im Folgenden der jeweilige *Lernschritt* gemeint und „Ü“ verweist auf die *Übung* innerhalb des Lernschritts.

Wenn Sie wollen oder wenn Sie sich nicht ganz sicher sind, können Sie die Bewegungsabläufe jeweils an der entsprechenden Stelle im Text der vorangegangenen Kapitel nachlesen. Auf diese Weise wieder-

holen Sie alles noch einmal für sich. Sie können es aber auch sein lassen, wenn es Ihnen an dieser Stelle zu kompliziert ist, und sich einfach in den Übungsablauf hineindenken oder die Übungen vor Ihrem geistigen Auge durchspielen. Selbst wenn Sie das ganze Repertoire nicht einsetzen müssen (was Ihnen zu wünschen ist), so werden Sie doch nicht darum herum kommen, dennoch immer wieder *Teile* daraus anzuwenden. Variieren Sie das Programm also nach Bedarf.

1a Als Erstes stellen Sie möglicherweise fest, dass Ihrem Pferd beim Anblick der Plane schier die Augen aus dem Kopf fallen wollen. Wenn es sich dabei auf der Hinterhand herumwirft oder gar steigt, dann wissen Sie, dass das indirekte Gefühl, das dem Pferd durch den Anblick der Plastikplane vermittelt wurde, und der Druck, den Sie aufs Halfter ausübten, erheblich zu viel waren.

Gehen Sie mit Ihrem Pferd also nur so nahe an die Plane heran, wie das Pferd dies zulässt, ohne dass Sie mittels Halfter Druck aufbauen müssen. An dieser Stelle beginnen Sie, die Vorhand und vor allem die Hinterhand des Pferdes zu bewegen (Schritt 4 und Schritt 5). Es spricht gar nichts dagegen, das gesamte Repertoire der Lernschritte 1 bis 10 an diesem Platz jetzt durchzuspielen.

1b Alternativ können Sie aber auch, nach dem Prinzip „Anforderungen reduzieren" (Schritt 9, Ü 2), statt mit einer breiten Plastikplane mit einer zur Plastikwurst zusammen gerollten Plane oder aber mit auf dem Boden liegenden Sprungstangen anfangen.

2 *Führen* Sie Ihr Pferd dann an das Hindernis heran (Schritt 10/Ü1), und lassen Sie Ihr Pferd das Hindernis betrachten und daran riechen (Schritt 9/Ü3: „Wunderbare Plastiktüte"). Sollte das Pferd in seinem Bewegungsfluss in Richtung Hindernis erneut stocken, dann bewegen

Überblick: Vom Problem bis zur Lösung. Der Weg wird in elf Teilschritten erklärt.

Sie wieder seine Vor- und Hinterhand (Schritt 4 und 5). Irgendwann wird es mit Ihnen am Hindernis ankommen. Gönnen Sie sich und ihm dann auf jeden Fall eine Pause.

3 Lassen Sie das Pferd als nächstes, wenn es ruhig vor dem kleinen Hindernis steht, einen Fuß darüber setzen (Schritt 10, Ü1, Variante 2) und wieder zurück (Schritt 3/Ü3). Dasselbe machen Sie, wenn es mit einem Huf gut klappt, mit beiden Vorderbeinen, dann mit allen Vieren. Gehen Sie dann jeweils eine Runde (Schritt 10/Ü1) und überqueren das Hindernis erneut. Machen Sie auch dies mehrmals.

4a Als Nächstes sorgen Sie dafür, dass das Pferd – statt auf Sie zu oder hinter Ihnen her (wie es eben geschehen ist) – nun *an Ihnen vorbei* allein über ‚Wurst' oder Stange geht. *Sie* bleiben dazu vor dem Hindernis stehen. *Anfangs* stehen Sie noch am äußersten Ende des Hindernisses (seinem Kopfende also) und bewegen das Pferd wie in Schritt 5 (Ü 4 und 5), als Sie seine Vorhand um sich herum bewegten und Schritt 8, als Sie das Pferd komplett um sich herum longierten.

4b Wenn dies funktioniert, verändern Sie Ihre Position und stellen sich für dieselben Bewegungsabläufe *vor* das Hindernis. Damit sind Sie Schritt für Schritt aus der (stärkeren) *Führ*position in eine (schwächere, energieärmere) Position gekommen, aus der heraus Sie das Pferd eher *schicken*.

5 Wenn Sie so weit gekommen sind, verbreitern Sie die ‚Wurst' ein wenig und lassen das Pferd wiederum darüber gehen. Vermeiden Sie es jedoch unbedingt in dieser Ausbildungsphase, das Pferd zum Springen zu animieren. Sie möchten ja, dass es seine Hufe *auf* die Plane setzt. Wenn es ein paar hurtige Schritte macht, so ist das nicht schlimm, wenn es dabei gar die Plane berührt – umso besser.

6 Klappt das gut, können Sie die gesamte Plane ausbreiten. Sie sollte so groß sein, dass das Pferd – wie auch immer es sich hinstellt – bequem mit *allen* Hufen darauf stehen kann (also ein *direktes* Gefühl zulässt), und auch Kopf und Schweif sich noch über der Plane befinden (und somit das *indirekte* Gefühl der Plane akzeptieren müssen). Je größer die Plane, desto besser. Möglicherweise müssen Sie jetzt wieder bei (2) anfangen, weil sich die *Optik* nun für das Pferd vergrößert hat und *Berührung* dazu kommen soll. Bislang sollte es ja *nur* über ein schmales Hindernis treten, jetzt soll es ein breites betreten.

Sie stellen sich zunächst selbst auf die Plane, ein wenig seitlich versetzt, damit Sie Energie geben können (Schritt 10, Ü 1, Variante 2), da-

bei aber weder das Pferd stören (indirektes Gefühl), noch Gefahr laufen, dass das Pferd gegen Sie springt (direktes Gefühl). Bei jedem Fortschritt Ihres Pferdes – Blick, Annäherung, Berührung – gönnen Sie sich gemeinsam eine kurze Pause. Plaudern Sie mit jemandem, schauen Sie in der Gegend herum, singen Sie ein Liedchen. Lassen Sie Ihr Pferd aber nicht vom gefürchteten Objekt wegschauen (Schritt 2/Ü2).

Bewegen Sie aus Ihrer Position seine Vorhand jeweils so, dass es die Plane *anschauen* muss. Sie dürfen das Pferd dabei durchaus um die Plane herumgehen lassen – ob aus eigenem Antrieb oder weil Sie es so wollen –, so lange es seinen Blick darauf gerichtet hält. Das dient der Entspannung und der gleichmäßigen Gewöhnung an das gefürchtete Objekt. Achten Sie aber darauf, dass das Pferd gleichmäßig auf beiden ‚Händen' herumgeht, dass sein linkes und sein rechtes Auge abwechselnd die Plane ‚erobern'. Herumgehen lassen bedeutet nicht longieren, sondern nur, dass Sie Ihrem Pferd Gelegenheit geben, sich ein wenig zu bewegen, dadurch etwas zu *entspannen*, und: sich die Sache von allen Seiten genau anzuschauen.

7 Achten Sie dabei genau auf seine Vorderhufe, ob sie sich eher der Plane *nähern* oder ob sie sich von ihr *entfernen* möchten. Entfernen lassen Sie nicht zu (Schritt 2/Ü 2).

Irgendwann werden Sie bemerken, dass ein Vorderhuf beginnt, ‚Erkundigungen einzuholen', indem seine Spitze oder sein Rand die Plane wie zufällig *berührt*. Das ist das Zeichen dafür, dass das Pferd beginnt, über eine Lösung im gemeinsamen Sinne *nachzudenken*. In der Regel dauert es dann nicht mehr lange, bis ein größerer Teil des Hufes auf der Plane landet, immer wieder, bis schließlich das Pferd mit dem ganzen Huf auf die Plastikfolie tritt.

Das ist der Durchbruch. Zwar dauert es unter Umständen noch eine Weile, bis auch der zweite Huf ‚sich traut'. Dann sind Sie schon auf der Zielgeraden. Geben Sie dem Pferd immer Gelegenheit, nach einem Fortschritt zu entspannen. Entspannen auch Sie! Bald wird es (Sie verhalten sich nicht anders als zu Beginn der Übung) immer mehr mit seinem Kopf und Hals *über* die Plane reichen und somit (über das indirekte Gefühl) auskundschaften, ob Gefahr von dem fremden Gegenstand ausgeht.

8 Wenn das Pferd erst einmal zwei Vorderhufe auf die Plane gesetzt hat, müssen Sie damit rechnen, dass das Pferd jetzt bald die Sache hinter sich bringen möchte. Noch während Sie mit Schritt 2/Ü 2 seine Aufmerksamkeit auf das gegenüberliegende Ende der Plane richten bzw. mit Schritt 10/Ü 1, Variante 2 den Vortritt auf die Plane noch ein bisschen fördern, kann es sein, dass es urplötzlich zu einem beherzten Sprung ansetzt.

Je nach Temperament schlendert es aber auch gemächlich über das vormals so gefährlich erscheinende Tuch. Egal wie: Lassen Sie das Pferd jetzt viele Male darüber gehen. Zunächst wird es immer nur von der einen Seite darüber laufen wollen. Das ist in Ordnung. Ab dem sechsten Mal jedoch dirigieren Sie es (Schritte 4, 5, 8) an eine andere Stelle, von der aus es die Plane entern darf.

9 Ist es erst einmal von allen Seiten ruhig und gelassen über die Plane gelaufen, kommt der nächste Lernschritt: Jetzt stoppen Sie das Pferd (Schritt 6/Ü 1 und 2 aus seitlicher Position). Zunächst soll es nur mit den Vorderhufen auf der Plane verweilen. Wenn das problemlos funktioniert, dann stoppen Sie es, wenn es sich mit allen vier Hufen gleichzeitig auf der Plane befindet. Natürlich haben Sie zwischendurch immer wieder (Sing-, Lach- oder Plauder-)*Pausen* eingelegt, so dass Sie beide verschnaufen konnten. Ebenfalls haben Sie das Pferd zwischendurch immer wieder (von Anfang an!) nach jedem Schritt *gestreichelt* und ihm nie fordernd (oder fragend) in die Augen geschaut.

10 Jedes Mal nach einem Stopp durfte das Pferd bislang nach vorne die Plane verlassen. Jetzt schicken Sie es rückwärts von der Plane (Schritt 3/Ü 1 bis 3, oder: Schritt 6).

11 Sitzt alles richtig gut, können Sie beginnen, auf der Plane etwas hin und her zu hüpfen, auf dass es knistert und knattert (Schritt 9). Und außerdem dürfen Sie sich jetzt einen Riesen-Applaus gönnen, denn wenn Sie es bisher geschafft haben, dann schaffen Sie auch alles andere
.

Und das sind die weiteren Übungen

Die nächsten logischen Trainingsschritte erkläre ich Ihnen nicht mehr im Detail. Wenn Sie das Plastikplanen-Training beherrschen (und die *Systematik*, die dahinter steht), wissen Sie selbst, was Sie als nächstes zu tun haben. Lassen Sie uns gemeinsam überlegen:

1 Beispielsweise könnten Sie jetzt – wieder in kleinen Schritten – damit beginnen, Ihr Pferd durch einen *Engpass* zu *führen*, den Sie zwischen Hallenwand (oder Weidezaun) mit – wiederum – der Plastikplane (und zwei Helfern) bilden. Am Anfang können Sie auch einen Plastikstuhl nehmen, den Sie mal weiter, mal weniger weit von der Wand weg postieren. Die Plastikplane kann wieder zur schmalen ‚Wurst' gedreht sein oder eine breite Wand bilden. Danach sollten Sie Ihr Pferd durch den Engpass schicken, ohne selbst voran zu gehen, und schließlich halten Sie es zwischen den Wänden an.

Abb. links: Engpass mit drei Begrenzungen, nämlich Mensch und zwei Zaunseiten. Dazu die Plane unter den Hufen.
Abb. rechts: Ein Engpass mit drei Gefühlen: Mensch und zwei seitliche Begrenzungen (Zaun und Plane).

2 Als Nächstes könnten Sie den Engpass in einer *Sackgasse* enden lassen. Zunächst ohne Plastikplane, dann mit. Bauen Sie die Plastikwand einfach in einer Hallen- oder Weidenecke auf und schicken Sie Ihr Pferd zwischen Plastik und Zaun (oder Hallenwand) so vorwärts, dass es mit seiner Nase vor der Wand bzw. dem Zaun stehen bleibt. Dass der Zaun ‚weniger' indirektes Gefühl vermittelt als die geschlossene Wand, ist Ihnen mittlerweile klar, und Sie wissen auch, dass diese Variante für das Pferd folglich leichter zu bewältigen ist.

3 Als weitere Erhöhung der Ansprüche legen Sie nun auch noch eine weitere Plastikfolie auf den Boden der Sackgasse, so dass das Pferd *auf* und *an* dem Knitterkram *unter* und *neben* sich mit dem Kopf zur Wand ruhig stehenbleibt. Wieder zunächst ohne Plastikwand, dann mit.

Ruhig und gelassen weicht das Pferd dem indirekten Gefühl, das von der Plastikplane vermittelt wird.

4 Die nächsten Übungen bestehen darin, da sind wir uns doch einig, Ihr Pferd *unter einem Baldachin* hindurch zu *führen*, es dann hindurch zu *schicken* und es schließlich darunter zu *parken*. Zuletzt würde ich die Plastikplane am Boden und den Baldachin über seinem Haupte miteinander kombinieren und es wiederum durch diese Kombination führen, schicken und schließlich dazwischen parken.

5 Sie wissen schon, was jetzt kommt: der Engpass, richtig. Plane unten, Baldachin oben, Wände vorne, links und rechts. Achten Sie bei allen Engpass-Übungen darauf, dass Ihr Pferd *mindestens* zehn Sekunden gelassen stehenbleibt, besser noch länger, so lange wie mög-

Natürliche Engpässe im Gelände, wie diese Brücke hier, sind nach diesem Training kein Problem mehr.

lich. Setzen Sie sich jeweils ein (kleines) Zeitziel. Für die Gelassenheit sind Sie zuständig. Schauen Sie nicht gespannt zu ihm hin, sondern pfeifen Sie, lachen Sie, plaudern Sie, *atmen* Sie auf jeden Fall tief aus. Im Grundkurs *gähnen* wir bei dieser Gelegenheit aus voller Brust. Das hilft ungemein beim Entspannen – dem Menschen und dem Pferd.

6 Jetzt haben wir nur noch eine ‚Tür' offen: die ganz hinten. Am besten, Sie befestigen zu diesem Zweck ein Seil an der obersten Zaunstange oder am oberen Bandenrand. Wenn sich das Pferd in der Sackgasse befindet (natürlich nicht festgebunden, sondern am Führseil mit der Nase etwa einen Meter vor der Wand), dann ergreifen Sie das befestigte Seil mit Ihrer freien Hand und ziehen es so zu sich, dass Sie (später jedenfalls) das Pferd damit an der Kruppe und am Schweif berühren.

Nicht vorsichtig, sondern *deutlich*. Üben Sie durchaus etwas Druck mit dem Seil aus und achten Sie darauf, dass Ihr Pferd nicht mit Gegendruck antwortet, sondern im besten Fall einen kleinen Schritt nach vorne macht, weg vom Seil. Wenn Sie das Seil wieder weglegen, sollte Ihr Pferd weiterhin still stehen und nicht etwa den Rückwärtsgang einlegen.

7 Wenn alles so funktioniert, wie Sie es wünschen, können Sie die Räume noch etwas *enger* machen, so dass die Plastikplane die Flanken des Pferdes berühren. Vorher haben Sie ja schon ausführlich geübt, dass Ihr Pferd Plastik weder *über* noch *an* seinen Ohren scheut. Und wenn Sie es besonders gut machen wollen, können Sie – statt der Plastikplane – auch stabile Holzplatten verwenden.

Auf jeden Fall sollte Ihr Pferd problemlos über eine klappernde Holzplatte gehen(Abb. links) und auch gelassen darauf stehen bleiben. Achten Sie unbedingt auf die Stabilität des Holzes, damit Ihr Pferd nicht mit den Hufen durchkracht. Dann wäre alle Mühe umsonst gewesen, denn dann hätten Sie Ihrem Pferd bewiesen, dass Sie in Sachen Sicherheit kein besonders zuverlässiger Anführer sind.

Wenn jedoch alles funktioniert – wovon ich ausgehe –, dann wissen Sie, was jetzt geschieht: Ihr Pferd möchte dringend einen Anhänger kaufen. Ein Pferd, das all diese Trainingsschritte absolviert hat (und ich habe noch keines erlebt, das dies nicht könnte), fürchtet ‚weder Tod noch Teufel'. Jedenfalls keinen Pferdetransporter. Es ist in jeder Situation ein sicherer und zuverlässiger Partner.

Hüten Sie sich vor dem letzten Schritt

Den letzten Trainingsschritt, den ich Ihnen zum Abschluss skizziere, müssen Sie nicht unternehmen, und wenn, dann auf jeden Fall erst, wenn Sie und Ihr Pferd das vorausgegangene Programm wie im Schlaf beherrschen. Die Sache ist kurz beschrieben: Was wir bislang unterrichtet haben, ist sozusagen *Grund- und Hauptschule*. Dazu haben Sie mit einem etwa vier Meter langen Führstrick gearbeitet.

In der nächsten Stufe, dem *Gymnasium* am Boden, verwenden Sie ein *doppelt* so langes Seil und bewegen Ihr Pferd entsprechend auf weitere Distanzen. Möglicherweise verlassen Sie dazu auch den begrenzten Raum von Halle oder eingefriedetem Außenplatz und gehen nach draußen ins Gelände.

Die *Hochschulreife* am Boden erlangen Sie, wenn alle Bewegungen auf kurze Distanz auch *ohne* Seil klappen, ausschließlich mit indirektem Gefühl. Wenn Sie dann irgendwann einmal das Ganze auch auf große Entfernungen schaffen, sodass das Pferd Ihnen nicht nur folgt, sondern vielleicht auf die Entfernung von sechs Metern eine Hinterhandwendung macht, nur weil Sie Ihren Finger in Richtung seiner Schulter ausstrecken, dann sind Sie schon eine Art *Professor*.

Hüten Sie sich allerdings, diesen Weg auf Kosten Ihres Pferdes zu gehen! Wenn Sie die Basis gemeinsam beherrschen und jederzeit das richtige Gefühl füreinander haben, bedarf es der höheren Weihen nicht mehr. Sobald Sie nämlich das ‚Gymnasium' betreten (mit der Absicht, weiter ‚Karriere' zu machen), laufen Sie Gefahr, dass Ihr *Ehrgeiz* und Ihr *Leistungswille* Sie von der ursprünglichen Idee sich und Ihr Pferd *fühlen* zu lernen, immer weiter wegtreiben.

Ich kenne das aus eigener Erfahrung, glauben Sie mir. Es wird dadurch möglicherweise mehr zerstört als Neues aufgebaut wird: Ihr Gefühl füreinander.

Worum es in Wirklichkeit, einzig und allein geht, ist die Entwicklung von *Gefühl*, von *Selbstbeherrschung* und *Leichtigkeit*.

Alles, was dieses Konzept stört, gehört nicht hinein und ist schädlich, auch wenn es noch so toll aussehen mag. Auch Bodentraining kann gefühllos sein.

Verladen einmal anders: Das Pferd geht rückwärts in den Hänger – und dazu noch völlig frei. Hüten Sie sich jedoch vor zu viel Ehrgeiz – er könnte alles Gefühl zerstören.

Das wirkliche Ergebnis: Echte Horsemanship

Sicher im Herzen, in den Händen und im Hirn

Wenn Sie all das, was in diesem Buch über Bodentraining beschrieben ist, jedoch nicht nur praktizieren, sondern auch *geistig* und *emotional* verarbeiten, dann werden Sie Überraschendes erleben: Ihr Verhältnis zu Ihrem Pferd wird sich dramatisch wandeln. All das, was in der Vergangenheit bisweilen in Kampf, Krampf und Chaos ausgeartet ist, was Sie verunsicherte oder verärgerte, wird Ihnen in Zukunft *viel leichter* von der Hand gehen. Kein Drücken und kein Drängeln mehr, kein Zackeln und kein Zockeln.

Sie werden lernen Ihr Pferd zu bewegen, und Sie selbst werden beweglicher und zugleich sicherer werden, im *Herzen*, in den *Händen* und im *Hirn*. Und wenn Sie den Weg weiter gehen, werden Sie irgendwann erleben, dass Sie nur noch tief *ausatmen* müssen, um Ihr Pferd zu bremsen, und wenn Sie im Sattel sitzen, vielleicht nur noch *einatmen* und mit dem dicken Zeh vorn im Schuh wackeln müssen, um Ihr Pferd anzugaloppieren.

Doch gehen Sie bei allem, was Sie tun, nicht zu forsch voran. Wenn Sie an irgendeiner Stelle, bei irgendeinem Lernschritt Probleme haben, dann tun Sie gut daran, innezuhalten und zu überprüfen, was Sie und Ihr Pferd gemeinsam *anders* machen können. Bei der kritischen Überprüfung sollten Sie sich allerdings nicht unter Druck setzen. Manchmal reicht es schon, sich für eine Weile eine *Pause* zu gönnen oder – um verlorenes Vertrauen wiederherzustellen und ein gutes Gefühl zurückzubringen – solche Übungen wieder hervorzukramen, die Sie gemeinsam gut können.

Das Pferd hat immer Recht

Vergessen Sie auch nicht: Das Pferd hat *immer* Recht. Wenn etwas daneben gegangen ist, liegt der Fehler garantiert bei *Ihnen*. Sie wissen doch: Pferde sind wie Computer. Sie tun nie, was man möchte, aber immer, was man ihnen sagt. „... hat immer Recht“, bedeutet somit: *Sie* haben ihm gesagt, was es tun sollte – auch wenn Sie das gar nicht *gemeint, gewollt* oder *gemerkt* haben. Den Fehler haben *Sie* gemacht. Jetzt oder irgend ein anderer irgendwann in der Vergangenheit.

Im Zweifelsfall beginnen Sie bei allen Aufgaben lieber ‚eine Etage tiefer‘ als eine zu hoch. Das Fundament kann nicht fest genug sein. Machen Sie es dem Pferd *so leicht wie möglich*, das zu tun, was Sie wünschen, und Sie werden ein Wunder nach dem anderen erleben. Und denken Sie dran: *Sie* sind es, der ihm jederzeit *Sicherheit* geben muss. *Sie* sind es, der seine Sprache lernen und sprechen muss.

Warum vergessen wir dauernd (obwohl wir es ständig betonen), dass ein Pferd *weniger intelligent* ist als der Mensch und geben ihm dennoch weniger Zeit, etwas zu lernen als einem Menschenkind. Nehmen Sie sich die Zeit, *die Ihr Pferd braucht* (statt die, die *Sie* sich wünschen), dann brauchen Sie (fast) keine Zeit mehr. Haben Sie *Freude* an dem, was Sie tun und *ärgern* Sie sich nicht darüber, dass Sie noch nicht fertig sind. Und glauben Sie – um Gottes Willen – nicht, dass Sie irgendwann einmal *perfekt* sind. An diesem Glauben sind noch die meisten Menschen zerbrochen (oder die Menschen in ihrer Umgebung).

Wir lernen nie aus – jedenfalls nicht, so lange wir leben. Wenn Sie glauben, nichts mehr lernen zu können oder lernen zu müssen, sind Sie in Wirklichkeit tot (auch wenn Sie vielleicht noch jeden Morgen zur Arbeit fahren). Und so lange Sie lernen, so lange werden Sie auch merken, dass hier oder da etwas fehlt oder noch nicht richtig ist. Verzweifeln Sie nicht. Das alles ist nur der Beweis dafür, dass Sie noch *leben*!

Weg und Ziel

Denken Sie daran: Wann immer Sie etwas beginnen, sollten Sie zwar ein klares *Ziel* vor Augen haben. Dann aber gilt nur eines noch: Der *Weg* ist das Ziel. Wenn Sie erst einmal gelernt haben, wie Sie Ihr *Gefühl* am besten nutzen können, dann werden Sie Pferden aus mancher Verwirrung helfen können, die sie durch Menschen erfahren haben. Dann wird es Ihnen auch gelingen, Ihre Absichten dem Pferd klar und deutlich zu machen.

Und wenn Sie erst einmal so weit gekommen sind, dann nur deshalb, weil Sie den Weg gegangen sind, durch Versuch und Irrtum, durch *Experimentieren und Ausprobieren* diesem einen Pferd Ihr Gefühl so zu präsentieren, dass es dies genau *so* verstanden hat. „Und das", sagt Bill Dorrance, „ist genau das, was ich *echte Horsemanship* nenne."

Ich danke Ihnen, dass Sie es bis hierhin mit mir ausgehalten haben. Das schon zeigt, dass Sie auf den Weg kommen wollen. Nicht nur deshalb wünsche ich Ihnen und all denen, die mit Ihnen sind, alles *Glück*, das Sie sich wünschen. Sie haben es verdient.

Service

Über den Autor

Heinz Welz, 1949 in Köln geboren, ist gelernter Journalist. Zwölf Jahre lang arbeitete er als Reporter und Redakteur verschiedener Tageszeitungen und Wirtschaftsmagazine („Impulse", „Wirtschaftswoche"). Seit 1987 ist er selbstständig. Als Reporter bekam er viele Journalistenpreise zugesprochen, unter anderem den renommierten „Theodor-Wolff-Preis". Seit 1998 ist er Persönlichkeitstrainer – mit und ohne Hilfe von Pferden. 2002 erschien ebenfalls bei KOSMOS sein Buch „Pferdeflüstern kann jeder lernen – Die erfolgreichsten Joining-Techniken Schritt für Schritt".

Seminare:
Heinz und Sabine Welz veranstalten jedes Wochenende Seminare mit dem Titel: „Das Geheimnis der Pferdeflüsterer" sowie Führungsseminare mit Pferden („Horse-Power" und „Mind-Power"). Infos zu weiteren Seminarangeboten, Einzelcoaching und die Ausbildung von Pferden bekommen Sie bei:

Heinz und Sabine Welz
51570 Windeck
Auf der Bleiche 10

Telefon: 02292–800120
Fax: 02292–800043
Email: Heinz.Welz@t-online.de
Internet: www.heinzwelz.de

Mein Dank:
Ich bedanke mich bei allen, die zu mehr Leichtigkeit beigetragen haben. Ganz besonders danke ich meiner Frau Sabine, die nie aufgehört hat, mich darin zu bestärken, meinen Weg weiter zu gehen.

Herzlichen Dank an Familie Ernst – Sieglinde, Edgar, Emanuel und Elias – von Gut Wilhelmshöhe (Windeck) sowie an Barbara und Dr. Edwin Dittus (Lanzarote) und Andrea und Markus Eschbach von der Finca Verde (Teneriffa) dafür, dass sie uns so großzügig ihre wunderschönen Anlagen für die Fotoaufnahmen zur Verfügung gestellt haben.

Quellen

Brandl, Albert: Perfekter Reiten – Dressur, Springen, Military, München 1981
Deutsche Reiterliche Vereinigung (Hrsg.): Richtlinien Reiten und Fahren, Band 1, Warendorf 2000
Dorrance, Bill/ Desmond, Leslie: True Horsemanship Through Feel, Novato, Ca, 1999
Dorrance, Tom: True Unity – Willing Communication Between Horse and Human, Bruneau, ID, 1987
Molcho, Samy: Alles über Körpersprache, München 1995
Müseler, Wilhelm: Reitlehre, Berlin und Hamburg 1977
Stern, Horst: So verdient man sich die Sporen, Stuttgart 1988
Welz, Heinz: Pferdeflüstern kann jeder lernen, Stuttgart 2002

Nützliche Adressen

Deutsche Reiterliche Vereinigung (FN)
Freiherr-von-Langen-Str. 13
48231 Warendorf
Tel. 0 25 81–6 36 20
Fax 0 25 81–6 21 44
e-mail: fn@fn-dokr.de
www.pferd-aktuell.de

Bundesfachverband für Reiten und Fahren in Österreich (BFV)
Geiselbergstr. 26-35/512
A–110 Wien
Tel. 01–749 92 61
Fax 01–749 92 61/91 oder 90
e-mail: office@fena.at
www.fena.at

Vereinigung der Freizeitreiter in Deutschland e.V.
Am Bauernwald 5b
81739 München
Tel. 0 89–60 60 81 68
Fax 0 89–60 60 81 23
www.vfdnet.de

Schweizerischer Verband für Pferdesport (SVPS)
Papiermühlestr. 40H/Box 726
CH–3000 Bern 22
Tel. 031–335 43 43
Fax 031–335 43 58
e-mail: info@svps-fsse.ch
www.svps-fsse.ch

FS Test Zentrum Reken
Frankenstr. 37
48734 Reken
Tel. 0 28 64–24 34
Fax 0 28 64–58 60
fs.reitzentrum@t-online.de
www.fs-reitzentrum.de

TTEAM Deutschland/Schweiz
Bibi Degn
Hassel 4
D–57589 Pracht
Tel. 0 26 82–88 86
Fax 0 26 82–66 83
e-mail: gilde@tteam.de
www.tteam.de

TTEAM Österreich
Martin Lasser
Spitalgasse 7
A–2549 Bad Vöslau/Gainfarn
Tel. 06 64–1 25 02 52
e-mail: tteam.office@aon.at
www.tteamoffice.at

TT.E.A.M.® News International, der sehr empfehlenswerte Newsletter mit Linda Tellington-Jones und aktuellen Informationen und Artikeln zu TTouch und TTEAM erscheint 4x im Jahr auf Deutsch und kann über www.tteam.bestellt werden.

Empfehlenswerte Videos

Gawani Pony Boy: Horse, Follow closely; indianisches Pferdetraining in 14 Übungen, Stuttgart 2001

Hinrichs, Richard: Reiten mit feinen Hilfen, Sitz und Einwirkung, Stuttgart 2000

Kreinberg, Peter: Grundkurs Westernreiten; Horsemanship Training, Stuttgart 2001

Kreinberg, Peter: Aufbaukurs Westernreiten; Horsemanship Training, Stuttgart 2003. Auch als DVD erhältlich.

Penquitt, Claus: Die Freizeitreiter-Akademie Teil 1-3, Stuttgart 1994, 1995, 1996. Neu: Alle drei Bände auch als DVD mit Interview, Foto-Galerie und vielen DVD-Extras, Stuttgart 2003

Tellington-Jones, Linda: Reiten nach der TTEAM-Methode, Stuttgart 1999

Zeeb, Klaus / Welz, Heinz: Kommunikation mit frei lebenden Pferden, Freiburg 2003

Zum Weiterlesen

Bender, Ingolf: Praxishandbuch Pferdefütterung, Kosmos 2003: Wohlbefinden, Gesundheit, Vitalität und Leistungsfähigkeit hängen stark von einer gesunden Ernährung ab. In diesem Praxishandbuch wird detailliert über Ernährungslehre, Fütterungstechnik und die individuelle Rationsgestaltung informiert.

Hempfling, Klaus Ferdinand: Wenn sich Pferde offenbaren, Von der ersten Begegnung bis zum Freund fürs Leben, Kosmos Verlag 2003: Nicht die Rasse ist entscheidend für das Wesen eines Pferdes, sondern sein ureigenster Charakter. In diesem Buch stellt der Autor 26 Charaktergruppen ausführlich vor und beschreibt die Besonderheiten dieser Pferde, wie man mit ihnen am besten arbeitet und welcher Mensch zu ihnen passt. Nichts ist spannender als herauszufinden, ob das eigene Pferd ein „Einhorn", ein „Prinz", eine „Taube" oder ein „Zigeuner" ist.

Lind, Carola/Müller, Karin: Der sechste Sinn, Zwiesprache mit Pferden, Kosmos Verlag 2001: Dieses Buch beschreibt die Arbeit der schwedischen Tierdolmetscherin Carola Lind. Dabei stütztsie sich unter anderem auf die Möglichkeiten der Tiertelepathie, die sie mit einer Fülle von Beispielen beschreibt. Sie bietet außerdem eine Anleitung, kleine Experimente und Erfahrungen selbst zu machen.

Meyners, Eckart: Das Bewegungsgefühl des Reiters, Kosmos 2003: Mit der Meyners-Methode entwickelt der Reiter ein Gefühl für seine Bewegungsabläufe, Rhythmus und Gleichgewicht. Mit gezielten Übungen werden anhand Hunderter von Detail-Illustrationen Schritt für Schritt die häufigsten Reitprobleme und Sitzfehler korrigiert. Denn ein locker und entspannt sitzender Reiter ist die Voraussetzung für erfolgreiches Reiten.

Rashid, Mark: Denn Pferde lügen nicht, Neue Wege zu einer vertrauten Mensch-Pferd-Beziehung, Kosmos Verlag 2002: Der überall propagierten „Dominanz" gegenüber dem Pferd setzt Marc Rashid das Prinzip der „passive leadership" entgegen. Diesem sanften Führer schließen sich die Pferde freiwillig an, weil sie ihm vertrauen und sich in seiner Gegenwart wohl fühlen. Sehr schön zu lesen!

Tellington-Jones, Linda: Die Persönlichkeit Ihres Pferdes – Die Kunst, Charakter und Temperament Ihres Pferdes zu bestimmen und positiv zu beeinflussen, Kosmos Verlag 1995, 2003: Dieses einzigartige und seit Jahren erfolgreiche Buch hat weltweit viele Pferdefreunde dazu inspiriert, Ihre Pferde mit ganz anderen Augen und neuem Interesse zu betrachten. Dabei geht es vor allem darum, die positiven Veranlagungen des Tieres zu erkennen und zu fördern.

Tellington-Jones, Linda: TTEAM und TTouch für Pferde, Der sanfte Weg zu Gesundheit, Leistung und Wohlbefinden, Kosmos 2002: Das Praxisbuch beschreibt in übersichtlicher Form alle Tellington-Ttouches und alle Übungen aus der TTEAM-Bodenarbeit. Da möchte man noch während des Lesens gleich in den Stall und seinem Pferd Gutes tun.

Welz, Heinz: Pferdeflüstern kann jeder lernen, Die erfolgreichsten Joining-Techniken Schritt für Schritt, Kosmos Verlag 2002: In vielen Seminaren erprobt, hier erstmals Schritt für Schritt in Buchform: Die Erfolgsmethode von Heinz Welz! Lernen Sie einen klaren Führungsstil im Umgang mit Pferden und eignen Sie sich die Joining-Techniken der Pferdeflüsterer an. Dann klappt's auch mit Ihrem Pferd!

Register